# 新聞を活用して深い学びを

「新聞で授業が変わる .学習指導要領に沿って NIE ガイドブック高等学校編」を手に取っていただき、ありがとうございます。

2022 年度から高等学校で実施されている学習指導要領では、新聞の活用が「総則」に明記されています。「主体的・対話的で深い学び」をキーワードに、子供が自分の力で人生を切り開くため、社会に興味を持ち関わることの重要性を説いています。

学習指導要領が求める深い学びを実現するのが NIE です。ぜひご活用ください。

## このガイドブックの特徴



**① 学習指導要領に沿った各教科・領域の実践例**

実践経験豊かな先生が簡潔にまとめた授業計画を掲載

**②「主体的・対話的で深い学び」を重視**

実践例が「主体的」「対話的」「深い学び」の何に重点が置かれているのか一目で分かるようワッペンを記載

**③「NIE タイム」の紹介**

新聞をまるごと読んで無理なく確実に子供を伸ばす「NIE タイム」について、新聞協会の関口修司 NIE コーディネーターが執筆

NIE について詳しく知りたい方は、新聞協会の NIE ウェブサイト（https://nie.jp/）をご覧ください。新聞を活用した授業の実践例、記者らが新聞のつくり方や取材にまつわる話などを解説する「出前授業」、新聞各社による学校向けのワークシート教材も紹介しています。

# 新聞のしくみを知ろう！

## 時間がない人こそ新聞で情報収集！

新聞の大きな特長は一覧性です。紙面全体が見られるので、一通りページをめくって眺めるだけで、必要なことがざっと分かるようにつくられています。

そのための工夫が見出しです。見出しは10文字程度で記事の内容を伝えるための、究極の「要約」と言えます。見出しを読むだけで、何があったか分かるようにできています。また、見出しは新聞社が重要だと思う順に大きくなります。時間がなければ、見出しを読むだけでも、大体の世の中の動きが分かります。最初は、興味のある面の見出しを中心に読んでみるのも手です。読み続けるうちに、興味関心は広がるものです。最初からすべてを読もうとしなくてもよいのです。

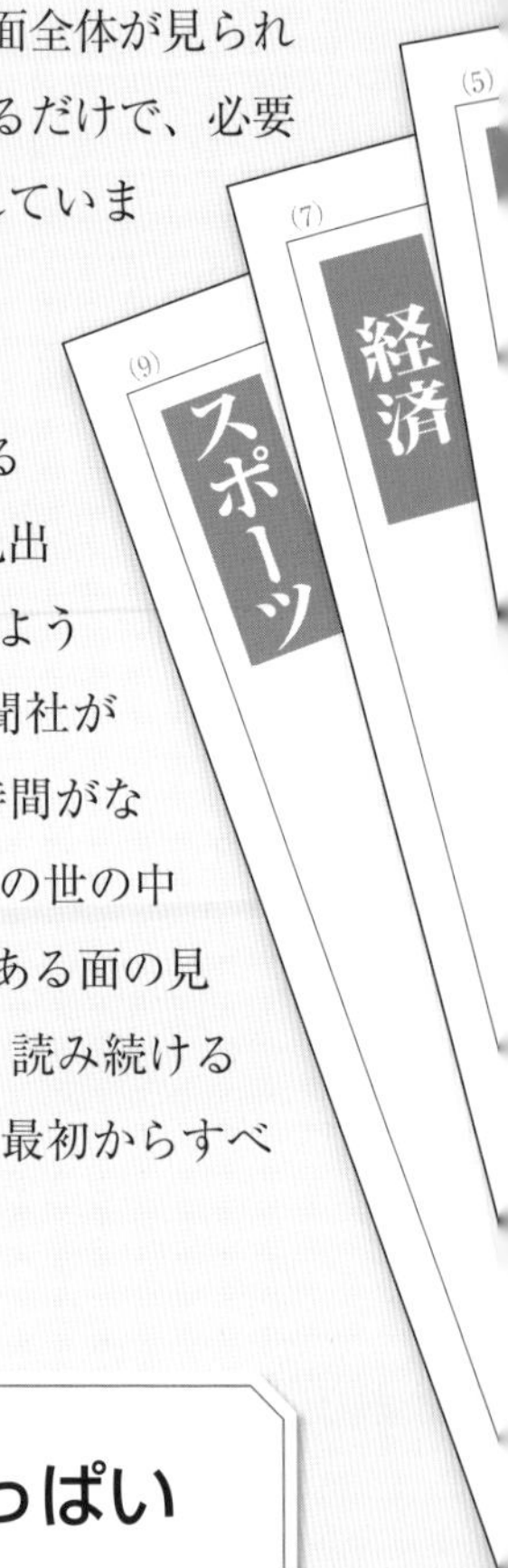


## 新聞記事は工夫がいっぱい

新聞記事の文章も時短のための工夫が詰まっています。まずは、リード（前文）。トップ記事など、大きなニュースには、本文の前に記事のポイントをまとめたリードが掲載されます。見出しとリードを読めば、記事の概要が分かるようになっています。また、ほとんどの記事は、大事な内容から先に書く「逆三角形」のスタイルでできています。時間がなければ、記事の終盤は読み飛ばしても構いません。

新聞記事には写真や図表、グラフなどを組み合わせたものも多くあります。記事の内容をより分かりやすく伝えるための工夫です。連続型テキスト（文章）と非連続型テキスト（写真や図表などの資料）を関連付けて読む力をつける上で、新聞は格好の教材と言えるでしょう。

**ページ**
新聞の面ごとにページ数が書いてある

**版**
新聞は配達地域によって内容が変わり、版も切り替わる。印刷所に近い版ほど新しいニュースが入る

**第3種郵便物**
毎日発行する新聞は、第3種郵便物として認可されており、通常より郵便料金が安い

**カット見出し**
見出しを強調する時に使う。色々な種類の模様がある

**発行日**
新聞が発行された日付

**号数**
創刊（1号）から、その日の新聞までの通し番号

**コピーライト**
著作権がその新聞社にあることを示す

**題字（題号）**
新聞の名前

**主見出し**

**袖（そで）見出し**

**前文（リード）**
トップ記事など長い文章の場合、ポイントを短くまとめることが多い。多くは段組みになっている

**トップ記事**
その日に一番大きく伝えたいニュース。新聞社ではアタマ記事とも言う。記事はおおむね新聞社が重要だと思う順に右→左、上→下に並んでおり、左上が次に伝えたい準トップ記事（カタ記事）になる

**インデックス**
1面以外に載っているおすすめ記事の要約とページ番号。気になる記事があれば、そこから読んでもよい

**コラム**
世の中の出来事や話題を扱った文章。記者の意見や感想が含まれる

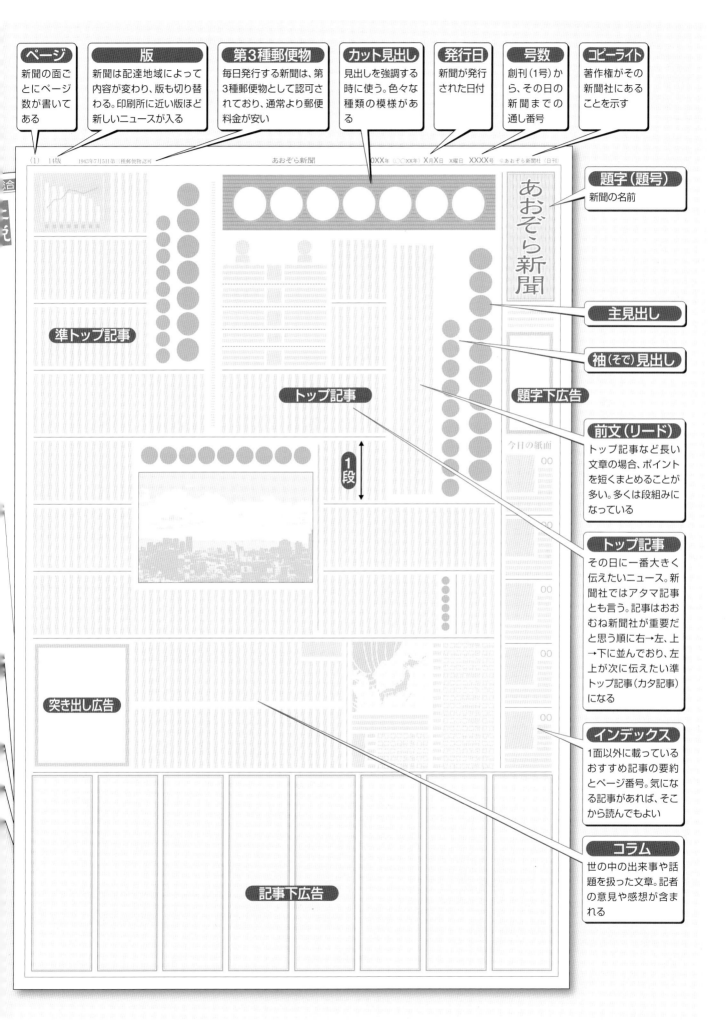

# NIE タイム

# 授業以外のすきま時間（課外）で主体的に新聞を読む生徒を育てる

新聞はできれば、まるごと読ませたいものです。まるごと読むことで子供は、世の中のさまざまな出来事がつながっていて、多面的・多角的な見方・考え方があることに気づきます。また、論理的・実用的な文章から文学まで、多様な文章に接することで、読む力を育みます。新聞を読み、知識や理解が点から線、線から面に広がる、学びの楽しさを実感させましょう。

## 「NIEタイム」で新聞スクラップ

新聞を授業以外で活用する代表といえば、「NIE タイム」です。この学習活動は、朝読書のような授業以外の課外で活用するものです。週に1回程度、授業とは別の時間に行います。例えば、毎週水曜日の朝8時30分から15分間、取り組みます。主な活動は、各人が新聞から興味関心のある記事を選び、それを切り取り、台紙やノートに貼りつけ、要約や感想・意見などを書く新聞スクラップです。

「新聞は難しい」と思われているかもしれません。確かに難しい記事もありますが、読んでみると意外と分かりやすいことに気づきます。案ずるより産むがやすし。まずはチャレンジを。新聞には多くの面（ページ）があり、世の中のことが多様な視点から記事になっています。1面から、総合、国際、政治、経済、社会へと面をめくるうちに、興味・関心のある記事と出合うはずです。

記事への感想・意見は、最初から長く書かせる必要はありません。一言から始まり、記事を選んだ理由や感想、関連する体験と出来事を加えていくと、説得力が増していきます。週1回の実施なら3か月程度で量・内容ともに着実に伸びます。生徒が成長を自覚すれば、読解力、文章表現力、学びに向かう意欲も向上します。

ここでの指導ポイントは、文章の細かな誤りを指摘せず、小さな良さを認めること。できた作品は、すぐに返すのがポイントです。良い個所に下線を引き、「good」と書けば十分。人数分の新聞が手に入らない、時間が確保できない場合は、先生が選んだ記事をコピーしたワークシートを使うのも手です。これなら効率的に実施できます。ただ、できれば新聞スクラップ活動を目指してもらいたいと思います。

### ワンポイントアドバイス

いわゆる朝学習の時間によく行われるNIE タイムですが、朝は既にさまざまな活動がされていると思います。朝が難しければ、例えば「帰りの時間」や「午後の授業時間の前」「総合的な探究の時間」に位置づけることもできます。まずは、教務担当と相談しながらアイデアを出し合ってください。

### もっと詳しく!

スクラップのほか、1分間スピーチやワークシート学習、新聞クイズなど、NIE タイムのさまざまな活動例を紹介しています。学校の実情に合わせて取り組んでみてください。

https://nie.jp/nietime/

## 読むことが議論を生み 考えを深める

新聞を読むようになって数か月すると、考える土台となる知識が徐々についてきます。十分な知識とまではいきませんが、世の中のさまざまな出来事とつなげて考えることもできるようになります。そうなれば自分の考えを仲間に伝えたくなるものです。

まずは、各自選んだ記事の感想を交流させてみてください。4人程度のグループで発表の順を決めて進めると効率よくできます。手順は、まず記事の見出し、次に要約を紹介、続いて感想を発表し、最後にその発表についてグループ内で感想などを交換して終わります。時間は、1人当たり2分程度。決められた時間内で進めることがポイントです。発表が終わったら必ず拍手で次の発表者に引き継ぐと、グループごとの時間差もできません。

さらに、その活動をレベルアップしてみましょう。自分たちで選ぶ記事のテーマを決めて新聞を読みます。新聞は同じものでも複数の異なる新聞でも差し支えありません。テーマに沿って選んだ記事をもとに議論します。上記と同様にグループで発表順を決め、見出し、要約、感想・意見の順に発表します。1人1分程度。全員の発表が終わったところで自由に感想を述べ合います。その際、A3判大の紙やホワイトボードに皆でメモを書き込み、思考を可視化して議論すると、考えの共通点や相違点が明らかになります。議論が深まり、多面的・多角的な理解ができるようになるのです。

## 先生も生徒も 「無理せず、こつこつ」

NIEタイムを経験した多くの生徒が同じように口にする言葉があります。始めた頃は「難しい」「面倒くさい」「できない」。しかし、3か月後には多くが「できるようになった」「読めるようになった」「書けるようになった」に変わってくるのです。そのことから言えることがあります。それは、NIEタイムを始めた際に、生徒の背中を上手に押せる先生であってほしいこと。3か月後の成長を信じて、各人の良さを見つけ、励まし続けてください。生徒自身が成長を自覚すれば、先生は見守るだけです。あとは自分たちで主体的に取り組むようになります。主体的な学びは、そこから始まるのです。

そのときが来るまで、先生も生徒も、「無理せず、こつこつ」続けてください。

### 新聞を手に入れよう

NIEタイムで問題になるのは、いかに新聞を確保するかです。

1つは、新聞を購読している家庭から数日分を持ってくること。この方法であればお金はかかりません。もう1つは「教材用価格」で購入すること。学校や学年・学級でまとめると、1紙当たり数十円で購入できます。週1回のNIEタイムなら、年間でおよそ35回。年間1000～1800円程度です。1人当たり月150円程度なら、教材費として集めることも可能ではないでしょうか。

**もっと詳しく!**

教材用価格が設定されている新聞を一覧で紹介しています。購読条件（同一日付で10部以上、など）、申し込み方法、問い合わせ先も掲載。ぜひご活用ください。
https://nie.jp/teacher/book/

# 5W1Hに着目し、記事構成から実用文を学ぶ

## 1 小単元名

実用文（5時間扱い）

## 2 本小単元の観点別目標（①知識・技能、②思考・判断・表現、③主体的に学習に取り組む態度）

①5W1Hに着目し、記事に含まれる情報を的確に捉える。身近な出来事を記事にして、実用文の書き方を身につける。
②記事に何を盛り込むべきかを考え、必要な情報を判断し、適切に表現する。
③対象者に話を聞いたり、関係する場所に足を運んだりして自ら取材することで、「実社会における国語」を学ぶ態度を養う。

## 3 NIEとしての狙い

各紙の地域面には、学校を含む身近な地域の話題や出来事、人物が多く取り上げられている。地域面で取り上げられた記事を使うことで、新聞への親近感を持たせるとともに、新聞の実用的な文章構成を理解させ、実用文（記事）を書く学習活動につなげる。

## 4 本小単元の展開（全5時間）

| 時 | 学習活動 | 留意点／○資料等 |
|---|---|---|
| 1 | 5W1Hに着目する | |
| | •地域面などの身近な話題を取り上げた記事を読み、5W1Hを見つけて線を引く<br>•記事を要約する<br>•①「要点先述」である、②リードや第1段落に5W1Hが全て入っている、③「事実の概要→経過の説明→背景や関連情報」の順で書かれている——ことなど、記事の文章構成の特徴を理解する | •記事は、地域のイベントや人物紹介など生徒にとって身近なものを教師が用意しても、生徒に選ばせてもよい<br>•記事の大小、リードの有無など、複数の新聞社の記事を示すと、より効果的である<br>•記事本文のみならず、見出しやリードの特徴や役割についても触れておく<br>○資料12 |
| 2〜4 | 記事を書いてみよう | |
| | •学校生活から記事のテーマを見つける<br>•記事に必要な情報は何かを考え、取材する<br>•記事のテーマを基にグループで意見交換し、アドバイスを得る<br>•取材を基に5W1Hに注意して記事を書く | •前時で扱った記事などを参考にして、テーマを考えさせる<br>•「記事は足で書く」ことを意識させ、可能な限り関係者の話を聞いたり、記事に関係する場所に足を運んだりさせたい<br>•既知の情報やインターネット検索のみで、安易に記事を完結させないよう注意する |
| 5 | 校閲してみよう | |
| | •書き上げた記事をグループで読み合う<br>•校閲の役割を学び、5W1Hに漏れがないか、誤字脱字や内容の正誤などを確認して、意見交換する | •内容の正誤については、出所不明の伝聞情報を信用しないこと、一次ソースから確認することなどを伝え、教科横断として「情報」の要素も加える<br>•全員の記事をまとめて新聞にするなど、クラス全体で共有できるとよい |

## 5 資料等

資料1
神奈川新聞
2022年3月12日付

### 平塚・横内団地連合自治会

# 縮む時代の減災模索

## 進む高齢化「無理しない避難」も

2011年の東日本大震災で避難誘導や避難所運営支援などに大きな役割を果たした「自主防災組織」。県内でも減災の要として活発に取り組む組織がある一方、住民の高齢化などにより思うように活動ができない地域も出てきている。55年の歴史がある県営横内団地（平塚市横内）では、自治会の防災訓練への参加者が減り、組織的な取り組みが困難となる中、大規模災害を想定して新たな防災マニュアルを作成するなど、現状を踏まえた新たな活動の在り方を模索している。

（織田　匠）

高度経済成長期の1967年に完成した横内団地（1360戸）は主に4階建ての共同住宅が計50棟並び、そのうち65歳以上の高齢者世帯が約半数を占める。

また、ベトナム戦争後に多くのインドシナ難民が移り住んだほか、出稼ぎに来日した南米系住人が加わり、外国籍住人の数はおよそ200世帯に上っている。

同団地ではこれまで、大規模地震を想定して全住人を対象とした防災訓練を毎年秋に実施してきたが、参加者は年を追うごとに減少。横内団地連合自治会の瀬沼俊男会長は「高齢者がほとんどなので動ける人が減ってきている。企画するのも難しい」と眉間にしわを寄せる。団地に活気があった20～30年前は訓練に併せて避難所の設置や炊き出しなども行っていたが、近年は訓練のみを小規模で実施しているのが現状という。

外国籍住人の防災への関心も低い上に、国籍に関係なく隣人の付き合いが希薄化したことで「あまり干渉されたくないと言う人もいて、コミュニケーションを取るのが難しい」と瀬沼会長。連携不足による防災力の低下が懸念されるほか、1人暮らしの高齢者や避難時に手助けが必要な要援護者も少なくないため、解決すべき課題は多い。

これらの状況を踏まえ、「ここは山間部でなく、山崩れの心配はない。必ずしも全員が指定避難所に行く必要はないと思う」と指摘するのは、同自治会の外園宏文事務局長。「建物は耐震補強しているし、堅固。例えば夜間の避難なら高齢者には危険なので、無理して外に出ない方がいいという考え方もあるのでは」と話し、自宅での待機も含めて、個々の状況に合わせた避難誘導の必要性を説く。

2022年度には、避難対応などに関する防災マニュアルの作成に取り組む方針。発災時に住人の安否や所在、要援護者の避難補助の必要性などを把握するため、各住戸のベランダやドアに意思表示の目印を掲示してもらったり、適切なサポートに向け各棟の自治会役員が情報収集するなど新たな取り組みを模索する。

外国籍住人を含めた全住人を対象とした自主防災組織の維持に心を砕く外園事務局長は、「何もやらなければ（防災対策は）なくなってしまう。啓発しながら粘り強くやっていきたい」と話している。

新たな防災マニュアルの作成に取り組む横内団地連合自治会の瀬沼会長

高齢化が進む横内団地＝平塚市横内

資料2
神奈川新聞
2022年3月22日付

神奈川から
NO WAR

# 核の悲惨さ 実感を

## 第五福竜丸・大石さんの生涯

## たどる動画 三浦市公開

68年前にマーシャル諸島ビキニ環礁で米国が行った核実験で被ばくしたマグロ漁船「第五福竜丸」の元乗組員、大石又七さん（享年87）の生涯をたどるオンライン講演の動画が、3月末まで公開されている。1年前に三浦市内で亡くなり、市などが非核平和を学ぶ機会として講演準備を進めていた折、ウクライナ危機が重なった。動画を公開した市は「核兵器や戦争行為の悲惨さ、平和の尊さを実感してほしい」としている。

（山本　昭子）

「大石さんは今なお核兵器が存在し、使われるかもしれないということを実感として持ってほしいと強く訴えていた」。12日、都立第五福竜丸展示館（江東区）の安田和也学芸員(69)が、船首のそばから講演した。

この船上で「死の灰」を浴びた大石さんは、偏見から逃れるように故郷・静岡を離れ、東京で沈黙を続けたが、事件から29年後に中学生から請われたのを機に展示館や各地で体験を語ってきた。

講演は市と三浦地区労働組合協議会が主催する催し「みうらピースデー」の一環。福竜丸と同時期に三浦・三崎港から出漁した漁船も魚の廃棄や魚価低迷といった被害を受けており、2018年以降は市民がより身近に考えられるビキニ事件に焦点を当て、学校巡回展や講演会を開いてきた。

くしくも大石さんは19年に市内の高齢者施設に入り、展示館学芸員らのサポートを受けながら市内でも講話。20年には取材に対し、「（核被害は）今も起こり得る問題。それは怖いことだし、違う方向だよ、危ないよと言いたい」と語っていた。

没後1年に当たる今年のピースデーは、ロシアが核兵器使用をちらつかせる中で迎える形となった。市職員で同協議会議長の松本智之さん(39)は「核のボタンが押されることが現実にあり得るのだと、どきっとさせられた。事件を知らない世代も増えてくる。これからも中核となるテーマとして伝えていきたい」と話す。

動画は動画投稿サイト「ユーチューブ」で「みうらピースデー」と検索。

講演した安田さん(右)と司会を務めた松本さん＝都立第五福竜丸展示館

# 賛否が分かれるテーマで議論しよう

## 1 小単元名

「議論する力」を育てよう（4時間扱い）

## 2 本小単元の観点別目標

（①知識・技能、②思考・判断・表現、③主体的に学習に取り組む態度）

①論題に対する自分の主張の根拠となる事実を記事から正しく読み取り、主張と記事の内容を正しく関係づける。

②論題に対する自分の主張を伝え、他者と議論することで思考を深める。また、議論の目的や内容、状況に応じ、表現や結論の出し方を工夫する。

③論題に対する問題意識を高め、積極的に議論に加わる。

## 3 NIEとしての狙い

現代の国語では、実社会の中で「論理的に考える力」や「他者との関わりの中で伝え合う力」が資質・能力の鍵となる。正解のない問いに対して、理由や根拠を明らかにして自分の主張を組み立てることは「論理的思考力」の育成につながる。設定されたテーマに対して、新聞などから得た情報をもとに、賛否の異なるものの見方や考え方に触れることで視野を広げ、全体を俯瞰《ふかん》しながら議論を展開することができるようにする。

## 4 本小単元の展開（全4時間）

| 時 | 学習活動 | 留意点／○資料等 |
|---|---|---|
| 1 | 議論の進め方について理解する | |
| | •議論の進め方を確認し、提示された論題について把握する<br>•グループ内で進行役などの役割を決める | •①決められた時間内にグループで協力して進行する、②発言の機会を１人で独占しない、③他者の発言を否定しない――の３つのルールを徹底させる |
| 2 | 論題にふさわしい情報を収集し、整理する | |
| | •本や新聞、インターネット等から論題に関連する資料・情報を収集する<br>•収集した情報を整理し、内容を吟味して取捨選択する<br>•新聞の論説記事を例に、「論拠」と「事実」を抽出する（論拠の中に事実が含まれる場合もある） | •主張には、①根拠となる「事実」、②事実と主張を関係づける「論拠」――の２点が必要であることを伝える<br>•複数紙から情報を探して比較するように指示する<br>•あらかじめ図書館と連携して、テーマと関連する記事を取り置いてもらうようにする<br>•経年比較をする場合など、記事データベースの活用も有効<br>○資料1～3 |
| 3 | 「事実」「論拠」を明らかにして、自分の主張をまとめる | |
| | •収集し整理した情報をもとに「主張」する原稿を書く（400～600字だと新聞への投稿に使いやすい）<br>•書きあげた原稿をもとに、発表の練習をする | •「三角ロジック」※を意識させ、論理的主張となるように促す<br>※客観的な「データ」と「主張」を関連づける「論拠」を明確にして意見を述べること<br>○資料4（核兵器禁止条約をテーマにしたグループの作品。正解のない問いをテーマにし、新聞を手がかりに考えさせるものであればよい） |
| 4 | 議論を通じて自分の主張を述べたり、他者の意見を聞いたりして考えを深める | |
| | •自分の主張を発表したり、他者の意見を聞いたりする中で、論題に対する考えを深めていく<br>•議論を踏まえて、考えや気づきをまとめる | •全員が意見を述べ、論題に対しての問題意識を高めることができるよう助言する |

## 5 資料等

資料1 京都新聞 2021年1月23日付朝刊

### 核兵器禁止条約が発効

### 全面違法化 日本は不参加

【ニューヨーク、ウィーン共同】核兵器禁止条約が22日、発効した。核兵器の開発や保有、使用を全面的に違法化し、廃絶を目指す初の国際法規。広島、長崎の原爆投下から75年半が経過、惨禍が二度と繰り返されないよう訴え続けてきた被爆者らの願いが結実した。条約の第1回締約国会議に被爆者が招待されることも明らかになった。（3面に「表層深層」など、8面に特集、21、24面に関連記事）

米国やロシアなど核保有国の対立で軍備増強が続く中、米国では「核なき世界」を追求するバイデン大統領が就任し、国際協調回帰への期待も強まる。

条約の第1回締約国会議は、条約推進派オーストリアの首都ウィーンで今年末にも開催を予定。同国のシャレンベルク外相は共同通信に「75年におよぶ被爆者の闘いがなければ制定できなかった」と話し、被爆者を招待する意向を示した。

米国の「核の傘」に依存する日本の菅義偉首相は22日、「条約に署名する考えはない」と述べ、締約国会議のオブザーバー参加にも慎重姿勢を示した。

条約発効と締約国会議への招待について、広島、長崎の被爆者は「新たな出発」と歓迎する一方、日本政府に対しては「唯一の戦争被爆国でありながら無関心を貫くのは怠慢だ」と批判した。

条約にはこれまで51カ国・地域が批准、署名は86。批准国や「核兵器廃絶国際キャンペーン」（ICAN）は参加国の上積みへ働き掛けを続けるが、核保有国側は条約には縛られないとの立場で一貫。今後、双方のせめぎ合いが激化しそうだ。

締約国会議は条約履行や核廃絶に向けた措置を検討するため国連事務総長が定期的に開催し、締約国以外の国や組織もオブザーバー参加できる。

#### 反核世論の契機に

**明治学院大の高原孝生教授**（国際政治学）**の話** 被爆者をはじめ世界の核被害者の訴えが、核兵器禁止条約発効への大きな力となった。核保有国はまだ参加していないが、「核の脅威は人類全体の問題だ」という意識が国際社会で広がり、核兵器に「非人道的」というスティグマ（烙印《らくいん》）が押されたことに大きな意味がある。各国で反核の世論が勢いを増し、核保有国の動きを縛ることを期待する。

資料2 産経新聞 2021年1月23日付朝刊

### 抑止禁止 日本の安保と相反

日本政府は22日発効した核兵器禁止条約への参加に否定的な立場をとる。条約には核兵器保有国が参加しておらず、実効性が乏しいためだ。核抑止も事実上禁じる内容で、日本の安全保障政策とも相いれないのが実情だ。

「わが国の立場に照らし、条約に署名する考えはない」。菅義偉首相は22日の参院本会議でこう述べた。公明党などが求めるオブザーバー参加についても「慎重に見極める必要がある」と距離を置いた。

#### 首相「署名考えない」

核廃絶や核軍縮を現実的に進めるには核保有国を巻き込む必要があるが、条約には1カ国も含まれていない。外務省幹部は「実効性がないだけでなく、核保有国と非保有国の分断を生む」と指摘する。

安全保障上の欠陥もある。条約は核兵器の開発や実験、使用などに加え「威嚇」も禁じる。日本は米国の核抑止力を安保政策の中核に位置付けるが、条約への参加はその放棄を意味する。北朝鮮や中国の核戦力に脅かされる現状では現実的な選択肢とはいえない。北大西洋条約機構（ＮＡＴＯ）加盟国など日本と同じように核抑止に頼る国々も条約を支持していない。

#### ＮＰＴ体制を活性化

一方、唯一の被爆国である日本は核廃絶に向け国際社会をリードする責務を負う。その一環として毎年、国連総会に核兵器廃絶決議を提出しているが、１５０カ国の賛成で採択された昨年は新たな成果もあった。

決議は、今年2月に期限切れとなる米露の新戦略兵器削減条約（新ＳＴＡＲＴ）の重要性を訴え、核保有国による軍備管理対話を促す項目を初めて盛り込んだ。一切の縛りなく核や通常戦力を増強する中国を念頭に置いたものだ。ロシアは決議全体への投票では反対に回ったが同項目には賛成票を投じ、反対したのは中国だけだった。外務省幹部は「画期的な結果」と評価する。

今年8月には核拡散防止条約（ＮＰＴ）再検討会議が予定される。２０１５年の前回会議では参加国の立場の違いが露呈し、合意文書を採択できず核軍縮の機運停滞を招いた。日本はＮＰＴ体制の活性化も視野に「橋渡し」（首相）の役割を果たしていく意向だ。

（石鍋圭）

資料3 京都新聞 2021年12月10日付朝刊

### 首相が核軍縮 合意目指す意向

#### 帯月のNPT会議

岸田文雄首相は9日、核軍縮進展に向けた方策を話し合う官民会合にオンライン出席し、来年1月に米ニューヨークで開かれる核拡散防止条約（ＮＰＴ）再検討会議で合意文書の採択を目指す意向を表明した。「私自身も世界各国のリーダーへ働き掛けを続ける」と述べたほか、核軍縮・不拡散問題担当の寺田稔首相補佐官を関係国へ派遣すると明らかにした。

前回２０１５年の会議では合意文書を作成できず、決裂した経緯がある。首相は透明性向上が核兵器削減への「第一歩」とも強調。全ての核兵器保有国に「核弾頭数や運搬手段を含む核戦力のさらなる情報開示を求める」と協力を呼び掛けた。

官民会合には、核兵器保有国、非保有国の政府関係者や有識者のほか、再検討会議の議長を務めるスラウビネン氏、国連で軍縮担当上級代表を務める中満泉事務次長も参加。再検討会議で合意可能な具体策を巡り意見交換した。

首相は外相時代の17年、国内外の有識者が核軍縮を議論する「賢人会議」創設を主導した。賢人会議は再検討会議を見据え、米国、ロシアの核戦力削減の必要性などを指摘する最終報告書を19年にまとめた。

資料4 グループ作品

**【世界平和と核兵器】**

2021年1月22日、核兵器禁止条約が発効した。各新聞がこのニュースを取り上げており、それらによると核兵器の開発や保有などを違法にして、廃絶を目指す初めての国際法規だ。核保有国や唯一の被爆国でありアメリカの「核の傘」にある日本は参加していない。日本の不参加について、参加すべきとする意見もあれば、現実的な条約ではないとする考えもある。一方で、核拡散防止条例という別の枠組みも1970年に発効しており、日本も参加している。

これに関連して、SDGs16「平和と公正をすべての人に」について触れたい。アメリカ、ロシア、中国、イギリス、フランスの5か国以外の核兵器を禁止する核拡散防止条約では「公正」とはいえない。グローバル化の流れで、貿易や人の流れ、大気汚染など、国境を越えた交流が進んでいる今こそ、それぞれの国の利益を重んじるのではなく、世界全体が1つの方向に進むべきだと思う。とはいえ、核兵器が存在していることは紛れもない事実であり、ナショナリズムが完全になくなりそうもない。

どういう枠組みであろうと、私たちの生活にとって大事なのは、世界が平和であることだ。核兵器をどうするかという議論も大切だが、一番大事なのは、私たちが戦争を起こさないことである。平和であることを当たり前に思わず、何もしないのではいけないのだ。

# 古来の表現技法「見立て」を読み解こう

## 1 小単元名
**和歌の表現からことばへの理解を深めよう**（4時間扱い）

## 2 本小単元の観点別目標
（①知識・技能、②思考・判断・表現、③主体的に学習に取り組む態度）

①日本古来の表現方法である「見立て」が日常生活にどのように根差しているのかを知るとともに、古典を読むために必要な表現の決まりごとを理解する。
②「見立て」を通して、ものの見方や感じ方、考え方を考察する。
③日本特有の言語文化について理解を深め、自分の考えをもとうとする。

## 3 NIEとしての狙い

「見立て」とは、和歌や俳諧であるものを別のものになぞらえて表現する技法で、日本文化を理解する上で重要な概念の1つである。日本庭園における枯山水や能舞台にも取り入れられている。新元号「令和」の典拠となった序文をもつ大伴旅人の和歌にも、この「見立て」が盛り込まれている。身近な料理やお菓子では、月見そば、モンブランなどが挙げられる。新聞記事を通して、四季折々の自然の変化に目を向けることで作品の理解を深める。

## 4 本小単元の展開（全4時間）

| 時 | 学習活動 | 留意点／○資料等 |
| --- | --- | --- |
| 1 | **各歌集の歌風の特徴を理解する** | |
| | •『万葉集』『古今和歌集』『新古今和歌集』の和歌について、一首ずつ解釈したり、鑑賞したりする | •「国語便覧」を用いながらそれぞれの歌風の特徴や相違・変遷を理解させる |
| 2・3 | **グループごとに日本文化における「見立て」の具体的な事例を新聞記事から探す** | |
| | •取り置きした新聞や記事データベース等を使って和歌の「見立て」に関連する記事を探す<br>•和歌で詠まれた「見立て」と記事から探した日常生活で見られる「見立て」との共通点や相違点などを検討・整理し、発表原稿にまとめる | •データベースを利用する際の検索キーワードを適宜アドバイスする<br>•図書館と連携して、関連する新聞や本を取りまとめておく<br>•参照した記事や図書については、参考文献リストに明記させる<br>○資料**1** **2**<br>•記事を使い、見立てが社会で活用されていることに気づかせる（資料**3**「人間将棋」）<br>•英訳された万葉集を紹介した記事を使い、多言語文化の視点から教科横断型授業も可能である（資料**4**） |
| 4 | **グループごとに「見立て」について発表し、和歌の表現からことばへの理解を深める** | |
| | •グループごとに考察した内容を発表する<br>•各グループの発表を参考に、「見立て」を使って身近な事物の新しい名称を考え、和歌の端緒に触れる（例えば、ドーナツをテーマに、穴の空いた硬貨である「5円玉」になぞらえ、揚げ物であることから、「ご縁（5円）上げ（揚げ）」と命名する、など） | •事物の新名称を考えるにあたっては、教師からテーマを与えてもよいし、生徒各自の興味あるものから自由に選ばせてもよい |

## 5 資料等

資料1 毎日新聞 2019年7月17日付朝刊

# 万葉集 歌の隠し味探る

### 京都市右京中央図書館 中西進さん講演

京都市右京中央図書館（右京区）で今月4日、館長で国文学者の中西進さん(89)の文化講演会が開かれた＝写真。

中西さんは「万葉集の隠し味」と題し、単純に意味を追うだけでは理解しきれない歌を紹介。百人一首にも収められている持統天皇の「春過ぎて 夏来るらし 白栲の 衣乾したり 天の香具山」（巻1・二八）という歌に2点の疑問を指摘した。「夏が来るというのは、衣を干している様子で確認するようなことなのか。また、なぜわざわざ山に衣を干しているのか」

その答えとして、雪を衣に見立てた別の歌があることをヒントに「ここで詠まれている白い衣は雪のこと。香具山に雪があるのを見て、実際は冬なのに『春を通り越してもう夏が来たらしい』と、ちょっとふざけている歌だ」という解釈を披露した。

「こうした面白さはある意味では役に立たないものだが、人間の理想であり、私はそれを『文化』と呼びたい」と語った。【花澤茂人】

資料2 読売新聞 2021年5月9日付朝刊日曜版

谷口紅雲が家持の歌「渋谿（しぶたに）をさしてわが行くこの浜に月夜（つくよ）飽きてむ馬しまし止め」を主題に描いた絵。雨晴海岸に向かう途中の浜で馬を止めた家持は「月を飽きるまで見よう」と詠んだ（高岡市万葉歴史館蔵）

「ドラえもん」を生み出した藤子・F・不二雄さんの出身地・高岡市と、隣の射水市を結ぶ万葉線には「ドラえもんトラム」が走る ©藤子プロ

越中国庁があった地に立つ勝興寺。本堂など12棟が国指定重要文化財。20年以上に及んだ修復工事を終え、4月11日に竣工（しゅんこう）式を行ったばかりだ

高岡市を代表する銘菓、大野屋の「とこなつ」（大野屋提供）

# どこでもドアで万葉へ

### ニッポン 絵ものがたり ＊ 家持と氷河

北陸新幹線新高岡駅の売店で2018年の暮れ、富山県高岡市を代表する銘菓だという「とこなつ」を買った。東京からの新幹線の車窓から眺めた、雪に覆われた立山連峰を思い出し、「常夏と言えばハワイ。はて、ここは雪国のはずだが……」と不思議に思った。

バスで高岡駅に行き、路面電車の万葉線ホームに行くと、うまい具合に人気車両の「ドラえもんトラム」が入線していた。「どこでもドア」そっくりの乗車口から入ると、内部には登場人物やひみつ道具が描かれている。「ドラえもん」の生みの親である藤子・F・不二雄さんは高岡出身。六つ目の志貴野中学校前停留所から徒歩10分の高岡市美術館内に「藤子・F・不二雄ふるさとギャラリー」がある。

万葉線で高岡駅方向に戻り、片原町停留所で下車。しばらく歩いていくと、土蔵造りが並ぶ山町筋に明治時代以来「とこなつ」を製造している大野屋がある。9代目の大野隆一社長(73)が「大伴家持が詠んだ歌＜立山《たちやま》に降り置ける雪を常夏《とこなつ》に見れども飽かず……＞にちなんだ名」だと教えてくれた。

「とこなつ」は、岡山県産の白小豆を使った餡《あん》を求肥《ぎゅうひ》でくるみ、雪に見立てた和三盆糖をまぶした直径約3㌢の餅菓子。ほおばると、和三盆糖の甘い香りと白小豆の上品な味わいが口中に広がった。

### 新元号に沸く

19年4月1日、新元号「令和」が発表された。万葉集を代表する歌人の一人、大伴旅人が九州・大宰府の長官時代に「梅花の宴」を開き、そこで参加者が詠んだ32首の歌に旅人の付けた序文の一節が典拠となった。旅人の長男である家持とゆかりが深い高岡市も、万葉ブームに沸いた。

新元号に改元された同年5月1日を「万葉のふるさと」で過ごしたくなり、早朝の新幹線で高岡市に向かった。その日は高岡伝統の「高岡御車山《みくるまやま》祭」が行われており、街に山車《やま》が繰り出していた。

初めて訪れた高岡市万葉歴史館で、特別に催されていた「万葉衣装体験」に参加した。奈良時代の衣装を身にまとい、タイムトラベルをした気分を味わうことができた。

コロナ禍の前に高岡で家持の歌の世界について知り、体験できたのは幸運だった。また「万葉のふるさと」を訪れる日に備え、万葉集をおさらいしたい。

### 世界的な美

富山湾は2014年、フランスに本部がある「世界で最も美しい湾クラブ」への加盟を認められた。美しさが認められた理由の一つは、海越しの雪をいただいた立山連峰の眺めだ。雨晴海岸だけでなく、湾のあちこちでその眺望は楽しめる。以前、富山県氷見市の知人が同市沖合の虻《あぶ》が島越しに立山連峰が見える場所に案内してくれた。雪をいただいた美しい山並みを、運良く撮影することができた。

資料4 朝日新聞 2019年5月1日付朝刊

# 星の林に

### ピーター・マクミランの詩歌翻遊

わが園に梅の花散るひさかたの
天より雪の流れ来るかも
（『万葉集』822番 大伴旅人）

Plum-blossoms
scatter on my garden floor.
Are they snow-flakes
whirling down
from the sky?

「天《あめ》」をheavensではなくskyと訳した。幻想的で神々しい「天」を意味するheavensよりも、現実的な「空」であるskyから花が流れてくるとする方が、英語ではかえって幻想美を際立たせられるからだ。

## 雪と梅、清らかな「見立て」

何年か前、万葉集の研究における第一人者にお会いする機会があった。その方は「万葉集はまだすべて英訳されていない。あなたがやりなさい」と言った。4500首だから、10年もあればできる、と。10年！ 私はその途方もなさに笑ってしまった。しかし、その方の言葉は頭を離れなかった。

ゆっくりと、私の万葉集への関心は育っていった。昨年、万葉集についての講演を頼まれてから、翻訳への興味は、さらに燃え上がった。なんだか、この歌集を訳すように、すべてが自然とそう向かっているように感じられた。

だからこの春、新しい元号が万葉集からきていると知った時の驚きと感慨は、言葉にできなかった。私の仕事の多くは古典文学に関わるものだから、その言葉が歌集、それも偉大な文学作品を出典としていることに、わくわくした。翻訳の仕事を、大きく後押ししてもらったように感じた。

今回は「令和」の出典となった序文をもつ梅花の宴の歌のうち、宴の主催者である旅人《たびと》の歌を紹介したい。「見立て」は日本文化の重要な概念の一つで、あらゆるジャンルに影響をおよぼしている。見立てとはあるものを別のあるものに置き換えたり、一体化させたりして捉える発想である。この歌の梅の花と雪の場合は前者であり、漢詩にも好まれた雪と梅の比喩を、清らかに歌い上げている。この見立ては欧米にはないものなので、とても新鮮に映る。

この門出の日に、私は日本にいる人々の幸福が、旅人の思い描く空に流れた花びらと同じくらいたくさん、豊かであるように祈る。ついに覚悟を決めて、万葉集の翻訳に取り掛かってみるつもりである。

（詩人、翻訳家）

資料3 山形新聞 2022年4月18日付

# 藤井五冠 勝利でござる

### 天童「人間将棋」

将棋の藤井聡太五冠が17日、天童市で行われた天童桜まつりのメインイベント「人間将棋」に登場し、佐々木大地六段と熱戦を繰り広げた。

＝23面に関連記事

人間将棋は、プロ棋士が指し手ごとに武者言葉で会話しながら進めるのが特徴。解説の木村一基九段から「語尾に『ござる』を付けると、それらしくなる」と助言された藤井五冠は、対局前の意気込みから早速実践。「天童にお招きいただき、うれしゅうござる」とあいさつすると、会場からは笑い声が上がった。

全ての駒を動かすという特別ルールの中、勝負は藤井五冠が130手で制した。対局後、藤井五冠は「桜も満開で、いい経験だった。次はタイトル戦で来たい」と意気込みを語った。

（落合慶）

動画はここから
電子版はダブルタップ

やぐらに上り、人間将棋に臨む藤井聡太五冠（中央上）
＝天童市・舞鶴山山頂（撮影・関賢一郎）

**ステップアップ**

「現代の国語」では、日本文化論をテーマとした評論文を扱う。古文と現代文を融合させ、横断的な授業を実践することで、学びがより深まる。

# 実社会で必要な知識・技能を身につける

## 1 小単元名

自分の中にあるバイアスに気づき、実現したい社会をSDGsの視点で考える（5時間扱い）

## 2 本小単元の観点別目標

（①知識・技能、②思考・判断・表現、③主体的に学習に取り組む態度）

①学術的な学習の基礎を学ぶための語句を習得したり、文章を書いたり、発表したりすることで語感を磨き、語彙《ごい》を豊かにする。また、作文や発表における効果的な文章構成について、理解する。

②書き手の立場から論点などを読み取り、多面的・多角的な視点から根拠や論拠を提示し、自分の考えを主張できる。また、同じ事柄について異なる論点をもつ複数の文章を読み比べ、比較したり、批判したり、論じたりできる。

③他者との交流を踏まえ、自分の考えを広げたり、深めたりしようとする。また、設定した題材に関連する複数の文章や資料を基に自分の考えを発表し、討論しようとする。

## 3 NIEとしての狙い

新聞は「現代の課題」を捉えるSDGsの絶好の教材といえる。また、新聞によって着眼点や論拠が異なり、比較や批判的な読みにつなげやすい。関連する記事を集めたり、他者との交流を行うことによって、ディスカッションや小論文指導にも発展させることができる。

## 4 本小単元の展開（全5時間）

| 時 | 学習活動 | 留意点／○資料等 |
|---|---|---|
| 1 | 正しく読む | |
| | •2つの社説を読み取り、比較する<br>•「共通点」「相違点」を見つけて整理し、グループで共有する。なぜそのように整理したかを話し合う | •分からない語句は、辞書などを活用して「語彙ノート」にまとめさせる<br>•箇条書きで書かせ、分類させる<br>○資料1 2 |
| 2 | SDGsとつなげてみる | |
| | •社説の話題がSDGsの目標とどのようにつながるかを考え、各自がワークシートに記載する<br>•グループ内で最も気になる目標を発表し合う | •まずは個人で取り組んでから、グループ内で活動させる<br>•他者の意見を聞き、自分にない視点に気づかせる<br>•SDGsの目標は1つに絞らなくてよい |
| 3 | アンコンシャスバイアス（無意識の思い込みや偏った考え）に気づく | |
| | •動画を視聴する<br>•10分間で、自身の価値観の中にあるアンコンシャスバイアスについて考える。社会における無意識の偏見があることを記事で理解する<br>•学校生活で感じるバイアスをグループで話し合う | •具体的な場面をイメージさせるために動画を活用する<br>•アンコンシャスバイアスについての問いかけは深入りしない<br>•記事を通して社会状況に気づき、自己に意識を向けさせる<br>•「自分事」として捉えるように学校内の場面で考えさせる<br>○資料3、動画「アンコンシャス・バイアス啓発動画」【職場編】【家庭編】（ふくおかインターネットテレビ） |
| 4 | 2つの記事を用いて社会の課題について考える。 | |
| | •前時までのワークシートを活用し、実現したい社会を各自で考える<br>•グループ内で各自の意見を共有し、実現するための課題などを討論しながらまとめる | •自分の意見の論拠となる記事を提示したり、考えを伝え合ったりしながら、グループで意見をまとめさせる<br>•1つにまとめられない場合は、異なる意見を併記させる |
| 5 | グループ間共有 | |
| | •前時にまとめた内容をグループで発表し、意見交換する<br>•各自でリフレクションシートに記入し、振り返る | •グループで発表し合うことで予想しない視点からの質問や意見により、さまざまな気づきが得られるようにする<br>•議論が白熱した場合、リフレクションシートを宿題にしてもよい |

## 5 資料等

資料1 琉球新報 2021年8月10日付

# 社説 東京五輪閉幕

## 多様性「遺産」に再生を

新型コロナウイルス禍の中で史上初めて1年延期となった東京五輪が閉幕した。

国際オリンピック委員会（IOC）は大会を成功と総括したが、額面通りに受け取れない。緊急事態宣言下での開催を強いられ、感染は収束せず全国に拡大した。理念なき開催が分断を生み国民不在の様相を呈した。

では、東京五輪は何を残したのか。アスリートたちの健闘は感動をもたらした。とりわけ県勢の活躍は目覚ましく、男子空手形で喜友名諒選手が県出身初の金メダルを獲得するなど次世代に夢と希望を与えてくれた。

同時に、アスリートたちは人種差別や性差別を許さない意思表示、独裁に抗議して亡命するなど「多様性」「人権」という五輪精神を体現した。それが今回の「遺産」なのかもしれない。

何のために、誰のための五輪なのか。なぜ、コロナ禍の中で開催するのか。「コンパクト」「復興」「コロナに打ち勝った証し」「安心安全」。くるくる変わる五輪の理念に国民は振り回され最後まで大会の意義を見いだせなかった。

五輪の理念は大会前から色あせていた。招致のためのIOC委員への贈賄疑惑に始まり、エンブレム盗作疑惑、森喜朗組織委員長による女性蔑視発言が相次いだ。女性タレントの容姿を侮辱する開会式演出提案、音楽担当のいじめ問題、ディレクターが過去に演じたコントでホロコースト「ごっこ」が発覚した。人権感覚が欠如し外交問題に発展しかねない事態を招いた。

「平和の祭典」という理念もかすんだ。東京五輪開催中の「原爆の日」に世界の注目が集まった。広島市や前市長の秋葉忠利氏は、原爆投下時刻に黙とうを呼び掛けたが、IOC会長のバッハ氏は応じなかった。

新型コロナウイルスの急拡大が予想される5月、琉球新報は社説で、菅義偉首相に対し国民の生命や健康を最優先し、開催中止の決断を求めた。

その後も選手や関係者、そして国民一人一人の命を守ることを最優先に大会中であっても重大な決断も辞さないことを再三求めた。

実際に、東京や沖縄でコロナ感染が爆発的に拡大し、医療崩壊が起きている。従来のウイルスより感染力が強いデルタ株の置き換わりについて専門家は大会前から警鐘を鳴らしていた。大会中に関東ではデルタ株の割合が9割に達したと推定される。

しかし、菅政権はワクチン接種一辺倒で、医療体制の拡充など効果的な対策を打ってこなかった。菅首相は大会開催と感染急増との関連を否定するが、とても無関係などと言えないだろう。

バッハ氏は「正しいタイミングに開催されたと自信を持って言える」と語ったが国民感覚と乖離《かいり》している。本来の理念とあまりにもかけ離れた五輪を立て直せるのか。重い宿題を背負った大会だった。

琉球新報 2021年8月10日（火）

資料2 沖縄タイムス 2021年8月10日付

# 社説 コロナ下の夏休み

## 子どもの健康を第一に

新型コロナウイルスの流行が続く中で迎えた2度目の夏休みも半ばに差し掛かっている。

感染拡大の影響で6月に臨時休校があった本島中南部の学校では、夏休み期間が数日から1週間ほど短縮されたところが多い。短くなってしまった夏休みを思う存分楽しんでほしいところだが、残念ながら慎重になるよう求めざるを得ない。

緊急事態宣言下の県内は、新規感染者数が人口比で全国最多の深刻な状況が続いている。しかも未成年にも感染が広がっている。8日は10歳未満の新規感染者が69人で過去最多となった。

気になるのは、これまで重症化リスクが少ないとされた子どもでも重症化の事例が報告されていることだ。専門家は「デルタ株が子どもに与える影響が看過できなくなっている」と危機感を示す。

子どもの場合、家庭内で感染したケースが多いとみられている。

「切り札」のワクチンは接種対象年齢が12歳以上であり、各家庭で大人が子どもを守らなければならない。ウイルスを家庭に持ち込まないよう一人一人がこれまで以上に気を引き締めてほしい。

県などが出した緊急共同メッセージは、15日までは外でも家でも集まらず、離島や県外との往来を避けるよう呼び掛けている。

普段は会えない親戚同士で集まったり遠くへ足を延ばしたりすることは、夏休みの楽しみだ。だが、この夏は親子で話し合い身近な場所で家族での思い出をつくってほしい。

子どもたちは表面的にはコロナ禍の生活に慣れているように見えていても心身への影響は小さくない。

文部科学省の2020年度学校保健統計調査によると、太り気味な児童生徒と痩せすぎの児童生徒がいずれも増え、子どもたちの体重に異変が生じた。

一斉休校による運動不足や生活の乱れが要因とみられるが、その後に解消されたかどうか気掛かりだ。

痩せすぎの子どもの増加は経済的な困窮が背景にある可能性がある。食事に不安を抱える家庭のため、子どもたちに弁当などを提供する各地の取り組みを歓迎したい。

コロナ禍は教育格差をもたらしたとも指摘される。沖縄のように感染拡大の深刻な状況が続き、休校が繰り返されれば学力の格差につながりかねない。子どもたちの将来にかかわる問題だ。公教育の役割をいま一度確認したい。

昨年から全国的に小中高校生の自殺の増加傾向が続いている。

昨春の一斉休校で友達や教員との交流が減り、悩みを相談しにくくなった恐れがあると専門家は分析する。休業や在宅勤務で自宅にいる時間が増えた家族と衝突したケースもみられるという。

コロナ禍で自分の居場所が見えにくくなり、孤立感を深めているのだろうか。

夏休み明けには子どもの自殺が急増する傾向がある。心のSOSを見逃さないように周りの大人が目配りや声掛けを心掛けてほしい。

2021・8・10 沖縄タイムス

資料3 朝日新聞 2020年12月5日付朝刊

# 「単身赴任＝男」「お茶出し＝女」無意識の偏見

ジェンダーを考える Think Gender

## 95%の人 決めつけや思い込み

労働組合の中央組織・連合が、職場や日常生活での「アンコンシャス・バイアス（無意識の偏見）」について組合員など約5万人に尋ねたところ、何らかの形で「思いあたる」人が95%に上った。性別や働き方などに対する思い込みの根強さが浮き彫りになった。

6〜11月にネットで調査した。「介護しながら働くのは難しいと思う」など20項目から、思い当たるものを幾つでも選んでもらった。

ジェンダー関連で最も多くの人が選んだのは、「『親が単身赴任中』というと父親を想像する」で66・3%。「体力的にハードな仕事を女性に頼むのはかわいそうだと思う」は51・5%、「お茶出し、受付対応、事務職、保育士というと女性を思い浮かべる」は39・2%だった。「子どもが病気になったときは母親が休んだ方が良いと思う」は21・1%が選んだ。

非正規雇用に関する項目では、「パートは『主婦が家計補助のために働いている』というイメージがある」を35・6%、「自分で望んでその働き方を選択していると思う」を13・8%が選んだ。調査した連合総合運動推進局の山根木晴久総合局長は「これらの項目がアンコンシャス・バイアスだと気づくことで、決めつけや押しつけをせずに、多様性が尊重される社会や職場づくりにつなげていきたい」と話した。（吉田貴司）

# 自然科学と人文・社会科学、双方の視点から

## 1 小単元名

評論『科学者とは何か』（全6時間）

## 2 本小単元の観点別目標

（①知識・技能、②思考・判断・表現、③主体的に学習に取り組む態度）

①評論文から筆者の主張を理解し、社会課題の解決には自然科学と人文・社会科学の両方の視点をもつ必要があることを理解する。

②評論文の内容を論理的、批判的に読み解くことで思考力・判断力を養う。また、グループワークにより、他者の意見を自分の考えに取り入れ、表現に結びつける。

③授業で学んだ内容について積極的に自分の考えをもとうとしている。また、他者の意見を取り入れ、さらに自分の考えを深めようとしている。

## 3 NIEとしての狙い

新聞を活用することで、日常から社会に対する関心をもたせ、他者と関わる機会を作りたい。本小単元では、生徒が社会人になったときに課題の発見・追究・解決ができるよう、「温暖化」をテーマに「何を」「どのように」学ぶかを意識させ、主に「学びに向かう力・人間性」の育成を狙う。

## 4 本小単元の展開（全6時間）

| 時 | 学習活動 | 留意点／○資料等 |
| --- | --- | --- |
| 1～4 | 直面する環境問題などでは既存の学問観が通用しないことを読み取ろう | |
| | ・村上陽一郎著『科学者とは何か』を読む<br>・文章の構成を捉えてクリティカルリーディングを意識し、書かれていることを分析したり、評価したりしながら読む | ・「缶ミルクの教訓」（飢餓に苦しむ国に無償提供された米食品会社の缶ミルクが適切な用法・用量で使用されなかったことで、栄養失調や感染症を引き起こした出来事）から、「何を」「どのように」学ぶべきかを考えさせる<br>・将来、缶ミルクの利用者となる可能性があることから、自分事として捉えさせる<br>・自然科学の知識だけでは解決できないことがあることに気づかせる<br>・文章全体から論理的に読み解くよう注意させる<br>・次時（第5時）に「温暖化」から連想する記事を探すことを予告し、新聞を用意するよう伝えておく |
| 5 | 記事から連想する社会問題（自然災害）について考えよう | |
| | ・グループ内で、村上氏が主張する「自然科学分野と人文・社会科学分野の相互乗り入れ」（2つの分野から社会問題に取り組む必要がある）について主に話し合う<br>・オリジナル新聞の作成に向けて記事を探したり、選んだりする | ・真鍋氏が2021年のノーベル賞を受賞したことを伝える記事を提示し、オリジナル新聞作成に必要な他の記事を探す<br>・新聞は学校にあるものや各自が持ち寄ったものを使わせる<br>・オリジナル新聞は、記事を切り抜いて紙に貼っても、紙面を撮影しタブレット上で作ってもよい |
| 6 | 村上氏の「相互乗り入れ」は現実社会に通用するか考えよう | |
| | ・選んだ記事が報じる出来事について、自然科学分野と人文・社会科学分野の視点から解決策を考察し、村上氏の理論が現実社会に沿ったものであるかを検証する<br>・オリジナル新聞を完成させ、グループごとに発表する | ・グループが選んだ記事について、それぞれの事象の根本的な原因が何かを問うよう助言する<br>・温暖化だけでなく、社会問題の解決にはさまざまな視点から論理的に考察することが重要であることに気づかせる<br>○資料（生徒作品） |

## 5 資料等

資料 生徒作品

秋田魁新報2021年10月6日付（右上）
同　　2021年9月16日付（下中央）
同　　2021年9月18日付（右下）
読売新聞2021年7月4日付朝刊（左上）
日本経済新聞2021年10月28日付朝刊第2部（左下）

現代文B　評論『科学者とは何か』　村上陽一郎

グループワーク

① 課題で挙げた「自然災害に関する記事」を貼り付ける。
② 取り上げた自然災害の原因を話し合う。
③ それぞれの記事どうしの関連を考える。
④ 今回の中心記事との関連性について話し合い、まとめる。

今回のＮＩＥのテーマ

筆者の主張する「自然科学分野と人文・社会科学分野の相互乗り入れ」を、新聞を活用し身近な問題に引きつけて考えよう。

評論新聞

1班

熱海 土石流20人不明
大雨、2人心肺停止
住宅多数巻き込む
「人命第一」首相が指示

真鍋氏 ノーベル賞
温暖化予測、気候モデル考案
物理学賞、日本人12人目
「好奇心で研究続けた」
ノーベル物理学賞の受賞が決まり、米東部ニュージャージー州プリンストンの自宅で喜びを語る真鍋淑郎さん＝5日
クラウス・ハッセルマン氏（ロイター＝共同）
ジョルジョ・パリージ氏（AP＝共同）

原因・・・行政の対策が不十分、森林伐採、山の保水力低下、集中豪雨。

記事の概要・・・米プリンストン大上席研究員・真鍋淑郎さんがノーベル物理学賞を受賞。大気の対流などを考慮してコンピュータで気温の変化を予測する気候モデルを世界で初めて考案。二酸化炭疽の増減が気温に影響することを示し、地球温暖化に関する先駆的な研究が高く評価された。

異常気象の危機迫る
減らせ、災害の脅威
天災が頻発 SDGs達成へ対策急務
脱炭素 各国の合意が焦点
防災情報 10年で大きく進化

米ユタ州・グレートソルト湖
気候変動、巨大湖縮む
35年で面積3割、健康被害も

クマか、2人襲われけが
洞上市昭和 同じ個体の可能性
「何かがぶつかってきた」
最近発生したクマによる主な人身被害

まとめ・・・教科書の『科学者とは何か』で村上陽一郎氏は「境界の壁を越えて、学問どうしが協力し合わなければ、とうてい問題の核心には迫れない」「科学が解放されなければならない」と述べている。私達が探した自然災害に関する記事は、どれも集中豪雨や異常気象など二酸化炭素増加による地球温暖化が原因だと分かった。真鍋さんの研究は直接私達の生活に関わりはないが、影響や被害を受けるのは私達だ。やはり村上さんの評論にあるように、今後は自然科学と人文・社会科学は相互乗り入れが必要だと思った。

原因・・・水の使いすぎ（人口増加、農業用水）、湖の蒸発量が多い、温暖化により雪ではなく雨が降る（山の保水力低下）。

原因・・・温暖化の影響で冬眠が短くなっている、森林伐採による餌不足、人の居住区拡大。

# 新聞に投書しよう

## 1 小単元名　書いて伝える（5時間扱い）

## 2 本小単元の観点別目標（①知識・技能、②思考・判断・表現、③主体的に学習に取り組む態度）

①投書を書くためのポイントを押さえ、自分の考えを書いて伝える方法を身につける。
②実社会の問題について書かれた投書を選び、なぜ気になったのかを考え、他者との議論で思考を深める。また、ポイントを押さえて投書を書くことで、自分の思いや考えを明確に伝える力や効果的に表現する力を培う。
③実社会の問題を自分事として文章化することを通して、社会に参画する態度を養う。

## 3 NIEとしての狙い

通常の紙面と同様に、各紙の投書欄にも個性があるので、全国紙、地方紙など複数紙を用いたい。新聞によっては若年層や児童・生徒向けの枠を設けていたり、月替わりでテーマを用意したりと、初めて投書を書く生徒にとって参加するきっかけとなる企画もある。生徒の学習進度に応じて、投書する新聞を選ぶこともできるので、挑戦させたい。

## 4 本小単元の展開（全5時間）

| 時 | 学習活動 | 留意点／○資料等 |
|---|---|---|
| 1 | 投書を読み比べ、執筆のポイントを押さえる | |
| | •各紙に掲載された投書を読み比べる<br>•各自が「気になる投書」を2つ選び、グループで意見交換する<br>•意見交換したことを基にして、「投書を書くポイント」を考えてまとめる<br>•「投書を書くポイント」を全体で共有する | •同じ新聞の投書でもよいが、全国紙と地方紙など複数紙の投書欄を読み比べさせるとよりよい<br>•「投書を書くポイント」を考えさせる際、「なぜその投書が気になったのか」についても着目させたい<br>•主なポイントとして、①読み手を意識する、②最も伝えたいことは何かを考える、③他者を傷つけるような表現はしない――等が挙げられる。投書を書くポイントを全体で共有する際に、教師からも適宜補足したい<br>○資料12 |
| 2・3 | ポイントを意識し、執筆する | |
| | •「投書を書くポイント」と投書の条件を確認する<br>•投書を書く | •新聞社によって字数等の形式が異なるため、条件の確認については特に注意する<br>•「投書を書くポイント」を基に、記述内容を整理して書くよう意識させる |
| 4 | 意見交換する | |
| | •書き上げた投書をペアで読み合い、良かった点と改善点を相手に伝える | •状況に応じて「投書を書くポイント」を再度確認する<br>•改善点について具体的な提案をするなど、前向きなフィードバックになるようにする |
| 5 | 投書を完成させる | |
| | •前時の指摘を参考にして修正や加筆を行い、投書を完成させる | •完成後に新聞へ投書したり、作品を一覧にして全体で共有したりできるとよい |

## 5 資料等

資料1 新潟日報 2022年3月21日付

### 現場で働く人々に感謝を

村上市 原 帆乃夏（18） 高校生

きらきらキラリ

私がウイルス禍で学んだことは、エッセンシャルワーカーの人たちへの感謝の気持ちを忘れないということです。長引く中で新型コロナウイルスはオミクロン株など変異株が増加してきているということです。

ウイルス感染の拡大時には、医療現場で働く人の数が間に合わなくなったり、病床も足りなくなったりして、大変なことになっていると思います。

私は新型コロナウイルス関連のニュースを見て、現場の最前線で奮闘されている医療従事者の方々によって、感染してしまった人だけではなく私たちの命と安全が守られているんだと実感しました。

エッセンシャルワーカーには医療従事者の他にも、保育、介護、農業、ごみを集める人などさまざまな方がおられます。私たちはこれまでエッセンシャルワーカーの仕事については興味や関心があまりなかったと思います。

しかし、ウイルス感染拡大をきっかけに、リスクがある中で働いているエッセンシャルワーカーの人たちにどれだけ頼っているか気付くことができ、それは大切なことだと思いました。

資料2 東京新聞 2022年3月25日付朝刊

### 経済制裁は正義なの？

中学生 斉藤 花 15（東京都三鷹市）

ロシアのウクライナへの軍事侵攻が国際社会を揺るがす大問題になっています。私たち中学生も社会の授業で取り上げられ、危機感を感じています。

この侵攻で、先進七カ国（G7）をはじめとした多くの国がロシアに経済制裁で圧力を加え、侵攻を鎮圧しようとしています。しかし、その制裁は果たして正しい行いなのでしょうか。

この侵攻に反対し、デモに参加するロシアの中学生たちをニュースで見ました。全ロシア国民が侵攻に賛同しているわけではないのに、社会からのけ者扱いされ、後ろめたい思いをして生きていくなんて、おかしいと私は思います。

経済制裁の下で苦しむのはいつも国民です。それでも正義と言えるのでしょうか。私はそうは思えません。

### 「普通」見直すことから

高校生 神谷 はな 16（埼玉県所沢市）

自分と周囲の違いをはっきりと認識したのは確か中学一年の春だった。私は幼いころから虫が好きでスカートが嫌いだった。小学校の卒業アルバムを見てなぜかはっきりと「私は変だ」と認識した。

「違い」を知ったあとも変わらなかった。金子みすゞさんの詩のことば「みんなちがってみんないい」が常に根底にあったからこそ私は女の子らしくしようとせず、ありのままでいられたのだと思う。高校に入学しトランスジェンダーを学んだ。私はおそらく性自認が男性、女性という部分にあてはまらない「クィア」に該当する。

一人一人の違い、個性を認めあうことが問題にも上がらないほどの常識になるような社会。そんな社会をつくるために、まずは自分の周りの「普通」を見直すことから始めてみたい。

### つらい別れで成長する

中学生 水井 依若 14（東京都立川市）

別れがあるからこそ、私たちは成長することができます。もちろん別れはとてもつらいことです。でも人生において別れはとても大事なことです。卒業や死亡、引っ越しなど止めることのない別れや、人為的な別れがあります。どの別れも同じようにつらく、向き合いたくないことばかりです。

でも、別れてしまうから今の時間を大切にしよう、いつ別れるかも知らないから、そばにいることで思い出をつくることができます。別れはつらいけど、経験しなければいけないことです。別れだからいやなことはありますが、別れだから良いこともあります。

別れる時に残念に思うのではなく、別れる前に思い出をいっぱいつくるとあの時は楽しかったなという考えになります。別れも一つの成長する方法だと思います。

## 発言 若者の声

### 本好きになってほしい

小学生 平田 菜々美 12（東京都多摩市）

みなさんは本をたくさん読んでいますか。本が苦手であまり読まない人もいるでしょう。私はコロナが流行してからいろいろな活動が禁止され、自粛中に本を読むことが多くなりました。

給食の時間は静かにしていなくてはならないため、読書をしていました。また活動的に遊べないので自宅で過ごすことが多くなり、本を読む機会が増えました。今まではマンガを好んでいたけど読書量が増えたため、いろいろなジャンルの小説を読むようになり、読書が好きになりました。

小学校では、図書委員長として、がんばっています。同級生や下級生にも本を好きになってもらえるよう、たくさんの活動をしてきました。中学生になっても、たくさんの人におすすめをして好きになってもらう活動を続けたいです。

私のイラスト 鈴木 咲良 11歳（東京都足立区）

### 募金やチラシ 猫救う

小学生 岩下 由宇《ゆう》 12（千葉県市川市）

私は、猫を飼っている。とてもかわいい。ふとたまに思うことがある。どうしてこんなにかわいい子たちを捨てる人がいるのか。その中には殺処分されてしまう子もいる。

年々殺処分の数は減ってきている。でもまだゼロには程遠い。一番いいのは猫たちを引きとることだ。できるだけ多くの人が多くの猫や犬を引きとれば殺処分の数は多く減る。引きとれない人は猫や犬のために活動している団体が行っている募金などに協力する。それだけでも猫や犬の助けにはなる。

一人一人が進んで協力しないと、いつまでたっても猫たちは救えない。募金以外でもチラシを作ってみんなにもお願いするなどできることは他にもたくさんあると思う。

だからこそ、みんなに考えて行動してもらい、猫、犬、動物たちを救いたいと思う。

### 笑ケース

上野動物園再開
ZOOっと待ってたよ
――ファン一同
（東松山市 まさみ）

### ★ 投稿お待ちしています

◆発言（360～400字程度）◆ミラー（620字程度）◆笑ケース◆時事川柳◆イラスト（はがき大） 住所・氏名・年齢・職業・電話番号を明記。〒100 8525（住所不要）東京新聞編集局「発言」係。ファクス＝03（3595）6934。添削することがあります。二重投稿禁止。掲載分には薄謝進呈。本紙電子媒体や友好紙に掲載することがあります。

Ｗｅｂ投稿はこちら▶

### ◆ テーマ投稿募集

「受験に思うこと」

本年度の受験シーズンも終わりに近づいてきました。悔し涙を流した人、晴れて第１志望に合格した人、さまざまなドラマがあったでしょう。「受験」について、ご自身の体験を通して考えたことや、周囲の人々へのメッセージ、これから受験に臨む後輩へのアドバイスなどを聞かせてください。これから受験生になる人からの意見もお待ちしています。応募要領は右と同じ。Ｗｅｂ投稿はこちらから▶

# 地価分布から読み取る地理的特色

## 1 小単元名

**都市・居住問題**（4時間扱い）

## 2 本小単元の観点別目標

（①知識・技能、②思考・判断・表現、③主体的に学習に取り組む態度）

①都市問題を理解するための基本的な用語（スラム、ストリートチルドレン、インフォーマルセクター、インナーシティー問題、再開発、一極集中、スプロール現象など）を説明することができる。

②都市問題の各事象を、国内外の各都市の地理的機能と関連づけて考察するとともに、事象の分布を地図上に表現して、特徴を理解する。

③資料や野外調査を通して、身近な地域における都市問題を見いだす。生活者の視点から、地理的手法も活用して問題解決へ向けた提案を行う。

## 3 NIEとしての狙い

教科書に載らない最新の「基準地価」について、新聞記事を活用する。一覧性に優れた詳細な紙面情報をもとに、居住市区町村内における地価の実態を知るとともに、東京大都市圏における地価分布の地理的特色を理解する。また、地域の付加価値について考察する。

## 4 本小単元の展開（全4時間）

| 時 | 学習活動 | 留意点／○資料等 |
|---|---|---|
| 1 | 世界の都市問題 | |
| | •「急増する都市人口」の状況を理解する | •「国別の都市人口増加率」（階級区分図）で、特に発展途上地域の増加率が高いことを確認させる<br>•「100万人以上の大都市」（分布図）では、主にアジアやアフリカ、中南米などで増加率が高いことに注目させる |
| 2 | 発展途上国の都市問題 | |
| | •「都市への人口流入」の実態を知る<br>•「スラムの分布」を地理的に理解する | •「主な首都の人口増加」（棒グラフ）から、比較的短期間で急増していることを捉えさせる<br>•「メキシコシティにおけるスラムの分布」（土地利用図）から、都市縁辺の斜面地域にスラムが集中している様子を読み取らせる |
| 3 | 先進国の都市問題 | |
| | •都市の中心部（旧市街地）が治安悪化等により衰退する「インナーシティー問題」の構造や実態を理解する<br>•「都市再生」の取り組みを知る | •「ロサンゼルスにおける人種・民族別の居住分布」（都市図）から、都市中心部にヒスパニックやアフリカ系の住人が集中していることを読み取らせる<br>•ニューヨーク・マンハッタンやロンドン・ドックランズの景観から、再開発によるジェントリフィケーションが進行していることを読み取らせる |
| 4 | 日本の都市問題と自分が住む地域への提言 | |
| | •「都市への人口集中と地域格差」の実態を知る<br>•各自治体の最高価格を記事で調べて地図化することで、地価分布と都市機能（利便性）の相関関係を考察する<br>•どうすれば自分の住む地域に付加価値が見いだせるのかを話し合い、発表する | •三大都市圏への都市機能の集中（円グラフ）を読み取らせる<br>•生徒が住む地域の「基準地価」から、各自治体内の土地利用や利便性による地価分布の特徴を読み取らせる（**資料1**）<br>•必要に応じて「公示地価」「路線価」との違いを説明する<br>•新型コロナウイルス感染拡大の影響を受け、商業地の地価が下落傾向であることや、東京五輪開催地域では大幅上昇した場所があることに気づかせる（**資料2**）<br>•記事から、次世代型路面電車（LRT）の整備やコンパクトシティー化による環境配慮型への移行を進める都市では、地価が堅調に推移していることを理解させる（**資料3**） |

## 5 資料等

### 資料1
千葉日報 2021年9月22日付

# 2021年 県内の基準地価

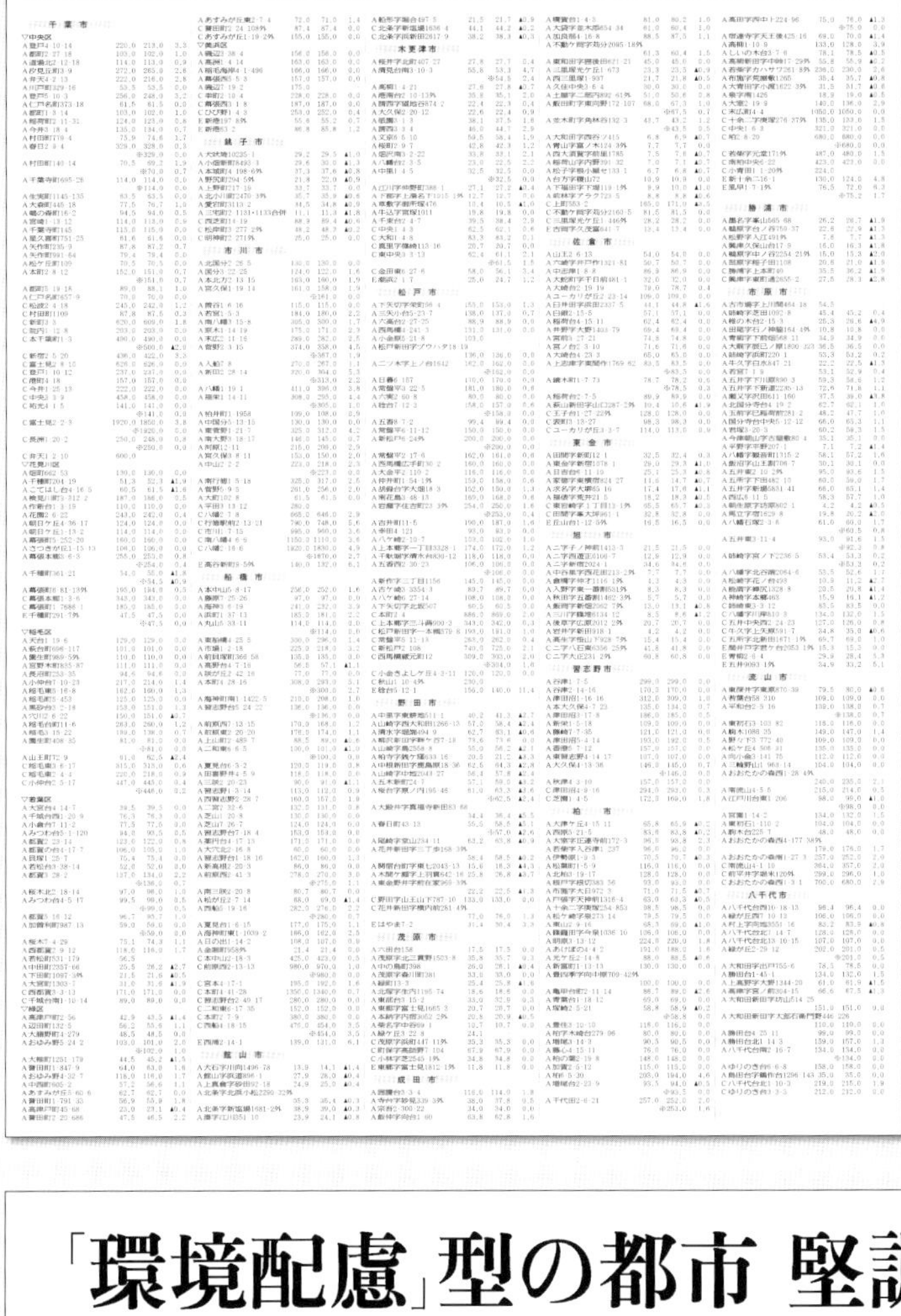

### 資料2
朝日新聞 2021年9月22日付朝刊

■地価が高かった上位５地点

| | | 所在地 | 価格 | 変動率 |
|---|---|---|---|---|
| 住宅地 | ① | 市川市八幡1-19-1 | 41.1 | 3.8 |
| | ② | 市川市菅野2-3-15 | 37.4 | 4.5 |
| | ③ | 浦安市美浜3-23-13 | 37 | 2.8 |
| | ④ | 浦安市舞浜3-27-9 | 35.5 | 2.9 |
| | ④ | 浦安市北栄3-36-9 | 35.5 | 2.6 |
| 商業地 | ① | 千葉市中央区富士見2-2-3 | 192 | 3.8 |
| | ① | 市川市八幡2-16-6 | 192 | 4.9 |
| | ③ | 船橋市本町4-41-28 | 135 | 0.7 |
| | ④ | 市川市南八幡4-6-6 | 115 | 3.6 |
| | ⑤ | 柏市末広町4-4 | 105 | 0 |

※価格（万円）は１平方㍍当たり、変動率（%）は前年比、▼はマイナス。商業地の変動率表は一部自治体に調査対象がない

## 商業地 コロナの影、宅地横ばい

### 県内の基準地価

県は22日付で、今年の基準地価（7月1日時点）を発表した。新型コロナウイルスの影響は商業地に強く出ており、浦安市の商業地の平均変動率は2019年16・8%増▽20年9・1%増▽今年1・5%減と、マイナスに転じた。

不動産鑑定士で県地価調査鑑定評価員代表幹事の佐藤元彦さんは「東京ディズニーリゾートが新型コロナで入場制限や（20年の）休園が重なり、ホテルやインバウンドの需要が減ったのではないか」と話す。

県全体の商業地は0・4%増（前年1・4%増）だった。上昇幅は縮小しており、佐藤さんは「飲食店などへの影響は昨年よりも大きかった」と指摘する。

一方、住宅地は、19年0・3%増▽20年0・2%減▽今年0%と、下げ止まった。東京隣接地や東京湾アクアライン周辺の多くは上昇傾向を維持した。

千葉市若葉区は、20年の0・2%減から今年0・3%増と上昇に転じた。中古住宅に若い世代が入居し始めていて、新型コロナで狭い都心より広くて安い郊外を求める若い人が増えた可能性があるという。

基準地価は林地を除き1平方㍍当たりの価格を調べたもので、一般の土地取引などで使われる指標。県内59市区町村で計857地点（住宅地690、商業地131、工業地25、林地11）を調べた。

### 資料3
読売新聞 2021年9月22日付朝刊

# 「環境配慮」型の都市 堅調

## 基準地価

### 宇都宮・富山 次世代型路面電車 生かす

国土交通省が発表した7月1日時点の基準地価では、次世代型の街づくりを進める地方都市で堅調さが見られた。LRT（次世代型路面電車）整備や環境に配慮した施策が住みやすさにつながっているという。〈本文記事1面〉

◆「地産地消」

宇都宮市は、住宅地が昨年の横ばいから0・3%上昇に転じ、商業地も0・2%アップした。堅調さの要因は、2023年3月開業予定のLRTや市が進めるエネルギーの地産地消策だという。

LRTは、JR宇都宮駅東口から隣町の芳賀町まで14・6㌔を結ぶ。市内にあるゴミ処理施設の焼却エネルギーを利用した電力や、太陽光発電など100%再生可能エネルギーで稼働させる計画で、利便性の向上だけでなく、渋滞解消や二酸化炭素排出の抑制効果も期待できる。

沿線ではマンション建設が相次ぐ。今春には、約30年ぶりに小学校も開校し、市LRT企画課の担当者は「目に見えて町並みが変わっている」と話す。

沿線の今泉地区連合自治会長・　さん(73)は「LRT整備で開発に弾みがつき、周辺には大型家電量販店やレストランもできた。県都の東玄関口として活性化してほしい」と期待する。

◆団子状に集約

富山市は、環境や高齢化などの問題に先進的に取り組む「環境未来都市」に政府から選ばれている。住宅地は6年連続、商業地は8年連続の上昇となった。

市はかつて、県庁所在都市で最も人口密度が低く、自動車での移動が多い「薄く広がる都市」だった。それに対し、居住推進地区を設定するなどして、いくつかの街を団子のように集約し、LRTなどの公共交通機関を整備してつなぐ「コンパクトシティー」を推進。その成果が地価上昇となって表れている。

市環境政策課の主任は「持続可能な街づくりへの取り組みが市民に受け入れられている」とみる。

同様にコンパクトシティーを目指す山口県宇部市でも、住宅地が昨年の横ばいから上昇（0・1%）に転じた。国交省の担当者は「LRT整備などが生活環境の向上につながり、地価を押し上げている」としている。

▲富山市内を走るLRT。「コンパクトシティー」化に一役買った（3月、富山市で）

# 日本と世界の人口問題

## 1 小単元名

人口問題（5時間扱い）

## 2 本小単元の観点別目標（①知識・技能、②思考・判断・表現、③主体的に学習に取り組む態度）

①世界各地の人口問題について、共通する傾向や関連性などを大観し、理解する。また、解決には持続可能な社会の実現を目指した各国の取り組みや国際協力が必要であることを理解する。

②地域の結び付きや持続可能な社会づくりなどに着目して、人口問題に関するテーマを設定し、現状や要因、解決の方向性などを多面的・多角的に考察し、表現できるようにする。

③人口問題が地球規模の課題である一方で、要因の分析、解決には地域性に留意する必要がある。さまざまな立場や意見があることに留意しながら、主体的に追究する態度を養う。

## 3 NIEとしての狙い

1979年に中国で導入された「一人っ子政策」は緩和され、16年には2人まで子供をもてるようになった。さらに、21年5月には、中国共産党が3人目の子供をもつことを認める方針を示した。最新事象を扱う複数の新聞記事から多角的に解決策を考察し、主体的に追究する機会としたい。例えば、発展途上国と先進国の人口問題に関する現地取材に基づいた記事から、教科書などでは伝えられない海外の実情を捉えさせ、日本の人口問題を自分事として考えさせたい。

## 4 本小単元の展開（全5時間）

| 時 | 学習活動 | 留意点／○資料等 |
|---|---|---|
| 1 | 人口分布にはどのような特徴があるのだろうか | |
| | ・世界の人口分布を白地図に書き込む<br>・世界の人口密集地域の特徴をつかむ | ・エクメーネ（人間の居住地域）とアネクメーネ（非居住地域）の境界を、これまでの学習の振り返りから考察させる。また、人口密集地域の要因をさまざまな観点で理解させる |
| 2 | 人口構成はどのように変化するのだろうか | |
| | ・人口転換の変化を図示する<br>・年齢別人口構成と対比させながらまとめる | ・「多産少死」のままである発展途上国、「少産少死」に移行した先進国のそれぞれの変化の要因を多面的・多角的に考察させる |
| 3・4 | 発展途上国、先進国はそれぞれどのような人口問題に直面しているのだろうか | |
| | ・アフリカ、インドの例から理解する<br>・スウェーデン、フランスの例から理解する | ・発展途上国と先進国それぞれの人口問題とその解決方法を、グループによる交流等によって協働的に深めさせる |
| 5 | 中国の人口政策から、日本の人口問題に結びつけて考察しよう | |
| | ・日本の人口問題を理解する<br>・中国の人口政策に関する記事を通して、「一人っ子政策」転換後の中国の実態を多面的・多角的に考察する<br>・中国の事例を参考に、グループ内で日本の人口問題の解決策を追究する<br>・発表後、単元のまとめをワークシートやノート等に記入する | ・日本で進む高齢化社会のスピードと女性の年齢別労働人口の割合に注目するよう促す<br>・中国の人口政策の実態を教科書の記述等と比較しながら交流させる<br>・人口抑制政策の負の側面を理解させ、グループ交流を通して日本の人口問題解決策について議論させる。その際に、世界各地にはさまざまな立場や意見があることなどに留意させる<br>○資料1～4 |

## 5 資料等

### 資料1 北海道新聞 2015年11月11日付朝刊

# 「一人っ子政策」来春廃止
## 中国、3人目は認めず

【北京鈴木徹】中国国家衛生計画出産委員会は10日、先の共産党第18期中央委員会第5回総会（5中総会）で決定した「一人っ子政策」廃止について、来年3月の全国人民代表大会（全人代）で関連法を改正し、ただちに「2人目の出産を全面的に認める政策」へ移行する方針を明らかにした。また、2050年までに労働力人口が3千万人増え、高齢化の加速にも一定の歯止めがかかるとの予測を公表した。

同委員会によると、一人っ子政策廃止で2人目出産の対象となる夫婦は9千万組だが、女性の半数は40歳以上が占めている。中国の年間出生数は近年、1600万～1700万人で推移しているが、同日記者会見した王培安同委員会副主任は「政策実施により出生数は年2千万人を突破し、労働人口は50年までに3千万人増える」と述べた。

5中総会の決定では、産児制限政策そのものは継続し、3人目以上の出産は今後も原則認めない。王氏は、20～44歳の既婚者が希望する子供の数が平均1・93人で、夫婦の8割が男児と女児の両方を希望しているとの調査結果を示した上で「人口は依然過剰であり、コントロールは引き続き必要だ」と説明した。女性が生涯に産む子供の数を示す合計特殊出生率の目標を「1・8」に定めている事も明らかにした。

中国の一人っ子政策は「4億人余りの人口を抑制した」（同委員会）とされる一方、巨額の罰金徴収や強制堕胎、戸籍の無い子供の増加など、さまざまな悲劇を引き起こしてきた。

中国国家統計局が2010年に10年ぶりに行った人口統計調査では、中国の合計特殊出生率が1・18まで低下し、中国社会は極端な少子高齢化に向かっている。それでも産児制限を続ける理由について、人口問題研究者の間では「50万人を超える専門職員を抱え、地方政府の巨大な利権となっている計画出産委員会の組織や予算を温存するため」との批判的な見方もある。

### 資料2 北海道新聞 2019年1月23日付朝刊

# 中国 出生数200万人減
## 18年 産児制限全廃 議論加速も

【北京今川勝照】2018年の中国の出生数が前年比200万人減の1523万人と大幅に減った。減少は2年連続で、人口千人当たりの出生率は同1・49ポイント減の10・94人と、1949年の建国以来、最少となった。中国国家統計局が発表した。政府は30年余り続いた「一人っ子政策」を15年末に全廃し、16年から2人目の出産を全面解禁したが、養育費の高騰などを背景に少子化に歯止めがかかっておらず、産児制限の全廃議論が加速しそうだ。

中国政府は16年の「二人っ子政策」の導入で出生数が年2千万人前後に増えると予測。1年目は前年比131万人増の1786万人だったが、17年は63万人減の1723万人となり、18年は減少が加速した。

18年末の総人口は前年比530万人増の13億9538万人。男性は7億1351万人、女性は6億8187万人で、3164万人の差があった。男女の人口比のゆがみは一人っ子政策によるもので、出生数の低下の一因にもなっている。人口は増加したが、生産年齢人口は7年連続の減少となった。

世界最大の人口は中国の経済発展を支える基礎となってきた。政府系の中国社会科学院は今月発表した報告書で、中国の人口は早ければ27年から減少に転じると予測したが、減少局面が早まる可能性もある。

中国郵政は今年の「亥《い》年」の記念切手に、親豚2匹と子豚3匹が描かれた図柄を採用。子だくさんの印象がある豚にあやかり、産児制限の撤廃が進むとの観測も出ていた。

### 資料3 朝日新聞 2021年6月1日付朝刊

# 中国 出産緩和「3人まで容認」
## 進む少子高齢化 背景

中国共産党は5月31日の政治局会議で、現在の産児制限を緩和し、3人までの出産を認める方針を示した。中国は2016年に「一人っ子政策」を廃止して2人までの出産を認めたが少子高齢化に歯止めがかからず、5年で再び制限緩和を迫られた形だ。

▼9面＝指導部に強い危機感

習近平《シーチンピン》国家主席が会議を主宰した。国営新華社通信によると、会議では「1組の夫婦が3人の子を出産できる政策や支援措置を行うことは中国の人口構造を改善し、高齢化に対応することに有利だ」と強調。今後、党と政府が統一計画をつくり「法に基づき出産政策を実施していく」とした。また、高齢化への対応と労働力の確保のため定年延長を徐々に進めることも打ち出した。

中国国家統計局は5月、昨年実施した10年ごとの全戸対象の人口調査結果を発表。全人口は過去最高の14億1178万人となる一方、15～59歳の生産年齢人口が減少したほか出生数も約1200万人と前年比で2割ほど落ち込み、人口減少が想定よりも早まる可能性が指摘されていた。

中国は1979年からの「一人っ子政策」で、2人目の出産に罰金を科すなどして人口増加を抑えてきた。その影響で人口構成がいびつになり、働き手の減少と、高齢者への社会保障コストの増大が発展に影を落とすことが懸念されている。ただ若い世代の価値観の多様化などから、今回の再緩和策が効果を発揮するかは不透明だ。

国際社会からは、政治が人間の出産数を制限することへの批判も根強いが、出産を管理する政策自体は継続する。会議は、結婚適齢期の青年への「結婚観、恋愛観、家庭観の指導強化」も打ち出した。（北京＝冨名腰隆）

### 資料4 読売新聞 2021年9月18日付朝刊

# 中国 学習塾閉鎖相次ぐ
## 教育負担減へ新政策
## 保護者に混乱 失業者多数

【上海＝南部さやか、北京＝田川理恵】中国で小中学生向けの学習塾の閉鎖が相次いでいる。家庭の教育負担軽減を目指して打ち出した習近平《シージンピン》政権の新政策を受けたもので、保護者や教育関係者の間で混乱や戸惑いが広がっている。

**突然の閉校**

今月上旬、上海市内で約30校を展開する大手学習塾「緑光少児教育」の1校を訪ねると、施錠された入り口に、営業停止を知らせる貼り紙が掲げられていた。「共産党と政府の方針を支持する」と記されている。

そばの机には授業料返還を求める人向けに記入表が置かれ、約200人の名前があった。残った授業時間の記入欄もあり、多い人で104時間だった。閉鎖を知って訪れた60代女性は、小学1年と3年の孫2人を通わせていた。「教師と連絡がつかない。返金されないのでは」と不安そうだ。

習政権は7月、投資家の塾への投資や、塾を経営する会社の株式上場による資金調達を禁じるなどした。小中学生対象の塾の新設のほか、長期休暇や週末の学習指導も禁止した。

こうした学習塾を巡る規制を受けて、資金繰りに行き詰まったり、業界の先行きを悲観したりして閉鎖する塾が続出している。北京市当局は8月、無許可運営などの違法行為のあった63の塾を閉鎖させ、追い打ちをかけた。

香港メディアは、規制に伴う失業者が1000万人に及ぶ可能性があると伝える。中国の人材派遣会社が8月に発表した報告では、地方都市で教育業界への就職を希望する人のうち6割が塾関連の失業者だった。

㊤突如閉鎖し、閑散とする上海市の学習塾（6日、上海で）㊦小学校で、保護者に見送られながら登校する児童（10日、北京で）＝いずれも片岡航希撮影

**少子化対策**

習政権は、家庭の教育関連の負担を減らすことを目的とした措置を増やしている。学習塾の規制はその一部だ。将来的に、出生数の回復につなげることを目指し、教育格差を解消する効果も見込んでいる。

小中学校の宿題の量を減らす政策も実施しているほか、地方政府も週1度の「ノー宿題デー」を設けるなどの新たな措置を導入している。親が子供の宿題につきっきりになる状況をなくし、若い夫婦が出産をためらう要因を取り除く狙いがある。

学歴重視の中国では多くの家庭が子供の教育費に悩む。上海での2019年の調査では、中学卒業までに平均51万元（約870万円）が必要とされた。低所得層ほど負担が重い傾向がある。

中国政府が打ち出した主な家庭の教育負担軽減策

| | |
|---|---|
| 全国共通 | 小学1、2年は筆記式の宿題なし |
| | 親の帰宅まで学校で課外活動を実施 |
| | 小中学生向けの学習塾新設認めず、既存の塾は非営利組織化 |
| | 地方ごとに塾の受講料の上限を決定 |
| 北京、重慶など | 小学校の授業開始は午前8時20分以降を厳守 |
| 上海、陝西省西安など | 塾での勉強は午後8時半まで |
| 広東省広州、湖南省長沙など | 週に1度「ノー宿題デー」 |

中国では家庭間の経済格差が教育格差を生み出している。現状では、有名大学の過酷な受験競争に勝ち抜くには、幼少期から高額の学習塾や習い事に通うことが必須となっている。その一方で、吉林省の東北師範大学による17年の調査によると、親の出稼ぎで農村から都市部に移り住んだ子供たちの高校進学率は3割余りと、全国平均の6割弱を大きく下回っている。

**「抜け道」模索**

保護者の受け止めは分かれている。小学3年の娘(8)を持つ上海市の女性(38)は「教育機会では裕福な家の子にはかなわない。新たな規制が受験競争の緩和につながればいい」と評価する。

一方で「抜け道」を探す保護者も多い。公立中学3年の息子(14)を持つ女性によれば、SNS上で1時間800～1000元（約1万3000～1万7000円）で家庭教師を募集した保護者もいる。大学受験での合格が成功につながる学歴偏重社会の風潮は変わらないためだ。

小学4年の娘を持つ別の女性も「大学卒業は就職の絶対条件になる」と語る。女性は最近、学習教材を手当たり次第、買い集め始めた。政府の規制が教材にも及ぶ可能性を懸念しているためという。

# 社説から戦後補償問題について考える

**1 小単元名** 戦後補償問題について考える（3時間扱い）

**2 本小単元の観点別目標**（①知識・技能、②思考・判断・表現、③主体的に学習に取り組む態度）

①太平洋戦争などによる被害に関する記事から、いまだに補償について問題が残っていることを理解する。

②サンフランシスコ平和条約や二国間条約等の内容を理解し、多くの国が日本に対する賠償請求権を放棄した理由について考え、発表する。

③戦後補償問題に関する各紙の報道をデータベースや図書館を活用して主体的に調べるとともに、ドイツほか諸外国ではどのような補償が行われているのかを調べ、発表する。

**3 NIEとしての狙い**

太平洋戦争などは、日本の国内外において多くの戦争被害者を生み出した。その被害に対する戦後補償の問題に関する各紙の社説を比較することにより、さまざまな意見があることを知り、多面的に考えさせる。

**4 本小単元の展開**（全3時間）

| 時 | 学習活動 | 留意点／○資料等 |
|---|---|---|
| 1 | 戦後補償問題 | |
| | ・日本国内の空襲被害の補償問題について理解する<br>・民間の空襲被害者への補償がなされない理由について考察する | ・軍人や軍属に対する補償（60兆円超）について説明し、民間の被害者との違いにも触れる<br>・戦争賠償の一部として処理された民間日本人の在外財産の補償を巡る1968年の最高裁判決「戦争による身体や財産の被害は国民が等しく受忍しなければならない」（戦争被害者受忍論）についても紹介する<br>○資料**1** **2** |
| 2 | 日本に対する賠償請求権を放棄した理由 | |
| | ・戦後補償問題が国内だけの問題ではないことを理解する<br>・国家間の賠償請求がサンフランシスコ平和条約等にどのように規定されているのかを調べる<br>・主要各国が賠償請求権をなぜ放棄したのかを考え、発表する | ・資料で提示した記事以外にも、新聞社のデータベースや図書館を活用し、国家間の見解の違い等により完全に解決されていない補償問題があること（朝鮮の徴用工訴訟や慰安婦の問題など）や各国の事情を主体的に調べるよう促す<br>・第一次世界大戦時にベルサイユ条約等で定められた巨額賠償をドイツが払い終わったのが大戦終結から92年後であったことも参考として紹介する<br>○資料**3** **4** |
| 3 | 諸外国における戦後補償問題 | |
| | ・諸外国では戦後補償をどう行っているのか調べ発表する（独の連邦補償法、日系米国人の強制収容に対する補償、など）<br>・記事を読み、国による歴史認識の違いについて考えるとともに、戦後補償問題について自分の考えをまとめる | ・調べ学習では、①多くの国を調べる、②連合国と枢軸国（日本以外）を1か国ずつ取り上げる、③あらかじめ調べる国を指定する、④グループ学習とする――などの方法がある<br>・各自の学習は学校図書館で行っても、家庭学習の課題にしてもよい<br>・2022年2月に始まったロシアによるウクライナ侵攻で、どのような補償問題が生じうるかについても考えさせたい<br>○資料**5** |

## 5 資料等

資料1 毎日新聞 2021年6月6日付朝刊

### 空襲被害者の救済法
# なぜ自民は動かないのか

太平洋戦争中に米軍の空襲で被害を受けた人たちの救済法案が、宙に浮いている。

これまで空襲被害者には何の補償もされておらず、超党派の議員連盟が昨秋、法案をまとめた。

だが、自民党内の調整が進まないため、臨時国会に続いて今国会でも提出に至っていない。

今年は衆院選があり、それまでに成立させられなければ、法整備の行方は不透明になる。

戦後75年が経過し、被害者の高齢化が進んでいる。自民党は直ちに、救済に動くべきだ。

法案は、空襲などで心身に障害や傷を負った人に、一律50万円の特別給付金を支払う内容だ。政府が被害の実態を調査することも盛り込まれている。

自民党の二階俊博幹事長は3月、議員連盟の会長を務める河村建夫元官房長官から協力を求められ、「できるだけ早くやりたい」と前向きな姿勢を示していた。

にもかかわらず党内手続きが進まないのは、政府・与党の2005年の了解事項があるからだ。シベリア抑留者に慰労品を贈る事業などの実施に伴い、戦後処理の措置は全て終了するとされた。

下村博文政調会長は、これを挙げて慎重な姿勢を示している。

軍人や軍属だった人と遺族には年金が支払われる一方で、空襲被害を受けた民間人は国との雇用関係がないとして放置されてきた。

空襲被害者を対象に加えれば、戦後補償の範囲が際限なく膨らみかねないとの懸念が、政府・与党内にはある。

しかし、当時の都市住民は防空法などによって住まいを離れることを事実上禁じられ、空襲時の消火義務を負っていた。国には被害を招いた責任がある。

戦中には全国各地の都市が空襲を受け、1945年3月の東京大空襲では約10万人が死亡した。

法律ができても、給付金を受け取れるのは約4600人にとどまると試算されている。遺族や戦災孤児は救済されない。それでも、救済を少しでも実現させたいとの願いが法案に込められている。

空襲の被害調査は民間団体や自治体任せにされ、いまだに実態が分かっていない。国による調査が欠かせない。自民党は被害者の思いを重く受け止めるべきだ。

資料2 静岡新聞 2021年8月26日付朝刊

### 空襲被害者の救済
# 法整備は待ったなしだ

戦後76年が経過し、いまだに未解決の大きな課題がある。太平洋戦争中の空襲による民間被害者の救済だ。

補償法の議員立法化を目指す超党派の「空襲議連」（会長・河村建夫自民党衆院議員）が昨年10月、法案を正式決定したものの与党内の調整が進まず、臨時国会に続き、先の通常国会でも提出を断念した。被害者の高齢化は進んでいる。政府と国会は法整備を急ぐ必要がある。

政府は旧軍人や軍属に恩給や遺族年金を支払う一方、広島や長崎の原爆被爆者らを除き、空襲被害者には保障していない。議連がまとめた法案は、障害や精神疾患を負った人に1人50万円を給付することが柱。今秋には衆院選があるため議連の活動が滞る可能性があり、法案の先行きは不透明となった。

空襲被害者の救済については、各地の被害者が国に損害賠償を求める訴訟を起こしたがいずれも退けられている。1968年の最高裁判決が「国の存亡にかかわる非常事態には、損害は国民が等しく受忍しなければならなかった」という「受忍論」を示したことも論拠になった。

だが、戦争は総動員体制で行われたのであり、当時の「防空法」で空襲時の消火活動は義務で退避は許されなかった。民間人だからといって損害賠償が行われないことは不合理だと、被害者が訴えるのは当然だ。

補償法案は70～80年代、14回にわたって議員立法として国会に提出されたが、いずれも自民党の反対で廃案になった。局面が動いたのは、「東京大空襲訴訟」の2009年の東京地裁判決が「立法を通じて解決すべき問題」とするなど、司法が国会での解決を求めたことが契機だ。

15年に議連が発足し、救済対象や金額を絞り込んだ法案を昨秋まとめた。遺族や戦災孤児が対象になっていないなど決して十分な内容ではないが、成立のためにやむを得なかったといえよう。国会は託された使命を重く受け止め、今後も立法化を目指すべきだ。

米軍の空襲による犠牲者は全国で50万人以上、静岡県内でも約6500人に上ると推定されている。ドイツなど欧州諸国は民間人の戦争被害も補償している。

広島原爆の「黒い雨」訴訟で政府は原告を被爆者と認め、「同じような事情にあった人々」の救済を検討しているが、長崎については「訴訟が継続中なので、行方を注視する」とするにとどめ、先行きは見通せない。積み残した戦争補償は待ったなしの課題であり、政府はその責任に真摯《しんし》に向き合わなければならない。

資料3 産経新聞 2021年6月9日付朝刊

# 文政権の責任で解決急げ
### 「徴用工」賠償却下

韓国人元労働者らが日本企業に賠償を求めた「徴用工」訴訟で、韓国のソウル中央地裁は原告の請求を却下した。

国際法に則《のっと》った常識的な判断である。問題を長引かせれば、韓国は常識外れの国という国際的な不信が増すだけだ。文在寅政権は自身の責任で早急に解決すべきだ。

ソウル中央地裁は、1965年の日韓請求権協定を踏まえ、賠償請求権は訴訟で行使できないと判じた。協定で両国の請求権問題は「完全かつ最終的に解決した」と明記されており、当然である。

協定は条約に相当し、請求を認めると条約順守を定めた国際法に反する可能性があるとした。賠償を認めて強制執行が実施され、外交問題に発展すれば、安全保障や秩序維持を侵害するとし、権利の乱用にあたるとも踏み込んだ。

約束を守るべきは司法に言われるまでもない。合意が反故《ほご》にされるのでは、信頼に基づく国家間の交渉や関係は成り立たない。

韓国では4月、元慰安婦らが日本政府を相手取った訴訟でも原告の請求を退ける判決が出た。国家は他国の裁判権に服さないとの国際法上の原則を守る常識に適《かな》った判決だ。それでも韓国が正気に戻ったと手放しでは喜べない。

そもそも「徴用工」訴訟をめぐっては、韓国最高裁が2018年に日本企業に賠償を命じる判断を示している。今回とは正反対であり、これが同種訴訟が相次ぐ要因となっているのだ。最高裁は法律に基づく徴用を「不法な植民地支配と侵略戦争遂行に直結した反人道的不法行為」と決めつけた。最高裁が史実を無視し、国際法を踏みにじる。法治国家として付き合うには不安定極まりない。

司法の暴走を助長したのは、文大統領自身である。韓国外務省は今回の判決後、「開かれた立場で日本と協議を続ける」などとしたが、解決済みの問題で日本が交渉に応じる余地はない。すべて韓国政府の責任と知るべきである。

韓国大田《テジョン》市に不法設置された、痩せてあばら骨が浮き出た「徴用工」像についても、韓国の裁判所が5月、「韓国人徴用工ではなく日本人をモデルに制作された」という主張に「真実相当性がある」と認定した。嘘はだめだということである。

慰安婦問題とともに歴史の歪曲《わいきょく》を許さず、事実をもとに日本の名誉を守る発信も欠かせない。

資料4 朝日新聞 2021年11月7日付朝刊

### 徴用工問題
# 外交で「待った」かけよ

韓国の大法院（最高裁）が、日本企業に賠償を命じた徴用工裁判の判決から3年が過ぎた。

判決により、日韓の政府間対立は先鋭化し、経済や安全保障問題にまで飛び火した。

外交がいまだ解決の糸口すら見いだせないなか、韓国の司法は9月、日本企業が保有する資産の売却を命じた。

手続きとしては資産現金化のカウントダウンに入ったと指摘される。強制執行となると日本政府は報復措置をとる構えだ。そうなればさらなる関係悪化は避けられない。

待ったなしの状況に日韓両政府は、これまで以上に外交努力を尽くさねばならない。

判決後、韓国内で同種の提訴が相次いだが、最近は訴えが退けられる事例が目立つ。韓国では被害者らが損害を認識し、一定の時間が経てば請求権は消えるとされるためだ。

両政府ともこれまで、原告数の際限のない増加を警戒してきた。だが、新たな訴訟の可能性が低まったことを機に、政府間協議を活性化するべきだ。

韓国側では、いかに危機を回避するかをめぐり、実現可能性がある議論が出始めている。

例えば先月の国会委員会では与党の重鎮議員が、韓国政府による「代位弁済」に言及した。韓国政府が被告の日本企業に代わって原告に賠償金を支払い、その後に日本側に請求するという方策である。

委員会にオンライン参加した姜昌一《カンチャンイル》・駐日大使も「いいアイデアだ」と賛意を示した。同種の一時的な肩代わり案は韓国政府内で検討されてきたが、正式な提案には至っていない。

これらの案を含め、外交当局間で話し合い、知恵を絞れば、双方が妥協できる解決案を探すのは不可能ではあるまい。

ただ、どんな妙案でも、韓国政府が原告側を粘り強く説得せねばならないし、また、その環境を整えるためにも日本政府が植民地支配という歴史の問題に謙虚な姿勢をとり続ける必要がある。

日韓の政治状況を考えても、早期の事態打開が望ましい。

岸田政権は先月の総選挙で絶対安定多数を確保したものの、来年夏には参院選を控える。韓国は、来年3月の大統領選に向けた動きが活発化している。

これまで日韓間の徴用工問題の協議は平行線をたどったが、それでも互いに何を重視しているかなど、一定の理解は深まっている。韓国の新政権と一からの協議となれば、さらに時間が費やされることだろう。

現政権同士に残された時間は少ない。不毛な対立を長引かせず、真の未来に向けた関係を築く政治の責務を果たすときだ。

資料5 産経新聞 2021年10月19日付朝刊

### 盧溝橋事件発生の日「新製品発表」の広告
# 中国、ソニーに罰金
# 「国家の尊厳損なう」

日中戦争の発端となった盧溝橋事件から84年に当たる日に新製品を発表するとの広告を出し中国国家の尊厳を損なったとして、北京市朝陽区の市場監督管理局は18日までに、ソニーの中国法人に100万元（約1770万円）の罰金を科した。12日付。

同局などによると、中国法人は今年6月30日夜に、7月7日夜に新製品を発表するとの広告をインターネット上に出した。これが1937年の盧溝橋事件発生とほぼ同じ日時だったため、中国で批判の声が殺到。7月1日に広告を削除し、不適切だったとして謝罪していた。

中国法人は罰金を受け、同様のミスを防ぐために運用を改善してきたとし「この事例を教訓にしていく」とのコメントを出した。

盧溝橋事件は、日本軍が北京郊外の盧溝橋近くで演習中に銃撃を受けたなどとして中国軍を攻撃。8年間に及ぶ日中戦争のきっかけとなった。

（杭州　共同）

# SDGsから考察する世界的格差

## 1 小単元名

**列強の帝国主義政策とアジア諸国の変容**（3時間扱い）

## 2 本小単元の観点別目標

（①知識・技能、②思考・判断・表現、③主体的に学習に取り組む態度）

①持続可能な開発目標（SDGs）に関連する記事から現代的な諸課題を把握し、その形成につながる列強の帝国主義政策とアジア諸国の変容について理解する。諸資料から帝国主義時代に関するさまざまな情報を適切に調べ、まとめる。

②19世紀後半から20世紀前半にかけてのアメリカ・ヨーロッパ、アフリカ・オセアニア、アジア、日本の動向を比較したり、相互に関連づけたりして、帝国主義政策の特徴、列強間の関係の変容などを多面的・多角的に考察する。

③近現代史の諸事象について議論し、現代に至る課題をSDGsの実現を視野に、主体的に追究・解決しようとする態度を養う。また、他国や多様な文化を尊重しようとする態度を養う。

## 3 NIEとしての狙い

「歴史総合」は現代的な諸課題の形成に関わる近現代の歴史を考察する科目とされている。NIEと現代的諸課題は親和性が高いため、本小単元ではSDGsに関連する記事を活用する。貧困、難民・移民の問題をより具体的に把握させた上で、その形成に関わる帝国主義について探究させる。課題解決を視野に持続可能でよりよい社会の実現について構想し、歴史的事象の見方・考え方を未来に生かす学びを目指す。

## 4 本小単元の展開（全3時間）

| 時 | 学習活動 | 留意点／○資料等 |
|---|---|---|
| 1 | SDGs関連記事から、現代的な諸課題について理解する | |
| | • SDGsの概要（2030年までに全ての国が取り組むべき17の目標など）を理解する<br>• SDGsに関連する記事を読み、現代的な諸課題には貧困や難民・移民に関する問題があることを把握する | • 世界の実情や日本での取り組みに触れながら、SDGsについて簡潔に説明する<br>• SDGsの中でも特に「貧困問題」「難民・移民問題」に関する記事（資料1～3）を取り上げる<br>• 現代社会の諸課題の形成につながる歴史的事象として、19世紀後半から20世紀前半にかけての帝国主義時代に着目させる |
| 2 | 帝国主義時代を多面的・多角的に考察する | |
| | • 帝国主義時代における「アメリカ・ヨーロッパ」「アフリカ・オセアニア」「アジア」「日本」の4つの地域の動きを、「政治」「経済」「外交」「科学技術」の4つの視点から考察する<br>• 生徒が調べたい地域を選ぶ（4つの地域に均等に分かれる）<br>• 地域別の班を作り、帝国主義時代における各地域の動きを資料から分析したり、話し合ったりして、ワークシートに記入する | • ジグソー法を用いる<br>• 各地域を比較したり、相互関係に着目したりして、歴史的事象が現代の諸課題とどのようにつながっているのか、プラスとマイナスの両面を含めて多面的・多角的に考えさせるようにする<br>• 各地域の担当者は、話し合いで主体的に決めさせたい（難航する場合、教師が決める）<br>○ワークシート（資料4） |
| 3 | 歴史的事象から得た知識も使い、SDGsの実現について構想する | |
| | • 各地域1人で構成する4人の班を作る。地域別班での成果を共有・意見交換して、各自がワークシートを完成させる<br>• 現代的な諸課題の背景について議論し、記事が取り上げる課題の解決に向けてどのような取り組みを行うべきかを班ごとにまとめ、発表する | • ワークシートを仕上げるうえで、各地域の類似性や差異、因果関係など、広い視野で捉えさせるとともに、世界の中で日本ができることを考えさせる<br>• 今回の学習を通して、別の諸課題（国際紛争、人種差別、環境問題等）についても、その歴史的背景から解決策を構想するよう促す |

## 5 資料等

資料1 中国新聞
2020年10月8日付朝刊

### 極度の貧困7億人超す
### 1日の暮らし200円未満
### 世銀20年推計 コロナ拡大響く

【ワシントン共同】世界銀行は7日、1日1・9ドル（約200円）未満で暮らす「極度の貧困層」が2020年に7億人を超えるとの推計を発表した。21年もこれまでの想定から約1億5千万人上振れし、7億3570万人にまで拡大する可能性がある。新型コロナウイルスの感染拡大や景気後退で20年以上続いてきた改善傾向が反転する。

世界人口に占める割合は20、21年は最大9・4％に悪化。30年でも約7％へ高止まりする見込みで、同年までに3％へ引き下げる貧困撲滅目標の達成は困難な情勢だ。

マルパス総裁は途上国への財政支援を続ける考えを強調。新型コロナ後を見据え「（今までとは）異なる経済に備える必要がある」として、新たな産業への労働力の移行促進などを訴えた。

世銀の推計では、極度の貧困層は今年増加に転じ、最大7億2930万人になる。1億人以上が新たに極度の貧困に陥り、5年ほど前の状況に逆戻りする計算だ。

都市部での困窮が目立ち、貧困の基準を1日3・2ドル未満に上げると世界人口の4分の1が、1日5・5ドル未満まで上げると、4割が当てはまるとしている。

世界の貧困撲滅は、国連が15年に採択した30年までの新たな開発目標「持続可能な開発目標（SDGs）」の柱。

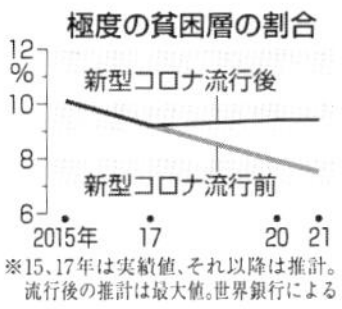

※15、17年は実績値、それ以降は推計。流行後の推計は最大値。世界銀行による

資料2 朝日新聞
2020年10月18日付朝刊

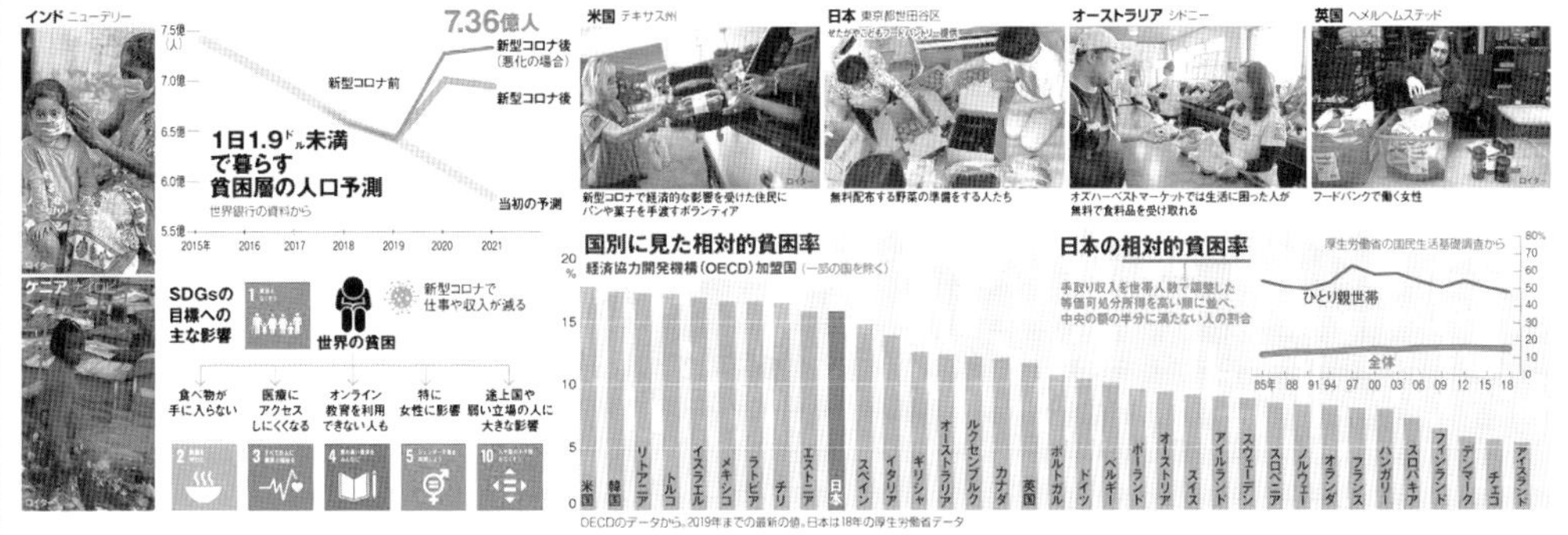

OECDのデータから。2019年までの最新の値。日本は18年の厚生労働省データ

厚生労働省の国民生活基礎調査から

共生のSDGs コロナの先の2030

# 先進国 コロナで広がる貧困

あらゆる場所のあらゆる形態の貧困を終わらせる――。世界が掲げるそんな目標の達成が、新型コロナウイルスの感染拡大によって大きく揺らいでいる。2030年に向けた世界共通の行動計画SDGs（持続可能な開発目標）は、17の目標の一つ目に貧困撲滅を掲げるが、貧困を巡る状況は先進国でも深刻だ。 ▼1面参照

### 豪の女性「子どもに牛乳を、私は水」
#### 無料スーパーに行列

「Take what you need（必要なものを持っていって）」オーストラリアのシドニーにそんな看板を掲げたスーパーがある。「無料のスーパー」として知られるオズハーベストマーケット。入り口前には新型コロナウイルス対策で1・5メートルの間隔を保ちながら、入店希望者が列を作っていた。

3年半前から、生活に困っている人に無料で食料品を提供してきた。店内にはパンや野菜、果物などの食料品が並び、入店者は欲しいものをかご一つ分までお金を払わずに持って帰れる。「商品」は業者の寄付でまかない、オーナーの厚意で家賃は無料。スタッフはみなボランティアだ。

「とても助かる。コロナのせいでその日暮らしなので」。入店した女性(40)がそう言って安堵《あんど》の表情を見せた。買い物袋は食べ物でいっぱいだ。「これでも1日分だけです」。5～11歳の4人の子を持つシングルマザーだという。

女性は複数のパートタイムを掛け持ちして生計を立ててきたが、コロナ禍による外出規制の影響でそのほとんどを失った。南半球にある豪州は6～8月が冬。「暖房は電気代がかさむから使わない。たくさん着込んで寒さを我慢している」という。「コーヒーや紅茶を飲むのもやめて私は水だけ。子どもたちは牛乳をほしがるけど、今日は手に入ったからよかった」

店長のスザナ・ドロッパさんは「彼女が来るのは、以前は2、3週間に1度くらいだった。最近はほとんど毎日見かける。非正規で突然、仕事を失った人が新しい客として来るようになった」と話す。ロニ・カーン最高経営責任者は言う。「正直に言って、この状況から抜け出す出口が見えない」

豪州の最低賃金は時給19・84豪ドル（約1500円）と世界で最高水準だ。そんな有数の豊かさを誇る国の足元でも、貧困が目に見える形で広がっている。

ニューサウスウェールズ大などの報告書によると、女性のひとり親の世帯では特に状況が深刻だ。報告書は、コロナ危機でさらに悪化すると警告している。

（シドニー＝小暮哲夫）

### 世界の貧困人口 一転増加見通し
#### 「最悪の場合 来年7.3億人」

貧困は新興国や途上国だけの問題ではない。先進国でも格差が広がり、「相対的貧困」として問題になっている。相対的貧困の状態にあたるのは、手取り収入を世帯人数で調整した等価可処分所得を高い順に並べた時に、中央の半分よりも低い額で暮らす人たちだ。困窮していることに気付かれず、支援が届きにくいことが多い。

「先進国クラブ」ともいわれる経済協力開発機構（OECD、37カ国）の加盟国では、平均で11・7％（2016年）の人々が相対的貧困の状態にある。厚生労働省によると、日本は平均よりも高い15・8％（18年）。シングルマザーなどひとり親世帯では48・2％に上っており、不安定な雇用にある人や女性など立場が弱い人ほど困窮している。

国際労働機関（ILO）は、新型コロナの影響で、今年の4～6月に世界で労働時間の17％（4億9500万人分のフルタイムの労働時間に相当）が失われたと推計。先進国を含む全ての地域で1～3割の減少となったとみる。

世界のフードバンク団体でつくるグローバル・フードバンキング・ネットワーク（本部・米国）が5月、世界44カ国にある47のフードバンク団体に実施した調査では、全団体で緊急支援の需要が増加しており、「91％以上増えた」と答えた団体が37％に上った。先進国でも英国やニュージーランドでは需要が8割以上増えていた。

途上国や新興国の状況はさらに深刻だ。世界銀行によると、貧困ライン（1日1・9ドル）を下回る暮らしを強いられる人は世界で減少してきたが、コロナ禍による経済の落ち込みで、今年は1990年代後半以降で初めて増加に転じる見通しだ。最悪の場合、21年の貧困人口は、コロナ禍以前の予測より1億5千万人多い7億3600万人に達すると推計している。

貧困は飢餓につながるだけでなく、医療や教育を受けられない人が増えたり紛争のきっかけになったりもする。女性や立場の弱い人への影響が大きく、世代を超えて格差が固定化することも問題だ。

東京都立大の阿部彩教授（貧困・格差論）は「新型コロナの影響で先進国でも貧困率が上がることが危惧されている。日本では非正規雇用の人が雇い止めにあったり、労働時間が減らされたりして、賃金の差以上に格差が広がるだろう」と指摘する。「コロナ禍で命を守るという言葉がよく使われるが、食料やライフラインは命を守ることそのものだ。緊急時のために、まずは平時のセーフティーネットを強化しなくてはいけない」

（小暮哲夫＝シドニー、中塚久美子）

### 貧しさ 見せない、見ない日本

日本文学研究者
ロバート・キャンベルさん

私はニューヨークのブロンクスという低所得層が多い労働者の町で生まれ育ちました。母は私が物心がつく前に父と別れたので、母子家庭でした。高卒で月給は高くなく、住んでいたアパートの家賃も非常に安かったと思います。

親戚が周りにたくさんいましたが、お金はなくても心は満たされているという「ユートピア」では決してありません。親戚の中には家庭内暴力があったり、アルコール依存症の人がいたりしました。

米国は「持てる者」と「持たざる者」がはっきり分かれた社会です。ただ、所得で住む地域が違って、近くにお金持ちがいなかったので格差は感じませんでした。

一方で、日本の貧困の特徴は「見えない」ことだと思います。私は日本に来て35年ほどになります。留学した福岡から1990年代に東京に引っ越した頃、メディアは「十分に食べられない子どもがいる」と伝えているのに、そんな子がどこに暮らしているのかわからないと強く感じました。

お金がないことを知られると、子どもが学校でいじめられたり、就職で不利になったりするのではないか。そんな不安を感じさせる社会空間で、人々は貧しさを見せないし、あえて見ないようにもしているのでしょう。

この春から、コロナ禍で人々の視界が少しずつ狭くなっているように感じます。生活が安定した人たちはいいかもしれませんが、何かあったら立ちゆかなくなる人もいます。そんな人たちの声が届かなくなり、存在がさらに見えなくなってしまうのではないかと危惧しています。

（聞き手・合田禄）

資料3 朝日新聞
2020年12月13日付朝刊

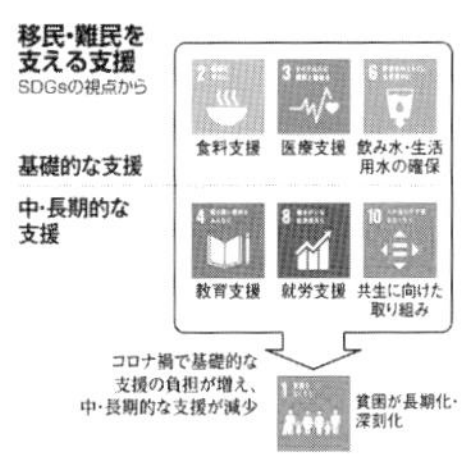


㊧オーストラリアのNGO「難民希望者センター」が設けた臨時の食料品配送所＝10月2日、シドニー、小暮哲夫撮影
㊨伊中部サバウディアのビニールハウスで野菜を収穫するインド人の移民労働者＝マルコ・オミッツォロさん提供

# 窮地の異国労働者

共生のSDGs コロナの先の2030
▼1面参照

### 伊 都市封鎖でも休めぬ移民

イタリア中部ラティーナ県の地中海に面した町サバウディアの外れに、白壁の2階建て集合住宅が並ぶ一角がある。1980年代まではイタリア人が夏のバカンスを過ごす別荘だったが、今はインド人の移民労働者が暮らす。同県はトマトなどの栽培が盛んで、移民労働者の多くは大規模農場で働いている。

集合住宅からはカレーのスパイスの香りが漂う。農場で働くカセディトさん(42)は4年前、インド北部パンジャブ州から単身で来た。「一日中、野菜の収穫で背中と腰が痛い。家族に会いたい」

ローマの民間調査機関の研究員で、社会学者のマルコ・オミッツォロさん(45)は現地で移民労働者の実態調査を続けている。オミッツォロさんによると多くの移民労働者が契約書のない違法労働状態で、ラティーナ県の農業労働者の最低賃金である時給9ユーロ（約1130円）の半額以下で働き、ベッド代として月100ユーロ（約1万2600円）を給料から天引きされている。

イタリアで感染が広がり、イタリア人労働者がロックダウン（都市封鎖）で仕事に来なくなっても、農場の移民労働者は休むことは許されなかった。地元メディアによると、農場では感染防止対策が取られず、5月には「マスクや手袋を配布してほしい」と求めた33歳の移民労働者の男性が農場主らに棒で殴られて水路に投げ込まれ、骨折する事件が起きた。

オミッツォロさんは「トマト缶が一つ1ユーロ（約126円）以下で買えるのはなぜか。現代の奴隷の移民労働者がいるからだ。私たちはこのことを知らなければならない」と訴える。

（サバウディア＝河原田慎一）

### 豪 失業手当に難民認定の壁

命の危険から母国を逃れ、難民として認めてほしいと新天地に移った人たちも、移民と同様に新型コロナで苦境にあえぐ。

南半球のオーストラリアでは今年3月、新型コロナの感染拡大を受けて、全土で外出規制が敷かれた。当時、中東の紛争地から11歳の娘と6歳の息子を連れて逃げてきた女性(38)は、シドニー西部の民家の車庫で寝泊まりしていた。

女性は子どもたちと昨年12月に入国。年明けに難民申請をすると、審査中の一時滞在ビザと労働許可が出た。新生活を始めるために借りた車庫では、シャワーもまともに使えなかった。

それでも、まずは仕事が見つかれば、と思っていた矢先、外出規制で仕事探しは困難に。家賃の支払いで貯金は底をつき始めた。

女性は難民を支援するNGO「難民希望者センター（ASC）」に連絡し、ASCが家賃を肩代わりする物件に7月に引っ越した。仕事は今も見つからない。2週間に1度、ASCから届く食料が頼りだ。女性は「支援がなかったら飢え死にする」と語る。

豪政府は多文化主義を掲げ、年1万数千人の難民を受け入れている。だが、コロナ禍で拡充した失業手当などの対象は自国民と永住資格者に限定した。永住資格を得た難民と違い、難民認定を希望し、結果を待ちながら滞在する外国人は支援を受けられない。民間団体の推計では、そんな外国人約11万6千人の失業率は外出規制前の19％から42％（5月末）に急増した。

モリソン首相は「第1波」のさなかの4月、外国人は「自分の国に帰る時だ」と発言した。だが、難民希望者に帰れる国はない。

（シドニー＝小暮哲夫）

### 増え続ける難民・移民

紛争や飢餓、気候危機など様々な理由で国境を越え、他国での生活に希望を見いだそうとする越境移住者は1990年以降、増え続けている。国連によると、2019年には約2億7千万人が母国を離れた。

越境移住者は「難民」と「移民」に大別される。難民は1954年発効の「難民の地位に関する条約」（難民条約）で、「人種、宗教、国籍、政治的意見などを理由に迫害を受けるかその恐れがあるために他国に逃れた人」と定められ、受け入れ国は保護を義務づけられている。一方、移民には国際条約による明確な定義はない。

NGO「難民を助ける会」の堀江良彰事務局長は「コロナ対策の負担が増えている。資金不足になれば、教育や職業訓練といった中・長期的な支援に手が回らなくなり、貧困の連鎖につながりかねない」と指摘する。

また、難民条約の定義に収まらない難民が近年増えている。海面上昇や干ばつ、経済の破綻などで母国を離れた人たちだ。小泉康一・大東文化大名誉教授（難民・強制移動民研究）は「条約が定義するのは70年前の国際状況下の難民。現代の難民と移民は線引きが難しい」と話す。

移民は難民条約による国際支援の枠組みの対象外だ。低賃金で働く移民労働者はコロナ禍で減給や失業に追い込まれる人が目立つ。国際移住機関の望月大平・駐日代表は「移民も難民も私たちと同じ人間。誰ひとり取り残すことなく、世界全体で新型コロナに打ち勝たなければならない」と訴える。

（半田尚子）

### 日本でも「切り捨て」

コロナ禍は日本でも外国人労働者が脆弱な立場にあることを浮き彫りにした。政府の統計によると日本の外国人労働者は約165万人（昨年10月末時点）。特に製造業（約48万人）や宿泊・飲食サービス業（約20万人）の従事者は大打撃を受けた。厚生労働省によると、外国人技能実習生約38万人のうち4233人（10月23日時点）が雇用主の都合で解雇された。神戸大の斉藤善久准教授（労働法）は「コロナ禍で外国人労働者は真っ先に切り捨てられた。今後も外国人労働者を頼りにするなら、在留期限や家族の帯同に関する制限を緩和するべきだ」と指摘する。（畑宗太郎）

資料4 ワークシート

**帝国主義時代（19世紀後半から20世紀前半）と現在とのつながりとは？**

※「歴史的な見方・考え方」：類似・差異・因果関係を“◀――▶”で結びなさい

| | | アメリカ | ヨーロッパ | アフリカ | オセアニア | アジア | 日本 |
|---|---|---|---|---|---|---|---|
| 時期・推移 | 政治 | | | | | | |
| | 経済 | | | | | | |
| | 外交 | | | | | | |
| | 科学技術 | | | | | | |

現在とのつながり　現在とのつながり　現在とのつながり　現在とのつながり

| | | | | | | |
|---|---|---|---|---|---|---|
| ＋の影響 | | | | | | |
| −の影響 | | | | | | |

SDGs実現のための取り組みとは？

| |
|---|
| |

# 模擬投票とp4c（探究の対話）で学びを深める

## 1 小単元名

「合意形成」の視点から自民党総裁選を分析し議論する（2時間扱い）

## 2 本小単元の観点別目標

（①知識・技能、②思考・判断・表現、③主体的に学習に取り組む態度）

①日本の首相がどのように選ばれるのか、政権与党の総裁選の仕組みや各候補者の政策について、新聞などから情報収集し、分析する。

②分析した情報をもとに、首相にふさわしい人物を模擬投票により選出する。政策分析と投票結果を踏まえ、「合意形成」という観点から、クラスで話し合うべき課題を考える。また、議論を進める中で、他者の意見を自分の考えに反映させ、表現する。

③分析した政策を表にまとめたり、課題解決策を考えたり、意見を述べたりして積極的に議論に参加する。

## 3 NIEとしての狙い

自民党総裁選や各候補者についての記事の読み取りを通して、文章やグラフを総合的に読解する力や自分の考えを論理的に表現する力を養うことを目指す。

## 4 本小単元の展開（全2時間）

| 時 | 学習活動／○生徒の反応 | 留意点／○資料等 |
|---|---|---|
| 1 | 政策分析と模擬投票 | |
| | ・自由民主党総裁選（2021年9月29日投開票）の概要を確認する<br>・グループごとに総裁選関連記事を探し、各候補者の政策などを分析してワークシートにまとめる<br>・模擬投票を実施する | ・「経済・産業」「社会保障」「憲法」「外交・安全保障」「人柄・信頼」など最低限の分析項目を教師が示し、このほかに必要だと思うものを生徒に主体的に考えさせる<br>・模擬投票は即時開票する<br>○資料1～3 |
| 2 | p4cを応用した議論 | |
| | ・総裁選について話し合うための「問い」を設定する<br>・グループごとに「問い」について考え、議論する<br>○「なぜ、行政の長である首相を国民が直接決められないのだろう」「どのような投票方法だと、より多くの意見を反映させられるのだろう」<br>・自分の考えをまとめる | ・政策分析と模擬投票を踏まえ、合意形成という観点から、クラス全体で議論したい「問い」を挙げさせる<br>・電子端末を用いたアンケート作成ツールの投票機能を用いて「問い」を集約する<br>・集約した問いの中から、クラスで議論すべき問いを選び、それについて調べて自分の意見を構築させる<br>・教員はファシリテーターとして議論を深める<br>・議論を踏まえ、最終的に自分で考えたこと（考えが変わったものやより深まったもの）を記述させる<br>○資料4 |

※ p4c＝「philosophy for children（子供のための哲学：ピー・フォー・シー）」とは、子供に議論のスキルを教えることを目指す教育活動のこと。探究の対話

## 5 資料等

### 資料1 中日新聞 2021年9月19日付朝刊

# 党員人気の河野氏意識

自民総裁選討論会

**核心**

自民党総裁選に名乗りを上げた四氏が日本記者クラブ主催討論会で直接対決した。党員らの目を意識し、独自色発揮へつばぜり合いを展開。「脱原発」を持論とし、人気で先行する河野太郎行政改革担当相に打撃を与えようと、他候補が質問を集中した。同氏もすかさず反撃に出た。森友学園を巡る公文書改ざん問題など安倍、菅両政権の「負の遺産」に関しては、決選投票になった場合の安倍晋三前首相の支援を当て込むあまり、歯切れの悪い答えが目立った。

## 「原発」質問集中／「年金」税負担に疑義

▽あぶり出し

「原発再稼働を認める一方で核燃料サイクルは止めると。これは両立するのか」。岸田文雄前政調会長は十八日の討論会で河野氏に迫った。使用済み燃料を再処理せず、地中に埋める直接処分とすることに疑問を呈した。

「脱原発」を当面封印した格好の河野氏。急所とみて岸田氏が周到に準備した質問だった。前日のテレビ出演で他候補に聞く機会があったが、注目度が高い十八日の討論会のため温存。周辺に理由を問われ「用意した弾だから」と明かした。

最大派閥・細田派は河野氏の「過激」なエネルギー政策への忌避感から、岸田氏と高市早苗前総務相を支持する。経済界に懸念が強いのも岸田氏への追い風だ。岸田派幹部は「河野氏の改革イメージの危うさをあぶり出せた」と自信を見せた。

河野氏が訴える国民年金（基礎年金）の全額税負担化にも疑義が続出。高市氏は「国民負担が増える」と突き放した。実施に必要な消費税の増税幅を二度ただした岸田氏は「実現可能性を詰めないといけない」と批判。「生煮え感」演出に向け、旧民主党政権が打ち上げて頓挫した最低保障年金まで持ち出した。

地方票争奪戦を優位に進める河野氏。「抜本的な年金制度改革を今やらないと若い人の年金生活は維持できない」と、反論に懸命となった。

▽大転換

「アベノミクス」は加速か修正か―。経済政策でも火花を散らした。

「第三の矢」の成長戦略に関し、野田聖子幹事長代行が子ども政策への集中投資を主張。「世界中の投資家が、この国が持続可能かを見ている」と強調した。高市氏は緊急時の機動的な財政出動を前面に掲げた。

「企業利益を大きくした意味では日本経済を動かした」と一定評価した河野氏だが、個人所得引き上げにつながらなかったと指摘。中間層への分配強化などを柱とした「令和版所得倍増計画」を提唱する岸田氏の印象を薄めたいとの意図が透けた。岸田氏は「大きな転換が大事だ」と訴えた。

▽しがらみ

有力者の支持が勝敗の行方を左右する総裁選。討論会では各候補の忖度が見え隠れした。河野氏と決選投票になった場合、高市氏を支える安倍氏の応援が欲しい岸田氏。森友学園を巡る公文書改ざん問題を問われたが「説明は大事だ」とはぐらかすだけ。質問者は「答えになっていない」と切り捨てた。

安倍氏としがらみがない野田氏は再調査は必要と断言。各種選挙での自民党の不調について「問題を抱えたままで有権者が疑心暗鬼になっている」と分析した。

河野氏は遺族と面会する可能性に触れたが、再調査には言及しなかった。権力私物化と指摘された「桜を見る会」問題に関する安倍氏の説明責任について、高市氏は「長い国会審議で説明している」と擁護した。

四氏による先が見通せない乱戦。ある陣営幹部は「世論にいかにアピールできるかが勝利への鍵」と語った。

日本記者クラブで行われた自民党総裁選の公開討論会＝18日、東京・内幸町で（代表撮影）

**自民党総裁選討論会での4候補の発言**

| | |
|---|---|
| 原発政策 | 【岸田文雄 前政調会長】原発再稼働を認める一方で核燃料サイクルは止めると。これは両立するのか |
| | 【河野太郎 行政改革担当相】最大の問題は核のごみの処理が決まっていないことだ |
| 年金制度 | 【高市早苗 前総務相】（基礎年金を税で全額賄う河野氏の案は）国民負担が増える |
| | 【河野氏】抜本的な年金制度改革を今やらないと若い人の年金生活は維持できない |
| 成長戦略 | 【野田聖子 幹事長代行】投資家がこの国が持続可能か見ている。子ども政策への集中投資が必要 |
| | 【岸田氏】大きな転換が大事だ。分配も組み合わせた好循環をつくらなければいけない |
| 安倍前首相の政治手法 | 【野田氏】森友学園問題の再調査は必要。有権者が疑心暗鬼になっている |
| | 【高市氏】安倍氏は桜を見る会問題について長い国会審議で説明している |

### 資料2 ワークシート

（　）班　メンバー（　　　　　　　　）-

「合意形成」の視点から、自民党総裁選を分析し議論する。

◆各候補者の政策分析をしてみよう

| | 河野太郎氏 | 岸田文雄氏 | 高市早苗氏 | 野田聖子氏 |
|---|---|---|---|---|
| 経済・産業 | | | | |
| 社会保障 | | | | |
| 憲法 | | | | |
| 外交・安全保障 | | | | |
| 人柄・信頼 | | | | |
| | | | | |
| | | | | |
| メモ（政策の特徴や傾向など） | | | | |

### 資料3 岐阜新聞 2021年9月4日付

# 菅首相 退陣

## 総裁選出馬せず

### コロナ対策に批判 求心力失う

### 衆院選、来月末以降に

### 就任から1年

菅義偉首相は3日、退陣する意向を表明した。新型コロナウイルス感染の十分な抑止や、収束の見通しを示すことができない政府への批判が続出。次期衆院選を控え求心力を急速に失い、首相就任から1年で責任を取る形となった。自民党総裁選（17日告示、29日投開票）には出馬しない。理由に、コロナ対策と総裁選の選挙活動の両立が困難であることを挙げた。首相の不出馬で総裁選の構図は大きく変わる。衆院選投開票は新首相の下で10月末以降に実施される流れとなった。

首相は3日の党臨時役員会で、総裁選には立候補しないと明言。その後、官邸で記者団に「首相となって1年、コロナ対策を中心とする課題に全力で取り組んできた。コロナ対策と総裁選の選挙活動には莫大なエネルギーが必要であり、両立できない。コロナ感染防止に専念したいと判断した」と述べた。9月末の総裁任期まで務め、新首相選出と同時に退任する。

二階俊博幹事長は党本部で「考えに考えた末の決断だと思う。総裁の考えをみんなで受け入れ、今後の党運営に対処したい」と述べた。官邸筋は「6日に予定していた党役員人事に行き詰まっていた」と指摘した。

今回の総裁選は当初の予定通り実施される。既に岸田文雄前政調会長が出馬を表明し、高市早苗前総務相も意欲を示す。河野太郎行政改革担当相も立候補する意向を周囲に伝えた。石破茂元幹事長や野田聖子幹事長代行（衆院岐阜1区）の動向も注目される。

首相は、官房長官として約7年半支えた安倍晋三前首相が持病悪化で辞任表明した後の自民党総裁選で勝利し、昨年9月16日、第99代首相に就任した。安倍政権の経済、外交政策を継承。新型コロナ対策を最優先課題とし、行政の縦割りや既得権益、あしき前例主義を打ち破る「国民のために働く内閣」を掲げた。

今年2月、首相の長男が勤務する会社の総務省幹部接待問題を週刊文春が報道。3月には高額接待疑惑の山田真貴子内閣広報官が辞職した。新型コロナ感染が拡大するたびに、緊急事態宣言やまん延防止等重点措置を発令して対処したものの、「後手」との批判を浴びて内閣支持率下落を招いた。東京五輪・パラリンピック大会中も感染が広がり、医療提供体制が逼迫した。

**想定される今後の主な政治日程**

- 9月5日　東京パラリンピック閉幕
- 12日　新型コロナウイルス緊急事態宣言とまん延防止等重点措置期限
- 17日　自民党総裁選告示
- 29日　総裁選投開票
- 30日　菅義偉首相の総裁任期満了
- 10月上旬？　臨時国会召集。首相指名選挙、組閣
- 7日　参院静岡、山口選挙区補欠選挙告示
- 21日　衆院議員の任期満了
- 24日　参院静岡、山口選挙区補選投開票

首相官邸で取材に応じる菅首相。自民党総裁選への不出馬を表明した＝3日午後1時6分

### 資料4 毎日新聞 2021年9月30日付朝刊

# 自民総裁に岸田氏

## 決選で河野氏破る

### 来月4日 第100代首相に

菅義偉首相の自民党総裁任期満了に伴う総裁選は29日、投開票された。岸田文雄前政調会長(64)＝岸田派＝が決選投票で河野太郎行政改革担当相(58)＝麻生派＝を破り、第27代総裁に選出された。任期は2024年9月末までの3年。岸田氏は10月4日召集の臨時国会で第100代首相に選ばれ、岸田内閣が発足する。

総裁選は両氏のほか、高市早苗前総務相(60)、野田聖子幹事長代行(61)＝共に無派閥＝が立候補し、東京都内のホテルで投開票が行われた。

1回目の投票は、国会議員票（衆参両院議長を除く）382票と党員・党友票382票の計764票で争われた。党員票は党本部で全国集計し、ドント方式で各候補者に割り振った。1位は岸田氏で256票（国会議員票146票、党員票110票）、2位は河野氏で255票（国会議員票86票、党員票169票）だった。3位は高市氏で188票（国会議員票114票、党員票74票）、4位は野田氏で63票（国会議員票34票、党員票29票）だった。国会議員の棄権、無効は各1票だった。

岸田氏が当選に必要な過半数の得票に達しなかったため、岸田、河野両氏の上位2人による決選投票となった。決選投票は382票の国会議員票と、2人のうち党員票の得票が多かった候補者に1票を割り振る47票の都道府県票で争われた。その結果、岸田氏は257票（国会議員票249票、都道府県票8票）を獲得し、河野氏の170票（国会議員票131票、都道府県票39票）を上回り、当選を果たした。決選投票も国会議員の棄権、無効は各1票だった。

岸田氏は、総裁選後の両院議員総会で「生まれ変わった自民党をしっかりと国民に示し、支持を訴えないといけない」とあいさつし、「総裁選は終わった。ノーサイドだ。全員野球で自民党が一丸となり、衆院選と参院選に臨もう」と語った。これに先立ち、菅首相も両院議員総会であいさつし、「衆院議員の任期は日々差し迫っている。岸田新総裁のもとに私たち自民党員・党友が一致結束して、この戦いを勝ち抜かなければならない」と述べた。岸田氏はその後、新総裁として臨んだ党本部での記者会見で「衆院選の勝敗ラインは与党で過半数だ。衆院解散はしかるべき時期を判断したい」と述べた。

岸田氏は経済成長と同時に所得分配を重視する「令和版所得倍増」構想を掲げ、新自由主義の転換や格差是正を訴えた。自ら率いる岸田派に加え、細田、麻生、竹下各派のベテラン議員や参院議員から支持を獲得した。

敗れた河野氏は石破茂元幹事長や小泉進次郎環境相らとも連携し、知名度の高さを武器に支持拡大を図った。【東久保逸夫、李舜】

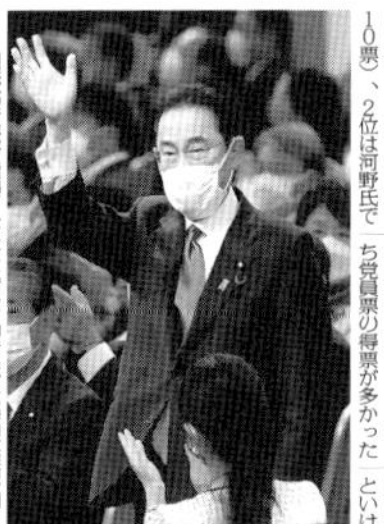

自民党の新総裁に選出され、立ち上がって拍手に応える岸田文雄前政調会長（中央）＝東京都港区で29日午後3時4分、竹内紀臣撮影

岸田　文雄氏（きしだ・ふみお）早大卒。銀行員、衆院議員秘書を経て1993年に衆院初当選。自民党青年局長、沖縄・北方担当相、党国対委員長、外相、党政調会長を歴任した。党岸田派（宏池会）会長。64歳。広島1区、衆院当選9回（岸田派）

**自民党総裁選の開票結果**

| 1回目 | 国会議員票 | 党員・党友票 | 合計 |
|---|---|---|---|
| 岸田 文雄 | 146（38%） | 110（29%） | 256（34%） |
| 河野 太郎 | 86（23%） | 169（44%） | 255（33%） |
| 高市 早苗 | 114（30%） | 74（19%） | 188（25%） |
| 野田 聖子 | 34（ 9%） | 29（ 8%） | 63（ 8%） |

| 決選 | 国会議員票 | 都道府県票 | 合計 |
|---|---|---|---|
| 岸田 文雄 | 249（66%） | 8（17%） | 257（60%） |
| 河野 太郎 | 131（34%） | 39（83%） | 170（40%） |

※敬称略。%は有効票の得票率、小数点以下四捨五入。国会議員票は無効1、棄権1

# ジェンダー平等
## ――多様性を認める社会の実現へ

**1 小単元名**　ジェンダー平等について考えよう（3時間扱い）

**2 本小単元の観点別目標**　（①知識・技能、②思考・判断・表現、③主体的に学習に取り組む態度）

①「男らしさ」「女らしさ」に関わる自らの体験を振り返り、現代社会の問題点を捉え、選択・判断のための概念や考え方について理解する。また、新聞記事等から必要な情報を適切に収集し、読み取り、まとめる技能を身につける。

②自分とは異なる価値観に基づく主張に耳を傾け、さまざまな立場に立って他者の思いを受け入れながら、男女共同参画社会の構築に向けて多面的・多角的に考察し、公正に判断し、根拠をもとに具体的・論理的に自分の考えを表現する。

③多様性を認める社会の実現のために、多面的・多角的に考察したことを深い理解につなげ、主体的に解決しようとする態度を養う。

**3 NIEとしての狙い**

日本では家事や仕事などの役割を分担する男女像がステレオタイプとして、地域や世代によって今もなお根強く存在している。無意識の偏見に関わる具体的な場面を新聞記事や映像で学ぶことで，ジェンダー平等に対する生徒の学習意欲を喚起したい。また、LGBTQ+などの性的少数者への理解を深める法の制定や同性婚については、社説の活用により、さまざまな立場や考え方があることを理解した上で、自分の考えを示せるようにしたい。

**4 本小単元の展開**（全3時間）

| 時 | 学習活動 | 留意点／○資料等 |
|---|---|---|
| 1 | 「男らしさ」「女らしさ」とは | |
| | •身の回りのさまざまな事例について、グループで意見を出し合い、ワークシートにまとめる<br>•自分らしく生きられる社会の実現には何が必要か、自分の考えをまとめ発表する | •「男らしさ」「女らしさ」にとらわれ、男女を無意識に分け隔ててしまう偏見が存在していることに気づかせる<br>•社会活動で男女を区別すべきでないことも浸透しつつあるが、日本を含め多くの国で男女格差が大きいことに気づかせる<br>○資料1～3 |
| 2 | ジェンダー平等の実現 | |
| | •ジェンダーの視点で既存の社会のあり方を見直す動きに関する新聞記事等を探し、まとめる<br>•集めたLGBTQ+についての記事や映像等を確認し合い、自分の考えをまとめ、共有し、交流する | •制服の多様化など、学校でも取り組みが始まっていることを、ジェンダー平等の視点で考えさせる<br>•相手の立場に立って考えたり、互いの価値観を尊重したりする、多様性を認める社会について認識させ、偏見や差別をなくす取り組みがなされていることに気づかせる |
| 3 | 豊かな人間関係のために | |
| | •札幌地裁の同性婚に関する判決についての各紙の社説を比較し、どのような根拠で賛成・反対しているかを整理し、発表し合う | •複数紙の社説の読み比べから、同性婚についてさまざまな立場や考えがあることを認識させたい<br>•日本でも条例等により同性カップルに婚姻と同等の権利を保障する自治体がある。地元の自治体での取り組みを調べさせたい<br>○資料4～6 |

# 5 資料等

資料1 日本経済新聞 2021年10月4日付朝刊

## 性別役割巡る内閣府調査 「思い込みある」76％

「男性は家計を支えるべきだ」「女性は感情的」。性別に関する役割などを巡る無意識の思い込み（アンコンシャスバイアス）の有無について、内閣府がインターネットを通じて初めて調査を行った結果、76・3％が「ある」と回答したことが分かった。家庭や職場で先入観や偏見が根強く残っていることが明らかになった形だ。

調査は今年8月、全国20〜60代の男女1万330人に実施。性別による役割や思い込みとされる36項目について聞いた。

男女とも1、2位は、それぞれ「女性には女性らしい感性があるものだ」（男性51・6％、女性47・7％）「男性は仕事をして家計を支えるべきだ」（男性50・3％、女性47・1％）だった。

男女で差が出た項目もあった。例えば「デートや食事のお金は男性が負担すべきだ」は男性37・3％に対し女性22・1％。「男性は人前で泣くべきではない」は男性31・0％に対し、女性は18・9％となった。

男性の50〜60代で性別役割意識が強い傾向があるとしている。

性別による役割や思い込みを決めつけられた経験も尋ねた。直接言われたり聞いたりしたことがある事例で、最多は、男性が「男性は結婚して家庭をもって一人前だ」（14・2％）。女性が「女性は感情的になりやすい」（19・9％）だった。

資料2 東京新聞 2021年7月21日付夕刊

炎上考 吉良智子

⑬ P&Gウィスパー CM

## 女の子らしさ 意味塗り替え

「女の子らしく走って」と誰かに指示されたら、あなたはどう体を動かすだろうか。そもそも「女の子らしく」何かをするとは—？

米国に本社を置く世界最大の消費財メーカー「P&G」が、そんな問題提起をするCMを作った。二〇一五年、全米に中継されたナショナル・フットボール・リーグ優勝決定戦、スーパーボウルのハーフタイムショーで放映され、注目を集めた。

映像では、人種や性別の異なる人々が、「女の子らしく走って」「女の子らしくけんかして」「女の子らしく投げて」と指示される。若い女性は「髪の乱れを気にして内股で走る」演技を、男性はふざけて笑いながら戦うポーズをとった。少年は「ボールを投げたが、すぐに落ちた」様子をパントマイムで表現した。

だが、同じ指示に、少女たちはまったく違う行動をしてみせた。全員が全力で走り、戦い、ボールを投げたのだ。「あなたにとって女の子らしく走るってどういう意味？」と尋ねられたある少女は、「できるだけ速く走るということ」と答えた。別の少女は「女の子らしく」という言葉についてどう感じるか聞かれ、「誰かにちょっと、嫌な思いをさせようとしている感じがする」と鋭く見抜いた。

多感な時期に、「女の子らしく」という言葉によって、自分は弱々しい存在だと決めつけられたら—。CMでは、「少女たちの自信は思春期に急激に落ちる」「ウィスパーはそれを変えたい」という字幕が流れる。

CMの後半は、冒頭で「女の子」をわざと弱々しく演じた女性たちが、全力を出す少女の姿に勇気づけられたかのように力強く発言を変えていく。「女の子たちにどんなアドバイスをするか」と聞かれた彼女らは「あなたはそのままでいい」と答える。最後は女性たちが「自分らしく」「全力を出して」、スポーツに挑む映像で締めくくられる。

「女の子らしさ」の意味を塗り替えようと呼びかける映像は、同時に「女の子らしさ」ははじめから少女の中に存在せず、それを要求する社会につくられる、ということも教えてくれる。世界中の子どもが「らしさ」にとらわれずにのびのびと成長する。そんな社会を大人はつくる責任がある。（きら・ともこ＝美術史・ジェンダー史研究者）

＊次回は28日に掲載予定。

資料3 朝日新聞 2021年4月1日付朝刊

## 男女平等 日本120位

### G7で最下位「政治」「経済」低迷

世界経済フォーラム（WEF）は31日、世界の国々で男女平等がどれほど実現しているかをまとめた報告書を発表した。日本は156カ国中120位（前年121位）。政治や経済分野で格差が縮まらず、今年も主要7カ国（G7）で最下位だった。コロナ禍のため世界全体で男女の格差は拡大し、解消するのに必要な時間は従来予想より36年延びて136年と試算した。

▼3面＝取り残される日本、7面＝賃金や待遇も差、14面＝社説、33面＝格差解消に挑む自治体

Think Gender ジェンダーを考える

### コロナ禍 世界で格差拡大

男女平等ランキング

| 前年 | | 今年 | 主な国の抜粋 |
|---|---|---|---|
| 1 | → | 1 | アイスランド |
| 3 | ↑ | 2 | フィンランド |
| 2 | ↓ | 3 | ノルウェー |
| 6 | ↑ | 4 | ニュージーランド |
| 4 | ↓ | 5 | スウェーデン |
| 12 | ↑ | 6 | ナミビア |
| 9 | ↑ | 7 | ルワンダ |
| 33 | ↑ | 8 | リトアニア |
| 53 | ↑ | 30 | 米国 |
| 108 | ↑ | 102 | 韓国 |
| 106 | ↓ | 107 | 中国 |
| 121 | ↑ | 120 | 日本 |
| - | | 156（最下位） | アフガニスタン |

「男女格差報告書」は、教育・健康・政治・経済の4分野を対象に評価。教育へのアクセスや政治家や閣僚の数、賃金などの男女差を比べ、100％を「完全な男女平等」として達成度を指数化した。

世界で最も男女平等といえる国はアイスランド（89・2％）で12回目の首位。2位のフィンランド（86・1％）や3位のノルウェー（84・9％）など北欧諸国が上位を占めた。ニュージーランド（84・0％）までの上位4カ国は、女性が首相を務めている。

政治経済の制度や水準が日本と似ているG7諸国では、11位（79・6％）のドイツが筆頭で、63位（72・1％）のイタリアが6番目。120位（65・6％）の日本は遠く及ばない。

世界全体で、教育や健康は男女平等に近づいているが、政治や経済での男女格差是正の取り組みは、国によりばらつきがある。

バイデン政権で女性閣僚が増え、53位から30位へと上がった米国と比べ、日本は閣僚や管理職への女性登用が進まなかったことが響いた。

指数の世界平均は67・7％で前回よりわずかに後退した。WEFは女性が働く割合の多い職場がコロナ禍でより影響を受け、失業率が高いことなどが理由と分析する。調査責任者のサーディア・ザヒディ氏は、「企業も国も、ダイバーシティー（多様性）がなければコロナ禍からの回復はより困難になる」と指摘した。

同報告書は2006年から発表され、今回が15回目。WEFは世界の政財界の指導者が参加するダボス会議を主催し、均衡の取れた世界経済の成長を目指すシンクタンクの役割も担っている。（ロンドン＝和気真也）

資料4 産経新聞 2021年3月18日付朝刊

## 婚姻制度理解せず不当だ

### 同性婚否定「違憲」

婚姻届が受理されなかった同性カップルが、国に損害賠償を求めた訴訟の判決があった。

札幌地裁は賠償請求を棄却しながらも、同性婚を認めないのは法の下の平等を定めた憲法14条に反すると「違憲」判断を示した。耳を疑う。

婚姻制度は男女を前提とし、社会の根幹を成す。それを覆す不当な判断だと言わざるを得ない。

同性婚をめぐる訴訟は、この札幌を含め東京、大阪など全国5地裁で起こされ、初の判決として注目されていた。札幌地裁の訴訟の原告は、男性カップル2組と女性カップル1組で、婚姻届が受理されなかったため、国に計600万円の損害賠償を求めていた。

札幌地裁は、国は当時、違憲性を認識できなかったとして、損害賠償は認めなかった。

判決は、民法などの婚姻に関する規定が同性婚を認めないのは憲法14条に反するとした。同性カップルに婚姻によって生じる法的効果の一部すら与えないことは立法府の裁量権の範囲を超え差別にあたるなどとも判じた。

一方で、札幌地裁は、憲法24条の「婚姻は両性の合意のみに基づく」との条文について、「異性婚について定めたものであり、同性婚について定めるものではないと解するのが相当である」として、原告側の主張を退けた。

それでは憲法24条は、14条違反ということになる。24条について判決は「同性愛者が営む共同生活に対する一切の法的保護を否定する趣旨まで有するとは解されない」と述べたが、「両性の合意のみ」の両性を異性間と規定する以上、この解釈には無理がある。

この矛盾を解消するためには、憲法改正を議論しなければならないはずだ。

国側が主張してきたように、婚姻制度は、男女の夫婦が子供を産み育てながら共同生活を送る関係に法的保護を与える目的がある。社会の自然な考え方だ。

同性愛など性的少数者への偏見や差別をなくす取り組みが必要なのはもちろんだが、そうした権利擁護と、結婚や家族のあり方の議論は分けて考えるべきだ。

同性カップルを公認するパートナー証明などを設け、権利を擁護する自治体もある。企業などを含め、法的・経済的不利益について事情を十分考慮し、きめ細かな施策を進める方が現実的である。

資料5 毎日新聞 2021年3月18日付朝刊

## 同性婚否定は「違憲」

### 人権尊重した画期的判断

同性同士の結婚を認めない現在の制度は、憲法に違反するとの初めての判断を札幌地裁が示した。法の下の平等を定めた14条に違反していると認定した。

性的指向は多様であるのに、同性カップルは不当な扱いを受けている。そうした人たちの人権を尊重した画期的な判断だ。

民法や戸籍法は男女が結婚することを前提としており、同性カップルは婚姻届が受理されない。

判決は、性的指向は人種などと同様に自分の意思によって選択、変更することができないものであり、同性婚を認めないのは合理的な根拠を欠いていると指摘した。

異性カップルならば結婚によって法的な地位や権利を得られるにもかかわらず、同性カップルにその手段がないのは、差別的な取り扱いに当たると判断した。

裁判では、「婚姻は両性の合意のみに基づいて成立する」とした憲法24条の解釈も争点だった。

判決は、異性婚について定めた規定だと指摘しつつも、同性カップルに対する法的な保護を否定するものではないと明言した。

同性婚を巡っては社会の意識も変化している。

実現を目指す団体が一昨年に実施した調査では、7割以上が同性婚に賛成している。同性カップルに社内の福利厚生を適用する企業も増えている。

東京高裁は昨年、同性間でも事実婚が成立し、法的に権利が保護されるとの判決を出している。

今回の判断は、時代に即したものだと言える。

同性カップルの関係を自治体が公的に証明する「パートナーシップ制度」も広がっている。東京都渋谷区が2015年に始め、今月時点で78自治体が導入した。

法的な拘束力はないが、住宅の入居やパートナーの入院、生命保険の契約などで活用されている。

しかし、それだけでは限界がある。パートナーの法定相続人になれず、共同で親権は持てない。税制や社会保障でも不利益がある。

政府は同性婚について「憲法で想定されておらず、極めて慎重な検討が必要」との姿勢だ。

世界では28の国・地域が同性婚を認めている。国は今回の判決を重く受け止め、権利を守る法制度の整備に乗り出すべきだ。

資料6 茨城新聞 2019年7月2日付

## 2組が宣誓書提出

### 県、パートナー制度開始

県の担当者に宣誓書類を提出する滑川友理さん（左）＝県庁

LGBTなどの性的少数者のカップルに県が証明書を交付する「パートナーシップ宣誓制度」が1日から始まり、初日は2組が宣誓書を提出した。レズビアンを公表する水戸市議の滑川友理さん(32)はパートナーの30代女性と県庁を訪れ「絆も深まり、結婚する夫婦のように責任感が生まれた」と喜びを語った。

同制度の対象は双方が20歳以上の県内居住者か転入予定者で、宣誓書を提出し、適当と認められれば1週間程度で宣誓受領証と受領カードが交付される。県営住宅の入居申請や県立中央病院（笠間市）での手術同意などの際に家族と同様に扱う。

県福祉指導課によると、同日は滑川さんらを含む2組のカップルが申請した。滑川さんは宣誓書にパートナーの女性と2人で名前を記入し、住民票や独身証明書など必要書類を添えて提出。ほかに1組が宣誓の事前予約をしているという。

提出後に会見した滑川さんは「公の場で認めてもらえるのはものすごく意味がある」と述べ、「まだまだ偏見があるのは事実。幸せの輪が広がるといい」と期待した。パートナーの女性も「穏やかな気持ち。新しいスタートだなと思い、うれしい」と笑顔を見せた。

# 戦争体験者とのテキスト対話

## 1 小単元名　持続可能な社会づくりの主体となる私たち（3時間扱い）

## 2 本小単元の観点別目標（①知識・技能、②思考・判断・表現、③主体的に学習に取り組む態度）

①「戦争へ至る過程」を当時の国内・国際情勢なども踏まえて、時系列で理解する。

②記事から読み取れる情報を整理し、事実に基づいて考えを他者へ伝えたり、課題発見・解決へ向けて協働したりして考察することができる。

③「自己との対話」「他者との対話」「戦争体験者とのテキスト対話」を通して、互いを理解し、高め合いながら課題解決に取り組むことができる。

## 3 NIEとしての狙い

記事を全て読まなくても、「究極の要約」である見出しで内容を推測でき、写真・図表からも情報が読み取れることに気づかせる。また、新聞に掲載された記事の体験記などを読み、その証言者に手紙を書くことで戦争を「自分事」として考えさせる。戦争は政治の延長線上にある「人災」であることを認識させることで、日々の時事問題等への興味・関心を喚起し、シチズンシップ教育につなげたい。

## 4 本小単元の展開（全3時間）

| 時 | 学習活動 | 留意点／○資料等 |
|---|---|---|
| 1 | 沖縄が「戦場」になるまでの経緯をたどる | |
| | •1931年の満州事変から始まる十五年戦争の果てに「沖縄戦」が位置づけられることを押さえる。軍部の暴走と無謀な戦線拡大による泥沼化した状況を時系列で学ぶ | •記事（写真や図表を含む）の情報をクイズ形式で出題するなどして読み取らせる<br>•中国への侵攻や軍部を支持した「世論」と、正しい情報を伝えなかった「新聞」について考えさせる<br>•戦争の原因と、戦争を回避できたタイミングを考えさせる<br>○資料1 |
| | 沖縄戦の特徴を考える | |
| | •「沖縄戦＝軍民混在の戦場」での悲劇や住民が動員された経緯、沖縄戦の目的などを学ぶ | •見出しが「究極の要約」であることに気づかせる<br>•記事から沖縄戦に至る経緯、住民が「根こそぎ動員」された理由や背景を考えさせる<br>○資料2 |
| 2 | 沖縄戦のキーワードから学ぶ「教育」の役割 | |
| | •「女子学徒隊」「軍事教練」「御真影」「教育勅語」など、関連用語を学ぶ | •沖縄戦の学習を通して、思想や教育が戦争を支える重要な役割を担ったことに気づかせる<br>○資料3 |
| | 過去に学び平和を発信する | |
| | •悲劇を繰り返さないための具体的な方策を考え、グループ内で共有する | •「戦争は残酷だ」「可哀想だ」という情緒面だけでなく、平和のためにどのような行動ができるかを自分事として自問させる<br>•戦前と戦後の教育の「目的の違い」に気づかせるとともに、平和学習の意義を考えさせる<br>•現代社会の課題（核兵器不拡散条約、ロシアのウクライナ侵攻など）についても考察させたい |
| 3 | 戦争体験者へ手紙を書こう | |
| | •戦争体験者の思いを捉え、自分事として何ができるかを具体的に文字に表す<br>•各グループ内で手紙を発表し、意見交換する<br>•グループの代表者が全体発表する | •戦争体験者の記事を読み、共感や心に響いた箇所、記事を読む前と読んだ後で自分の意識がどう変化したかをまとめさせる<br>•体験者の思いをどのように語り継いでいくのかを考えさせる<br>•さらに学びたい生徒には、インターネット上の平和学習アーカイブ証言集の利用も促す |

## 5 資料等

資料1 沖縄タイムス 2021年5月24日付

# 十五年戦争の果て 沖縄戦

## 無謀な戦線拡大 泥沼化

満州事変、日中戦争、アジア・太平洋戦争へと続く日本の約15年間の戦争を「十五年戦争」といいます。沖縄戦は、この十五年戦争の終わりに近いころの出来事です。沖縄戦が起こるまでにどんな歴史があったのでしょうか。たどってみると、どのようにして沖縄戦が起きたのかが見えてきます。

日本では、第1次世界大戦後の世界的な不景気の中で、国民の政治への不満が高まりました。このような中で軍部が勢いをつけ、中国へ侵攻しました。やがて戦いは泥沼化します。

日本は先行きの見えない中国との戦争に打ち勝とうと、今度は東南アジアに侵攻しました。イギリスなどから中国に送られる支援物資のルートをさえぎるとともに、石油や鉄など、東南アジアの豊富な資源を手に入れようとしたのです。

こうした日本の動きに歯止めをかけようと、アメリカは日本に対する石油や鉄の輸出を取りやめました。これらの資源の大部分をアメリカにたよっていた日本は困り、アメリカにかけ合いました。アメリカは日本に、中国やアジアから手を引くよう求めましたが、日本は受け入れず、話し合いは物別れに終わりました。

こうして起きたのがアジア・太平洋戦争です。初めの半年は日本の勝ち戦でしたが、やがて攻め返されました。アメリカは日本が武力で支配した島々を次々に攻め落とし、どんどん日本にせまりました。その果てが沖縄戦です。

アメリカの日本本土への上陸を少しでも遅らせるための「持久戦」で、多くの住民に犠牲者が出ました。

### 日本、軍部台頭で中国侵攻⇒資源求めアジア南進⇒米が本格参戦

2011年6月19日付の「ワラビー」図解を再構成しました。

資料2 沖縄タイムス 2018年5月21日付

# 捨て石になった沖縄

今から73年前、20万人を超《こ》える人々が亡くなった沖縄戦があありました。なぜ沖縄で戦争があったのか、どうしてこれほど多くの人が命を落としたのか。高校教師のころから沖縄戦研究や平和教育に長く取り組み、県内の市町村史の編集にも携《たずさ》わる吉浜忍《よしはましのぶ》さん（68）との対話を通して、糸満中学校の生徒7人が理解を深めました。

### 吉浜忍さんと糸満中生語り合う

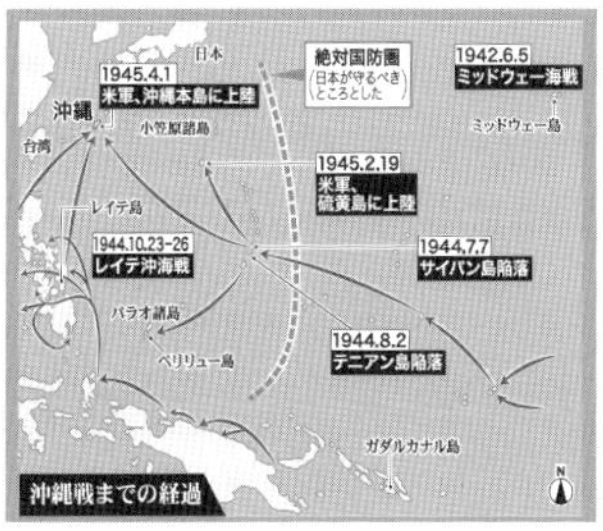


沖縄戦までの経過

―なぜ沖縄で、アメリカとの戦争が起こったのですか。

真珠湾《しんじゅわん》の戦いを皮切りに、日本とアメリカの戦争が始まります。太平洋の南方で、海から陸の戦いになり、アメリカは日本を負かしていきます。

その中でも、パラオ諸島のペリリュー島に注目しましょう。糸満からも多くの人が漁民移民として渡《わた》り、戦いにも参加しています。

ここで米軍は勝ったわけですけれど、相当苦戦しました。その苦戦させたことを日本軍は次の戦いに生かす「戦訓」としました。

## 本土決戦に備え時間稼ぎ

沖縄戦前年の1944年、米軍はサイパンやテニアンなど南洋諸島を制圧します。

サイパンやテニアンは、当時の日本が絶対に守るべきと考えた「絶対国防圏《ぜったいこくぼうけん》」でした。ところが44年に南洋諸島で負けたことで、日本は沖縄を重視するようになっていきました。

―沖縄は捨て石にされたといわれています。なぜですか？

当時の日本が、沖縄をどうしようとしていたのかを考えることが大切です。

45年1月、日本の陸海軍の話し合いで、ある作戦が出されました。沖縄に上陸したアメリカ兵の血をたくさん流させて、できるだけ長い時間、沖縄にとどめるという作戦です。

沖縄戦に至った歴史的背景を解説する吉浜さん。生徒たちは真剣に話に耳を傾けました

この作戦が持久戦であり、捨て石となった背景です。持久戦は、アメリカが苦戦したペリリュー島で日本軍がとった作戦です。ペリリュー島で学んだ「戦訓」を、沖縄戦に投入したのです。

サイパンとテニアンでは、持久戦とは違う戦い方を日本軍がとって、1週間ほどで米軍にやられました。戦いの用語では「水際決戦」といいます。

沖縄では45年4月1日に米軍上陸後、沖縄戦が3カ月続きました。当時の日本にとって、持久戦をとった沖縄戦は「成功」であるわけです。つまりそれだけ、時間を稼《かせ》げたということです。では時間を稼いで、日本は何をしようとしていたのでしょう？

## 「軍民混在」の戦場で犠牲

―戦争の準備ですか？

そう、本土決戦に備えたのです。ところが問題は、沖縄ではこの時間稼ぎの持久戦がどういう結果になったのかということです。米軍は読谷、北谷から上陸してますね。日本軍はここに主力部隊を置かなかったので、米軍はあっという間に上陸しました。

米軍を上陸させておいて、主力部隊を置いた宜野湾、浦添、西原、あるいは司令部のあった首里周辺でたたこうとしたのです。この地域は激戦となり、米軍も多くの血を流しました。

5月22日、司令部のある首里の地下壕《ごう》で軍の幹部たちが話し合います。そこで何を決めたのでしょう？

―南部に撤退すること。

よく知っていますね。南部撤退を決定したのです。どうしてだと思いますか？

―もっと時間を稼ぐためじゃないですか。

そうです。もうほとんど負けていて、普通《ふつう》だったら降伏《こうふく》するのに、「南部撤退《てったい》」を決めました。南部撤退で、日本軍は糸満の摩文仁《まぶに》に司令部を置くわけです。そこにいた住民はどうしたのでしょうか？

―住民も南部へ逃げました。

その通り。南部では米軍と激しい戦いが行われました。米軍は「掃討戦《そうとうせん》」と呼んでいました。その中で、南部に撤退した日本軍は、与座岳と八重瀬岳で兵隊たちを再編し、陣地をつくり米軍と戦いましたが、あっという間にやられました。住民もどんどん喜屋武岬や摩文仁の方に追い詰められていきました。

―米軍では住民をどうするのか、命令はなかったのですか？

アメリカの沖縄作戦の名前を、暗号名でアイスバーグ作戦と呼んでいます。たとえば「できるだけ軍隊と住民を分ける」「住民は保護する」など、住民への対応もありました。

ところが、南部地区では住民と軍が混在していたことが問題でした。住民が動いているのか、兵隊が動いているのか分からない。場所によっては無差別に攻《こう》撃《げき》することもありました。

沖縄戦では住民の4人に1人が亡くなったといわれていますが、糸満市史から私が計算したところによると、おそらく糸満では2・5人に1人です。

沖縄全体より、亡くなった住民の割合が多かったのは、軍と住民がひしめき合う「軍民混在」の戦場だったからです。そこで何が起こるのかと言ったら、米軍の爆撃で亡くなった人がもちろん多いわけですけれど、日本軍によって殺された例、「集団自決（強制集団死）」など、さまざまな悲劇が起こったのです。

13面に続く

資料3 琉球新報 2021年6月15日付

# 「国のために」戦場行ったけど

国策の果て 根こそぎ動員の実態 〈1〉

**救護班として従軍 大城 富美さん（92） 旧玉城村**

## 動員、断れば生きていけず

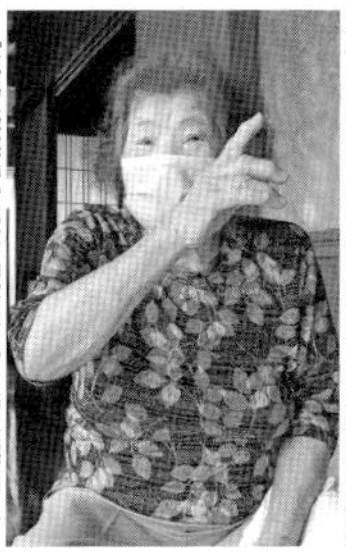

「子や孫に戦争が怖いものだと知ってほしい」と語る大城富美さん＝5月、南城市奥武

1945年3月23日、米軍の空爆で家を焼かれ、近くの壕に避難していた当時16歳の大城富美さん（92）＝南城市玉城奥武＝を役場の担当者が訪ねてきた。「国の命令だ。救護班へお願いします」。島の若い女性たちに軍と行動し、負傷兵の看護に当たるよう命じた。「国のため、喜んで行きます」。大城さんは答えた。皇民化教育と軍国主義教育を受け「何をするのも国のため」と染みついていた。断ることや嫌だという考えはなかった。43年3月に国民学校を卒業後、役場からの命令で、ずっと小禄や読谷の飛行場建設に従事してきた。これまでの徴用と同様に受け止めた。

大城さんは、地元の旧玉城村（現在の南城市）に駐屯する独立混成第15連隊（美田部隊）の中隊に配属され、壕で衛生兵から負傷兵の取り扱いや応急処置の訓練を受けた。4月下旬、中隊は首里方面への進撃命令で真嘉比へ。大城さんも従軍し、沖縄戦最大の激戦とも言われた戦闘の中で負傷兵の看護に当たった。

5月下旬、部隊はほぼ全滅し本島南部に撤退。砲弾が飛び交う中、大城さんも2人の負傷兵の手を引いて必死で歩いた。道には大勢の住民や兵士がけがをして動けず倒れていた。「『国のため』だから怖いとも苦しいとも感じなかった」。

戦後1960～65年にかけて琉球政府が制作した援護法適格者名簿によると、旧玉城村全体では少なくとも軍人・軍属計663人が死亡。このうち沖縄戦で亡くなった女性軍属は80人。10代が68%を占め、25歳未満は93%にも上る。動員の対象は未婚で子どものいない女性が中心だったとみられる。こうした女性たちは防衛召集の対象ではなく、戦場への動員に法的根拠もなかったが、軍の要請に行政が協力する形で組織的に動員された。

それは皇民化教育に染まった住民にとっては断ることのできない、いわば〝強制〟だったと大城さんは話す。「自分でも国のためと、自然にさせられているけれど、あの時はもう断り切れなかったよ。今考えたら、言われた通りにしなければ、生きていけなかったわけよ」

（中村万里子）

（27面に続く）

◇　◇

太平洋戦争で敗戦色が濃い中、沖縄戦に突入した日本軍。人員不足で住民も〝戦力〟として戦場に送られた。沖縄戦から76年。中学や高校の歴史教科書には「沖縄の住民もよく協力した」など動員を肯定し戦争を美化するような記述も出ている。国策の果てに住民が経験した動員の実態と背景に迫る。

# 人権問題を考える

## 1 小単元名

法的な主体となる私たち（法や規範の意義と役割）（6時間扱い）

## 2 本小単元の観点別目標

（①知識・技能、②思考・判断・表現、③主体的に学習に取り組む態度）

①日本国憲法で保障されている基本的人権について、具体的事例を基に理解を深める。

②人権規定の解釈や適用について深く探究し、裁判例などを通して、日本国憲法の理念が実社会における人権保障にどのように生かされているのかを思考する。

③人権問題に関わる記事を見つけ、グループ内でコミュニケーションを取りながら相互に理解を深めようとする。

## 3 NIEとしての狙い

日本国憲法で保障されている基本的人権に関わる事象を新聞記事から見つけ出し、考察を加えることで、既習内容が社会とつながっていることを強く意識させることができる。特に、次代を担う生徒の学びに不可欠な「新しい人権」に関する最新事例は、教科書だけでは取り上げにくいため、新聞を活用する必要がある。記事の概要をワークシートに要約し、論点を抜き出すことで、自らの意見形成につなげたい。また、グループ内で発表し、質疑応答を繰り返すことで理解を深め、さらなる学びへの動機づけとする。

## 4 本小単元の展開（全6時間）

| 時 | 学習活動 | 留意点／○資料等 |
|---|---|---|
| 1～4 | 日本国憲法で保障されている基本的人権 | |
| | •日本国憲法で規定の基本的人権（「新しい人権」と呼ばれるプライバシー権、環境権なども含む）を学ぶ | •条文を暗記するのではなく、背景や解釈を理解させる<br>•人権が必要とされる背景や人権を尊重するための仕組みを理解させる |
| 5 | 人権に関わる記事を選び、意見をまとめる | |
| | •人権問題に関する記事を各自で探して要約し、グループ（4人程度）内で対話しながら、意見をワークシートにまとめる<br>•問題とされている人権に関わる日本国憲法の条文を書き出す | •適切な記事が選ばれているかに留意し、必要に応じて助言する<br>•記事の論点が明確になるように要約させる<br>•悩んでいる生徒には、日本国憲法の人権規定にないものであっても自分の人権感覚で構わないことを伝える（海外で起これば日本でも起こりえることに気づかせる）<br>○資料❶～❸ |
| 6 | 発表する | |
| | •ワークシートを基にグループ内で発表し、質疑応答を行う<br>•各グループ内での発表後、代表者を決めて、全体発表を行う | •グループ内でリーダーを決め、ファシリテーターとして運営させる<br>•グループ内の発表では、議論が活発になるように、発表ごとに各自が1つ以上質問をするよう義務づけてもよい<br>•代表者が行う全体発表では、教師が講評する。その際、日本では当然とされる権利が認められなくなったらどうなるかを想像させる。そうならないために何をすべきかを考えさせることで主権者教育へと結びつけることもできる<br>○資料❹ |

## 5 資料等

資料1　日本海新聞　2021年7月5日付

### ハンセン病 理解深めて

6月25日を含めた週の日曜日から土曜日まで「ハンセン病問題を正しく理解する週間」です。6月は差別を作ってしまったハンセン病を深く考え直し、見つめる月でもあります。

昭和30年代の国立多摩研究所(旧・らい研究所)と関わりがあった関係で、国が「らい予防法」廃止を施行したときから鳥取県のハンセン病問題に協力をすることになり、現在に続いています。

1996年、菅直人厚生大臣の時に89年間続いた「らい予防法」が廃止されました。西尾鳥取県知事は他県に先駆けて長島愛生園に行き、入所者の方々に希望を聞かれました。

ふるさとに帰るのは、人目を気にしていつも夜にしか帰らない。明るい太陽の下でふるさとの土を踏みたい。というみんなの声に応えて、97年の「山陰・夢みなと博覧会」に招待することを知事は約束されました。博覧会会場には私も参加し、行動を共にしました。

夢みなとタワーの3階の広間で、西尾知事は25人の長島の人たちと和やかなひとときを過ごされました。その時、陶芸教室で長年焼き物を楽しんでいるT子さんが、知事が約束されたあの日から1年かけて、ハンセン病の後遺症でまひが残る不自由な手指で土をこねてろくろを回し、大つぼを焼き上げて感謝の気持ちとして知事に贈呈されたのです。

大つぼを受け取られた知事のうれしそうな顔と、笑顔いっぱいのT子さんの姿を忘れることはできません。あのつぼのいわれを書き、県庁のロビーに展示して出入りする人たちに見ていただけたらと思います。つぼを倉庫の中に閉じ込めてしまうのは、島に閉じ込められた人々と重なって切ないのです。

荒井　玲子（大山町赤松、85歳）

資料2　日本海新聞　2021年11月22日付

## 学校での「LGBTQ」教育

### 「まず大人が理解を」
### 鳥取県内 4年前から取り組み

性的少数者「LGBTQ」について知識を深める人権教育が、鳥取県内の小中高、特別支援学校で少しずつ始まっている。メディアやインターネットでの認知が進む中、学校現場でも発達段階に応じて性の多様性の学びを広げようと工夫や模索が続く。子どもたちに教える立場の大人には、正しい理解が求められている。

（松本妙子）

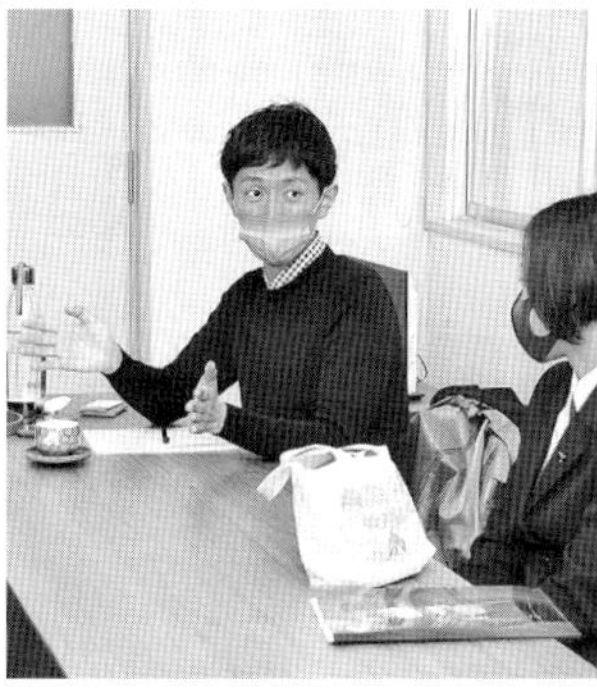

藤原さん(左)の体験談や思いに耳を傾ける生徒ら＝11日、鳥取市湖山町北2丁目の鳥取商業高

「LGBTQの人は左利きやAB型の人と同じくらいいるし、人の数だけ性はある」。11日に鳥取商業高（鳥取市）で行われた人権教育講演会。ゲイを公表しユーチューバーとして活躍する「かずえちゃん」こと藤原和士さん(39)＝福井県＝の言葉に、生徒や教員、保護者らが真剣な表情で聞き入った。

藤原さんは小学校高学年の頃から性的指向が「周りと違う」と自覚。テレビや日常でLGBTQへの差別的な発言や笑いが常態化していたため、20代まで必死に隠そうとしていた。自身を含め「男なら」「女だから」という刷り込みや思い込みがあるとし、「どう生きたいかを自分で決めて」と呼び掛けた。

■タブー視

「特に地方では身近にいない、関係ないと思っている人が多いが、実際は言えないだけ」と指摘するのは、鳥取商業高の清末昭子養護教諭。同校では授業や職員研修で積極的に啓発に取り組んでいる。「教育現場でも長い間タブー視されていた。当事者や限られた人だけなく、誰もが必要な知識と捉えることが大切」と訴える。

県教委によると、県内では4年ほど前から小中高の授業で取り扱われるようになった。昨年度から講師派遣事業を年10校で実施。教員向け研修会も積極的に取り組んでいる。

■授業はわずか14%

性的指向や性自認を考えるデリケートなテーマだけに、年齢に応じた授業展開の模索も続く。県人権教育研究指定校の福米西小（米子市）は本年度、1年生が学習。「プリキュアは女の子が好むアニメ」「恐竜、昆虫好きは男の子っぽい」といった決めつけがあることを例に挙げ、「性別に関係なく好きなものを好きと言うことはすてきなこと」と話し合った。

同校の山浦俊也教頭は「まだ6、7歳なのに『こうじゃないといけない』とたくさんの固定観念を背負っていることを、大人が気付かされた」と打ち明ける。「思いやりや尊重などにつながる人間共通の人権テーマ。点の取り組みを、他学年や他校園と連携し線にしていきたい」と語る。

性的マイノリティーについて研究する宝塚大の日高庸晴教授が全国の教員2万2千人に行った調査によると、授業でLGBTQを扱ったことがある教員は全体の14%程度にとどまる。日高教授は「学校での学びを広げるには、まず大人の学びが重要。行政がもっと教員研修を推進し、学校の管理職がアンテナを高く持つことが求められている」と強調する。

**ミニクリップ**

LGBTQ　同性愛者のレズビアン（L）とゲイ（G）、両性愛者のバイセクシュアル（B）、心と体の性別が異なるトランスジェンダー（T）、自分の性を模索しているクエスチョニング（Q）の頭文字をとった性的少数者の総称。LGBT総合研究所（東京）が2019年に実施した調査では、全国の有効回答数約35万人のうち、性的少数者は全体の約10%に上った。いじめや不登校、自殺との関連も高いことが指摘されており、文部科学省は2015年度以降、教員向けの対応例や配慮を求める通知を出している。

資料3　日本経済新聞　2021年12月11日付朝刊

### センスタイム 上場延期検討
#### 画像認識大手、米報道

【広州＝川上尚志】中国の画像認識システム大手、商湯集団（センスタイム）が香港取引所への上場延期を検討していることが10日分かった。米ブルームバーグ通信が報じた。センスタイムは17日の上場を予定していたが、米政府が同社を投資禁止の対象に指定する方針と伝わり、情勢を見極める必要があるとみているようだ。

センスタイムを巡っては複数の欧米メディアが10日までに、同社の人工知能（AI）関連の技術が人権侵害を可能にしているという理由で、米政府が投資禁止の対象に追加する見通しと報じた。センスタイムの新規株式公開（IPO）価格は10日に決まる予定だった。

米商務省は2019年10月に、安全保障上問題がある企業を並べた「エンティティー・リスト」にセンスタイムを指定し、最先端の半導体などについて事実上の禁輸対象としていた。

資料4　ワークシート（生徒作品）

### 社会の中にある人権問題について考えよう

**記事の概要**

大阪の公立高校の元生徒が生まれつき茶色い髪を黒く染めるよう指導されて不登校になったとして、府に慰謝料など約220万円を求めた訴訟の控訴審判決で、大阪高裁は違法性を認めなかった一審の大阪地裁判決を支持、元生徒側の控訴を棄却した。

**問題となっている権利**

| 第 13 条 | 個人の尊重 |
| --- | --- |

すべての国民は、個人として尊重される。生命、自由及び幸福追求に対する国民の権利については、公共の福祉に反しない限り、立法その他の国政の上で、最大の尊重を必要とする。

**何が問題なのか**

学校側が黒染めを強要したことと、学校側が原告の席を教室に置かないなどの違法な対応をしたこと。

### 髪黒染め指導 二審も「適法」
#### 大阪高裁

茶髪を黒く染めるよう繰り返し指導され、精神的苦痛を受けたとして、大阪府立懐風館《かいふうかん》高校（羽曳野市）の元女子生徒(22)が府に約220万円の損害賠償を求めた訴訟の控訴審判決が28日、大阪高裁であった。本多久美子裁判長は、染色を禁じた校則や黒染め指導を適法とした一審・大阪地裁判決を支持し、生徒側の控訴を棄却した。

高裁判決などによると、生徒は2015年4月に同校に入学した。同校には「染色・脱色」を禁止する校則があったため、学校側から黒く染めるよう何度も指導を受け、従わなければ教室で授業を受けたり、文化祭に参加したりできない、と告げられ、不登校になった。

本多裁判長は、生徒に校則を守らせたり、頭髪について生徒を指導したりする上で「規則を守らせること自体が目的化していないかなど、指導のあり方を常に検証し、よりよい教育指導を目指す不断の努力が求められる」と言及。同校の頭髪指導が「教育の目的に照らし、必ずしも十分な効果を得られていない可能性がある」と述べた。だが、学校教育では実情に応じて多様な指導が許されており、広範な裁量が認められると指摘。同校の校則や頭髪指導は適法とした一方、生徒が不登校になった後、学校側の対応に違法があったとし、慰謝料など33万円の賠償を府に命じた一審判決を支持した。

（米田優人）

朝日新聞　2021年10月29日付朝刊

# 歴史家のように読む
## ――冷戦終結は何をもたらしたか

### 1 小単元名

現代の国際政治（9時間扱い）

### 2 本小単元の観点別目標

（①知識・技能、②思考・判断・表現、③主体的に学習に取り組む態度）

①国際社会の変遷、人権、国家主権、領土（領海、領空を含む）などに関する国際法の意義、国際連合をはじめとする国際機構の役割、日本の安全保障と防衛、国際貢献について、現実社会の諸事象を通して理解を深める。また必要な情報を適切かつ効果的に収集し、課題解決に向けて考察、構想する際に、資料を読み解く技能を身につける。

②主権国家同士の政治・経済・社会的な関係を律する国際法の果たすべき役割について多面的・多角的に考察し、表現する。特に、戦争は国家間の対立だけではなく、民族対立の拡大や武装集団によるテロ行為が原因となるなど多様化していることから、国際社会においてどのような制度や仕組みが必要かなどを新たに考察する。また、国際平和と人類の福祉への寄与を目的に、日本の果たすべき役割について多面的・多角的に考察し、表現する。

③現代の国際政治について、個人の尊厳と基本的人権の尊重、対立、協調、効率、公正さなどに注目する。また、国際平和と人類の福祉に寄与しようとする自覚を深め、課題解決に向けて主体的に追究しようとする態度を養う。

### 3 NIEとしての狙い

学習項目「東西冷戦の終結」「流動化する国際秩序」は、歴史的経緯を踏まえて学習しなければ理解は深まらない。NIE全国大会札幌大会（2021年）の基調講演で作家の梯久美子氏が歴史観を養うために新聞記事の活用を提言[※1]したことをヒントに、ここでは新聞記事を「歴史家のように読む」[※2]ことで、新しい活用法を模索したい。

※1　梯久美子氏は「世界の今を切り取って載せるのが新聞。今を積み重ねると歴史が浮かび上がる。長いスパンで物事を捉え、歴史観を養うために新聞は有用」と述べている

※2　歴史教育が専門のサム・ワインバーグ米スタンフォード大学教授が提唱

### 4 本小単元の展開（全9時間）

| 時 | 学習活動 | 留意点／○資料等 |
|---|---|---|
| 1～3 | **現代の国際政治** | |
| | •「国際政治の特質と国際法」「国際連合と国際協力」「現代国際政治の動向」を学ぶ | •問答法やペアワーク、グループ学習などを通して、多面的・多角的に考察し、発表する機会を設ける |
| 4・5 | **冷戦終結がもたらしたもの** | |
| | •「東西冷戦の終結」「流動化する国際秩序」を学ぶ<br>•新聞記事を「歴史家のように」読む。すなわち、①記事の根拠を明確にして、②歴史的文脈に関連づけ、③他の資料と照らして裏づけをとり、④精読する――という4つの視点で整理する<br>•グループ（4人程度）で意見交換する<br>•「冷戦後の世界の出来事」をまとめ、「冷戦の終結は何をもたらしたのか」を記述する | •ワークシートをもとに新聞記事を含めたさまざまな資料を比較させ、精読させる（資料1）<br>•冷戦終結後の国際社会について、ヨーロッパの一体化やアメリカ同時多発テロ事件に触れ、概要を理解させる（資料23）<br>•アメリカ同時多発テロ事件に端を発したアフガニスタン戦争から、冷戦終結後の世界情勢を多面的・多角的に考察させる（資料4）<br>•使用する紙面は、教師がデータベースで検索しても、生徒に探させてもよい |
| 6～9 | **国際平和と人類の福祉に寄与する日本の役割** | |
| | •「核兵器と軍縮」「国際紛争と難民」「国際政治と日本」を学ぶ<br>•世界で果たすべき日本の役割について、グループで意見交換した後、各自でまとめ、発表する | •単元のまとめとして、国際平和と人類の福祉に寄与しようとする自覚を促し、多面的・多角的に考察する機会を設ける<br>•果たすべき日本の役割を考えさせることから主権者教育へと結びつけることもできる |

## 5 資料等

### 資料1 ワークシート

「冷戦終結は何をもたらしたか」
"Reading Like a Historian"(歴史家のように読む)ワークシート

年　月　日(　)　年　組　番　氏名

新聞記事を「よく読む」ために(歴史的思考のチャート)

| よく読むための方法(歴史家の4つの視点) | 資料(「新聞記事」) | |
|---|---|---|
| | 北海道新聞1996年12月9日付朝刊〈社説〉欧州安保の先行きが見えない | 北海道新聞2001年9月22日付朝刊 米同時テロ 米大統領演説 |
| **資料の根拠を明らかにする** | | |
| □この資料が(信頼できる・信頼できない)理由は何か | | |
| □この資料の作者(執筆者)は、どのような見方をしているか | | |
| **資料を歴史的文脈に関連付ける** | | |
| □資料内容についての受け取り方は、当時と今は何が同じで何が違うか | | |
| **資料の裏付けをとる** | | |
| □この資料は、資料集や教科書の内容と一致しているか | | |
| □一致している、または、一致していない理由は何か | | |
| **資料を精読する** | | |
| □資料で用いていることばや説明は、現在においても妥当と評価できるものとして判断できるか | | |
| □資料の「言語」が作者(執筆者)の立場をどのように表明しているといえるか | | |

### 資料2 北海道新聞 1996年12月9日付朝刊

# 欧州安保の先行きが見えない

冷戦終了から五年たつ欧州地域の安全保障の枠組みづくりが難航している。リスボンで開かれた欧州安保協力機構(OSCE)の首脳会議は、目指す安保モデルは「境界線のない共通の安全保障空間」だという宣言を発表した。

だが、示されたモデルには具体性が乏しく新しい安保の姿はまだ見えない。

冷戦終了後、OSCEは、前身の全欧安保協力会議(CSCE)を含め四回の首脳会議を重ねてきた。だが、今度も一般的な原則確認でとどまった。

ソ連側軍事ブロックのワルシャワ条約機構が消滅し、西側の北大西洋条約機構(NATO)だけが残った冷戦後の欧州地域の安保の課題は、なお核保有大国であるロシアとどう共存の道を見いだすかにある。

その枠組みづくりの作業が足踏みしているのは、NATO拡大やOSCEの役割をめぐる対立が解けないためだ。

なかでもNATOの東方への拡大問題はやっかいだ。

旧ソ連の影響から脱した中東欧では、ポーランド、チェコ、スロバキア、ハンガリーやバルト諸国などがNATO加盟を強く望んでいる。

民主的な陣営の一員として認知される意義もあるが、何よりも加盟希望国の動機は、ロシアの脅威からの解放にある。自前では無理だが、NATOの軍事技術、財政に頼れば可能だからだ。

それだけにロシアは、自国の国境線にNATOが近づくことには強く反発している。エリツィン大統領は、拡大は「冷たい平和」を招くと警告している。

ここではっきりしているのは、欧州安保を堅固なものにするには、ロシアが抱く孤立感や恐怖感を解くことが不可欠だということだろう。

そのためには、拡大NATOの性格づけや、ロシアとNATOとの新しい関係づくりが求められるが、今はそこがまだあいまいなままだ。

例えば、今度のリスボン会議では、NATOの役割とも密接に関連するOSCEの役割が明確にならなかった。

ロシアは、欧州安保はOSCEが主導し、NATOは従属的であるべきだとの立場だが、米国はNATOが主で、OSCEは補完的存在だと主張する。

ロシアの立場を理解するドイツや、米国の影響力を好まないフランスはまた違う意見だ。中東欧にはNATOさえあればよいというOSCE無用論もある。

こうした違いを乗り越えることが避けて通れないのだが、気がかりなのは、一方に対立を残したままNATOが、着々と拡大へ向かっていることだ。

NATOは来年の首脳会議で、ポーランド、ハンガリー、チェコ、スロバキアなどの加盟を決めるといわれる。クリントン米大統領は十月の演説で、その時期を一九九九年までと明示している。

ロシアは今、国内的にも極めて微妙な時期にある。疎外感をあおり反NATOの空気を招くことは賢明ではない。

欧州がどんな新しい安保の枠組みを見いだせるかは、アジアとしても重大な関心を払わざるを得ない。

### 資料3 北海道新聞 2001年9月22日付朝刊

## 米大統領演説

# 「アルカイダで終わらぬ」

テロ壊滅強調

## 戦線拡大に異論も

【ワシントン21日宮口宏夫】ブッシュ米大統領は二十日の議会演説で、米中枢同時テロの容疑者と断定したウサマ・ビンラディン氏は、テロ根絶を目指す「自由と恐怖との戦争」の当面の敵にすぎないことを明確にした。アフガニスタンのタリバン政権ばかりでなく、他のテロ支援国家も攻撃対象になりうると警告したものだが、「反テロ連合」の参加国からは米国が戦線をどこまで広げるのかと、戸惑う声も上がりそうだ。

大統領は演説で、先のテロの容疑者としてビンラディン氏とテロ組織「アルカイダ」を名指し、同氏をかくまうアフガニスタンのタリバン政権に対し①アルカイダの全指導者の引き渡し②テロ訓練施設の即時閉鎖—などを要求し、応じなければ「テロリストと同じ運命をたどる」と報復攻撃を強く示唆した。大統領は同時に「テロとの戦いはアルカイダで始まるが、そこで終わりでない」と述べ、ビンラディン氏の処罰に成功しても戦いは継続すると明言した。

パウエル国務長官も同日、欧州連合(EU)代表との会合で「ビンラディン氏らの問題が片付けば、対テロ作戦を広げる」と述べ、中枢テロへの関与の有無にかかわらず他のテロ組織の壊滅を目指す方針を示した。

これに対し、カーター元大統領の補佐官だったブレジンスキー氏は同日、ワシントン市内の会合で「戦線を極大化するのは賢明でない」と指摘。ブッシュ元大統領の補佐官だったスコウクロフト氏も同じ会合で「テロ組織を選別して対処することが大事だ」と強調した。

これに関し、二十一日のニューヨーク・タイムズ紙は大統領演説は対テロ戦争の拡大を告げたものだと懸念を表明。ワシントン・ポスト紙は、表現は多くの含みを持たせてあり、実際は大統領の裁量次第だとする別の見方を示した。

20日、ワシントンの上下両院の合同本会議で演説するブッシュ米大統領(AP=共同)

**アルカイダ**　米中枢同時テロの重要容疑者とされるウサマ・ビンラディン氏が1990年ごろ、アフガニスタンで結成したイスラム原理主義組織。アラビア語で「基地」の意味。世界50カ国以上に組織を持ち、5000人前後の勢力がある。200人以上の死者を出した98年のケニア、タンザニアでの米大使館爆破事件に関与した。イスラム教スンニ派を信奉し、全世界でのイスラム国家樹立を目指す。軍民を問わず米国市民とその同盟者を殺害することが義務とされる。数々のテロの背景には、ビンラディン氏の豊富な資金力がある。

### 資料4 北海道新聞 2021年9月7日付朝刊

米911後の戦い　同時テロ20年　②

# 命、費用 大き過ぎた代償

「まだ泣き声を聞いてないな」。2009年8月5日、アフガニスタン南部カンダハルに駐留していたジョン・ハレットさん=当時(30)=は電話の向こうで、3日前に生まれた3番目の娘を気にかけていた。「そんなこと気にしないで。人生は長いんだから」。米西部ワシントン州に残る妻リサさん(40)は気丈に応じた。

これがジョンさんとの最後の会話になった。20日後、リサさんは同州の米軍基地で夫の死を知らされた。

軍によると、ジョンさんの部隊が親善事業でコレラが発生した村に薬を届けた帰り道、隠されていた即席爆発装置(IED)が爆発。さらにイスラム主義組織タリバンに襲われ、ジョンさんを含む米兵4人が命を落とした。近くでは、その前の週にも2人の米兵が殺害されていた。

米軍兵の慰霊碑に刻まれた夫ジョン・ハレットさんの名前を見上げるリサさん=米西部ワシントン州(広田孝明撮影)

**民間人は38万人**

戦争の最も大きな代償は人の命だ。米ブラウン大ワトソン国際公共問題研究所が1日に発表した資料によると、01年に「テロとの戦い」として始まったアフガンやイラクとの戦争では、米兵7052人、敵側の兵士30万2千人、民間人ら約38万7千人を含め、計約92万9千人が死亡した。

さらに、自殺した米兵は、戦闘による死者の4倍の3万177人に上る。

ジョンさんの死から4年後、基地の同僚フランキー・キムさんは29歳で自らの命を絶った。彼はジョンさんの遺品を一つ一つ説明しながらリサさんに手渡し、3人の子どもたちと一緒に自宅の庭に花も植えてくれた。30人以上の仲間と部下の死を受け入れ、遺族を支えた精神的負担の大きさが、心を病んだ一因という。

戦地では多くの民間人も犠牲になっている。直近5年間では民間人の4割は子どもだった。アフガンからのある帰還兵は「女性、子どもはいたるところにいる。だが、自分も身を守る必要がある」と極限下での苦悩を語った。攻撃時に巻き添えにした罪悪感から後に精神を患うケースも多い。

**1日換算10億ドル**

失われたものは他にもある。長引く戦いに米国がかけた費用は、20年間で計8兆ドル(約880兆円)。1日あたり10億ドル(約1千億円)の計算だ。退役軍人のケアは50年までに2兆5千億ドル(約275兆円)と推計され、出費は続く。

重い負担もむなしく、アフガンでは米軍がかつて倒したはずのタリバンが復権。過激派組織「イスラム国」(IS)はテロを繰り返している。たくさんの命、巨額の費用、大国としての威信—。多くのものを投入し、犠牲にしたこの戦争は、正しかったのか。

リサさんの胸中は複雑だ。8月15日、アフガン政府が崩壊したニュースを聞いた時、夫を失った悲しみがフラッシュバックした。3人の子どもと自分を残し、国に命をささげた夫。せめて「正しい戦争」であってほしいとの思いは強い。

リサさんは、趣味のランニングで絶望から救われた経験から、他の遺族らとランニングのコミュニティーをつくり、日本を含めた世界の米軍基地に活動の輪を広げている。そして、外国で米兵が命を落とすたび、その意味を考える。「(戦いに)夫や子どもたちの命を懸ける価値があるのか。わたしたちは常にそれを問い続けるべきなのです」

# 社会保障費は誰がどう負担すべきか

## 1 小単元名

少子高齢化社会における財政のあり方（6時間扱い）

## 2 本小単元の観点別目標

（①知識・技能、②思考・判断・表現、③主体的に学習に取り組む態度）

①財政の働きと仕組み、租税の意義などを踏まえ、少子高齢化社会における問題と社会保障制度について理解する。

②持続可能な財政および租税のあり方を考え、日本における充実した福祉社会について多面的・多角的に考察、構想し、表現する。

③充実した福祉社会の実現に向けて、自分の考えを説明したり、論述したりして、主体的に解決しようとする。

## 3 NIEとしての狙い

社会保障制度の充実と安定化について、世代間および世代内の公平性を確保し、均衡の取れた受益・負担を考える上で、自分の考えをもつための資料の1つとして新聞を活用したい。少子高齢化社会における現状と問題点について記事や、さまざまな立場の人との対話を通して、持続可能な社会保障のあり方について考えさせたい。

## 4 本小単元の展開（全6時間）

| 時 | 学習活動 | 留意点／○資料等 |
|---|---|---|
| 1・2 | 社会保障制度を維持するための費用は、誰がどの程度負担しているのか | |
| | ・社会保障費に関する記事を読み、政府・企業・家庭がそれぞれどの程度負担するのがよいか考え、まずは自分の意見をもつ | ・単元を貫く大きな問いについて、学習に入る前に一度考えさせる。この段階ではきちんとした根拠がなくてもよいし、「分からない」でもよいが、そのように思う理由を考えさせる<br>・政府の一般会計における社会保障給付の割合が増えていることを理解し、その原因が少子高齢化にあることに気づかせる<br>○資料12 |
| 3 | なぜ人口が減少しているのか。人口が減少すると何が困るのか | |
| | ・人口増減率や総人口の推移などから、少子高齢化社会の現状を理解する<br>・少子化対策の事例について理解する | ・近年の人口増減率がマイナスになっている点を確認し、高齢化が進んでいることを読み取らせる<br>・推計グラフなどから65歳以上の社会保障費を支える64歳以下の割合が低くなっていくことを確認させる<br>○資料3 |
| 4・5 | 採算の合わないコミュニティーバスの運行を継続すべきか | |
| | ・高齢者にとっての移動手段であるバスに関する記事を読み、社会保障と税負担、民間企業の役割などを考察しながらグループで意見交換する | ・複数の記事から問題点や取り組みを理解させる<br>・グループ内で分担して情報を集め、バス利用者家族、納税者、事業者、行政などそれぞれの立場での金銭負担を考えながら、多面的・多角的に考察するよう促す<br>・バスは運転免許証を持たない子供の移動手段でもあることから、少子化問題にもつながることに気づかせる<br>○資料45 |
| 6 | 社会保障費は今後、誰がどのように負担しながら維持すべきか | |
| | ・社会保障制度を維持するための費用をどのようにして調達したらよいのか、自分の考えをワークシートにまとめる | ・第1時の問いかけを、学習後に改めて考えさせる。その際、政府・企業・家庭それぞれの立場から多面的・多角的に考察したうえで根拠をもって意見を述べるよう促す<br>・本小単元を通した生徒自身の変容に気づかせたい |

## 5 資料等

資料1 日本経済新聞
2021年12月25日付朝刊

# 107兆円予算案 減らせぬ費用多く
# 社会保障・国債費60兆円超
## 新規事業1％未満 成長に回らず

政府は24日、一般会計総額が過去最大の107兆5964億円となる2022年度予算案を決定した。高齢化で膨らむ社会保障費と、巨額借金の返済でかさむ国債費の合計は初めて60兆円を超えた。なかなか減らせない「固定費」ともいえる社保・国債費が予算全体に占める比率は6割に迫り、予算の硬直化が進む。新規事業は全予算の1％に満たず、成長分野に予算が回っていない。（関連記事3～5面、特集8、9面に）

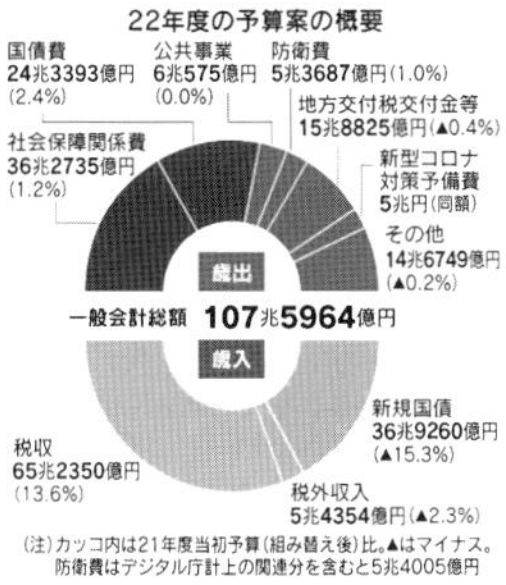

(注)カッコ内は21年度当初予算(組み替え後)比。▲はマイナス。防衛費はデジタル庁計上の関連分を含むと5兆4005億円

**暮らし・経済・社会こう変わる**

**新型コロナ**
検疫での検査体制の強化。感染拡大時に保健所に専門人材を派遣

**医療・介護**
処方箋を一定期間反復して利用できる「リフィル処方」の導入。
介護ロボットの普及で負担減

**子育て・教育**
小学校高学年の理科や算数などで教科担任制を本格導入。
不妊治療に保険適用

**脱炭素**
電気自動車の購入に最大80万円の補助金。工場などでの省エネ設備の更新を支援

**公共事業**
水害への備えなどの防災・減災対策。
老朽インフラの対策強化

**デジタル化**
デジタル庁が初の当初予算を確保

**防衛**
最新戦闘機やミサイルの取得。
宇宙やサイバー分野の対策も強化

項目別にみて最も支出規模が大きいのが歳出総額の3割を占める社会保障費だ。36兆2735億円と21年度当初予算に比べて4393億円（1・2％）増えた。22年からは人口の多い団塊の世代が医療費が膨らむ75歳以上になり始め、高齢化で支出が自然に増えていく圧力が強まっている。薬の公定価格（薬価）の引き下げや繰り返し利用できる処方箋による通院抑制で自然増を2000億円程度抑えたが、膨張は止まらない。

新型コロナウイルス禍対策で積み上がった債務の返済が歳出規模を押し上げる構図も鮮明だ。22年度末の建設国債と赤字国債などの残高は計1026・5兆円と過去最高になる見通し。償還や利払いに充てる国債費は24兆3393億円と5808億円（2・4％）増え、2年連続で過去最高を更新した。

社会保障費と国債費の合計は60・6兆円に達する。20年で7割増え、総額の56％を占める。ほかの政策に予算を振り向ける余力が狭まっている。

国の政策に使う一般歳出のうち社会保障費以外は計26兆1011億円。この10年の伸びは1割に満たず、伸びた要因も防衛費の影響が大きい。

岸田文雄政権は22年度予算案を「成長と分配の好循環」に向けた予算案と位置づける。ただ目玉政策には新味に欠けるメニューが並ぶ。

例えば分配政策として盛り込んだ経済産業省の「下請けGメン」。企業の下請け取引の適正化に向けたヒアリング調査員を248人に倍増する。

実態は消費増税の価格転嫁が大企業などに向けて適切に実行されているかを調べる「転嫁Gメン」の減員（約240人減）とワンセット。目新しさは乏しく、予算額も全体でみれば減額だ。

成長戦略への配分の余地も限られている。主要省庁の予算資料で「新規事業」として計上された主な事業を集計すると、全体で4300億円程度。歳出総額に占める割合は1％に満たない。

ただ菅義偉前首相が決めた不妊治療の保険適用拡大（計174億円）など社会保障費もこの中に含まれる。先端技術の開発や国際競争力の強化など成長戦略に充てる予算は、約4300億円の積み上げベースの数値よりも小さい可能性がある。

政府は22年1月召集の通常国会に予算案を提出する。22年度予算案は20日に成立した21年度補正予算と一体で編成した。「16カ月予算」と位置づける。

予算編成では本予算の膨張を抑えるため、本来は緊急性の高い支出に絞る補正予算で、各省庁の予算要求に応える手法が常態になっている。

財務省も本丸の本予算を守るために容認してきた。今回は21年度の補正予算が最大に膨らんだのに22年度の当初予算案も最大を更新。本予算も伸びを抑えられなかった。

本予算には構造的な支出で歳出に足かせがはまる一方、補正予算は甘い査定でバラマキともとれる政策が積み上がる。「賢い支出」につなげるには、使い道の精査やメリハリある配分への取り組みが欠かせない。

資料3 毎日新聞
2021年6月26日付朝刊

# 少子・二極化 対策急務
## 国勢調査 人口減、歯止めかからず
## 検証
## 「自然減」加速鮮明

25日に発表された2020年国勢調査（速報値）では、前回15年の調査に続き、2回連続で総人口が減少し、「人口減対策」が急務であることが改めて浮き彫りとなった。都市部と地方の「二極化」も進み、選挙制度のあり方も大きな課題となっている。

「我が国が人口減少社会にあることは今回の国勢調査でも明らかになった。結果を踏まえ、各種施策に取り組んでいく必要がある」。加藤勝信官房長官は25日の記者会見で、人口減少の要因として「少子化の進展」を挙げ、少子化対策に最優先で取り組む考えを強調した。

2020年10月1日現在の総人口は、15年の前回調査から86万8177人減少。減少幅は前回より縮小したものの、要因は日本で暮らす外国人が増えるなど「社会増」が進んだためで、少子高齢化に伴う「自然減」はそれを上回るペースで進行している。

人口減は「我が国の社会経済の根幹を揺るがしかねない問題」（加藤氏）で、労働力低下や消費の落ち込みのほか、社会保障の担い手不足も深刻化させる。6月18日に、菅内閣発足後、初めてまとめた経済財政運営の指針「骨太の方針」でも、重点的投資を実施する4分野の一つに少子化対策を挙げた。

加藤氏は会見で、不妊治療への支援や保育の受け皿整備、男性の育児休業取得促進などを具体的な施策として訴え、少子化問題に対する政権の危機感を強調した。ただ、国勢調査で初めて人口減に転じた前回15年時から、少子化対策の成果は上がっておらず、菅義偉首相が設立に意欲を示す「こども庁」の構想も具体像が固まらないまま。抜本的な解決策は見通せていない。

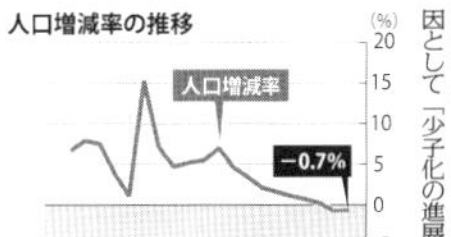


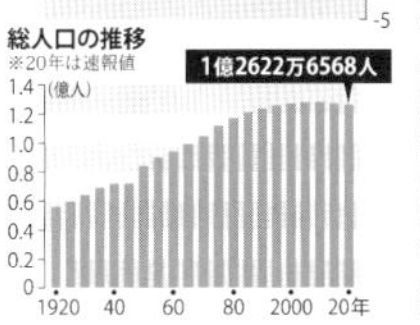


上智大の鬼頭宏名誉教授（歴史人口学）は「経済協力開発機構（OECD）諸国の中で、日本は男女間の賃金格差が極めて大きい。出生率が高い国ほど、格差が少ない傾向にある。女性が働きつつ、結婚や子育てができるような体制整備が急務だ」と指摘する。

一方、速報値では、38道府県で人口が減少。減少率が5％を上回った秋田、岩手、青森3県をはじめ、33道府県では15年時よりも減少率が上がり、人口減の傾向が強まっている。これに対し、東京都では約55万人（4・07％）増、神奈川県で約11万人（1・25％）増となるなど、「二極化」が改めて鮮明となった。

鬼頭氏は「人口減少に加えて、首都圏を中心とした都市部への人口集中は今後も続くだろう。減少が著しい地方との『二極化』はさらに進むとみられる」とした上で、新型コロナウイルスの感染拡大について「流れを変える一つの契機になる可能性もある。在宅勤務が広がり、人が少ない地方に移住するケースもあり、地方圏の自治体はこうした動きを好機と捉えるべきだ」と強調した。【藤渕志保、小鍜治孝志】

資料2 朝日新聞
2018年5月22日付朝刊

# 40年度 社会保障費190兆円
## 政府推計公表 今年度の1.6倍

65歳以上の高齢者数がほぼピークを迎える2040年度に、社会保障給付費は188兆2千億～190兆円となるとの推計を、政府が21日の経済財政諮問会議で公表した。高齢者の医療や介護、年金にかかる費用が増えるため、18年度の約1・6倍になる。社会保障を誰がどう支えるのか、負担増や給付カットに向き合う議論が求められる。

▼3面＝膨らむ負担、4面＝介護保険料平均6％上昇

社会保障給付費は医療や介護、年金、保育などの制度に基づき支払われた費用。財源は主に税と社会保険料で、自己負担分は含まれない。

40年度の推計を出したのは、今回が初めて。年金は18年度の1・3倍、医療費は1・7倍、介護費は2・4倍と介護費が大きく伸びる。また、税負担は79兆5千億～80兆3千億円と18年度の1・7倍、保険料負担は106兆1千億～107兆円と1・5倍に膨らむ見通し。推計にあたっては、

経済成長率を年2％前後に置き、過剰な病床の削減や在宅ケアの重視など、医療や介護の計画が予定通り25年までに進むとした。

前回の推計は12年。民主党政権（当時）が「税と社会保障の一体改革」の中で、団塊世代（1947～49年生まれ）が全員75歳以上となる25年までを推計し、目指す社会保障の姿とかかる費用を示した上で、消費税を10％に引き上げることも決めた。

40年には高齢化率が35・3％と、今より7㌽上がる見通しだ。高齢者入りする団塊ジュニア世代（1971～74年生まれ）と団塊世代の人数の多さを反映し、高齢者数は3920万人とほぼピークを迎える。

今後は給付費をどうまかなうか、その前提として制度をどうするかが問われる。ただ、これまで安倍政権は10％への消費税引き上げを2度延期しており、負担増をめぐる議論は政府内で本格化していない。

医療や介護の担い手不足も深刻だ。18年度の従事者数は全就業者数の13％にあたる823万人だが、推計では40年度には全就業者の19％、1065万人が必要だとしている。（西村圭史）

資料4 朝日新聞
2021年12月11日付朝刊

# コミバス運行ピンチ
## コロナ禍で業績悪化 廃止や減便

地域の高齢者らの足となるコミュニティーバス（コミバス）が、コロナ禍で運行に苦慮している。自治体から補助金を受けずに民間が自主運行しているバスは、廃止や減便となるケースも出てきた。補助金が出ても乗客減で運賃収入が減り、自治体の財政負担が増えている。

今年度末で廃止予定の荒川区のコミバス「町屋さくら」＝荒川区町屋6丁目

### 継続求める陳情不採択 荒川区議会

「起立少数と認めます。陳情は不採択と決定いたしました」。10日の荒川区議会本会議。来年3月に廃止方針のコミバス「町屋さくら」の継続を求める陳情が、審査の結果、不採択となった。

議会を傍聴した同区町屋5丁目の及川久男さん(73)は「家の近くにバス停があるから気軽に外出できた。近所のお年寄りもみな継続してほしいと言っていた」と肩を落とした。

町屋さくらは区内三つ目のコミバスとして、京成バス（千葉県市川市）が2012年に運行を始めた。現在は往復約6キロの経路を1日21本運行し、日暮里・舎人ライナー熊野前駅と、都電や東京メトロが通る町屋駅などをつなぐ。

ところが、同社は今年6月、今年度末での廃止を区に申し出た。背景にはコロナ禍による事業の悪化があるという。

区によると、乗車人数は1日平均900人を想定していたが、最も多かった18年度でも同615人で、外出自粛などが呼びかけられた今年度は8月末時点で同283人に落ち込んだ。

町屋さくらの運賃収入はコロナ禍前から経費の3割程度で、区の試算では年間約2千万円の赤字だったという。同社は成田空港を発着する高速バス事業などの黒字分でカバーしてきたが、今年度は同事業も不振で、廃止を決めた。

区は05年にコミバスを導入した当初から、事業者に対し、運行経費は支援していない。同社から数回補助を求められたが、方針は変えなかった。区の担当者は「区内は高低差もなく、400㍍程度歩けば駅やバス停に着く。町屋さくらだけ補助すると他のルートにも補助して、という話になる」と説明した。

同社から廃止の申し出を受けた区は、運行を引き継ぐ事業者を探したが、補助なしで引き受ける事業者は見つからなかったという。

代わりの交通手段について、区は「何らかの検討を行う」としている。

### 経費補助 負担増す自治体

コミバスへの影響は他自治体にも及ぶ。

足立区の「はるかぜ」は民間5社が12路線を自主運行する。4路線を受け持つ新日本観光自動車（同区）も乗客減の影響や経費抑制で、コロナ前から全体で約1割を減便した。佐久間洋行社長は「公共性が高いので路線は維持しなければならないが、不採算路線の継続には運賃の値上げやさらなる減便も十分あり得る」と説明。区に財政支援を求めていると明らかにした。

区は昨年12月、運行本数を5年間維持することを条件に、赤字路線の車両購入費を75％まで補助する制度を新設した。このほか一時的に、運行事業者に車両1台につき30万円の支給を決めたが、区の担当者は「恒久的な運行経費の補助は考えていない」という。

運行経費を補助する自治体の負担は増す一方だ。

「ちぃばす」を運行する港区は補助金で赤字補塡する。利用者が大幅に減った20年度の補助額は、前年度の約1・5倍の2億9千万円にのぼった。

名古屋大大学院の加藤博和教授（公共交通政策）によると、コロナ禍で運賃収入が減り、自治体が補助を増額できず減便を迫られたケースが出ているという。

加藤教授は「コミバスは地域のニーズは高いが、黒字にはならないのが普通。必要な路線は自治体が補助金を出して維持すべきだが、広告収入や協賛金、運賃の値上げなど様々な手段も検討すべきだ」と指摘した。（本多由佳）

資料5 秋田魁新報
2021年6月27日付

社説

# 県北の地域交通
## 利用促進へ知恵絞ろう

通院や買い物の際の高齢者の足を確保しようと、県北の自治体は巡回バスや予約制乗り合いタクシーなど地域公共交通の運行に取り組んでいる。高齢化に伴い運転免許証を返納する人が増加する中、公共交通の役割は重要性を増している。利用の伸び悩みに苦心する自治体もあるが、住民を交えて利便性向上などに知恵を絞り、安心して暮らせる地域づくりにつなげたい。

八峰町は今月、「道の駅みねはま」で民間路線バスに接続する巡回バスの試行運行を始めた。5ルートで運賃無料。9月まで試行して住民の声をルートや運行時間などに反映させ、10月以降も運行を続けたい考えだ。

昨年11～12月の試行を基にルートを再編。町企画財政課は「開始1カ月弱だが、前回より乗客は増えている感触だ。5年後、10年後を見据え定着を図りたい」とする。利用しない人への調査などを通して、一層の利用促進策を検討する。

能代市は民間のバス路線や鉄道を補完して公共交通の空白地域をなくそうと、市街地を回る巡回バス（2ルート）、コミュニティーバス（4ルート）、予約制の乗り合いタクシー（5ルート）を運行している。

市は昨年度運行を始めた南部地区の乗り合いタクシーで、人工知能（AI）を活用した最適経路設定などの実証実験を行っている。新技術の導入を含め、さまざまな手法にチャレンジすることが大切だ。利便性向上とコスト抑制を図り、持続可能な事業を追求してもらいたい。

県警運転免許センターによると、免許証の自主返納者は増加傾向にあり、2017年以降毎年4千人台で推移。65歳以上が95％超を占めている。こうした高齢者の移動を支え、生活しやすい環境をいかに提供できるかが喫緊の課題になっている。

地域公共交通の利用促進でヒントになりそうなのが三種町の取り組みだ。町内の拠点を結ぶ2ルートで巡回バス、8地域でふれあいバスを運行。特徴的なのはワゴン車を使ったふれあいバスで、地域ごとに住民団体が運行を担い、地域密着型で利用を伸ばしている。19年10月に運行を開始。20年10月～21年4月の乗車人数は全ての月で前年を上回り、4月は2369人で515人（27・8％）増加した。

地域事情に通じたドライバーが乗客と緊密にコミュニケーションを取り、細かな要望などにも対応。利用者の安心感を高めているほか、地域の声を細かくすくい上げて運行ルートや時刻に反映させている。

除排雪の共助組織などと同様、運行に住民が関わることで地域づくりの視点が強くなる。この活動を核に住民組織が育成されれば、他の地域課題の解決に取り組むことも可能だろう。

運行形態などは個々の地域の事情によって異なることもあり得る。行政と住民が力を合わせ、各地域にとって最善の方法を探ってもらいたい。

# 模擬選挙だけではない主権者教育

## 1 小単元名

日本の政党政治と選挙（4時間扱い）

## 2 本小単元の観点別目標

（①知識・技能、②思考・判断・表現、③主体的に学習に取り組む態度）

①議会制民主主義について理解を深めるとともに、日本の政治や政党に関する資料から課題の解決に向けて考察したり、構想したりする際に、必要な情報を適切かつ効果的に収集し読み取る技能を身につける。

②望ましい政治のあり方とは何か、主権者として政治にどう参加すべきか、多面的・多角的に考察したり、判断したりして、表現する力を養う。

③現実社会の諸課題を主体的に解決しようとする態度を身につける。また、平和と民主主義の持続のため、国民主権を担う公民として積極的な役割を果たそうとする自覚を深める。

## 3 NIEとしての狙い

実際の選挙（本小単元では衆院選）を見据えた模擬投票を行うとともに、複数の新聞を活用して、多面的・多角的、客観的かつ公正に判断する経験を積ませたい。また、教科書に載らない政治に関わる最新情勢や生徒の住む地域の実情に合わせた情報を提示することで、政治に対する関心を高め、理解を深めさせたい。

## 4 本小単元の展開（全4時間）

| 時 | 学習活動 | 留意点／○資料等 |
|---|---|---|
| 1 | 政党政治と選挙制度 | |
| | •戦後日本の政党政治の変遷について調べる<br>•現在採用されている日本の選挙制度のメリット・デメリットについて考察し、ワークシートにまとめる | •政党発足の歴史的経緯や理念等について理解し、民主主義における政党政治の意義と役割を考察させる<br>•選挙制度の類型とそれぞれの特徴を理解し、日本の選挙制度が抱える課題や問題点について話し合わせる（1票の格差是正、等） |
| 2 | 政党の政策と模擬選挙 | |
| | •担当する政党のグループに分かれて、実際の衆院選の政策や選挙公約を中心に記事を集める<br>•グループごとに、ポイントとなる政策を1分間で紹介する<br>•各グループの発表後、校内で実施の模擬選挙に参加する | •主要政党の政策の違いに着目させる。地元紙を使い、身近な地域に関わる争点等を取り上げて、生徒の関心を高める（資料12）<br>•新聞社等が提供する投票マッチングサイトや各団体による政党への公開質問とその回答を紹介した記事やサイトも活用して、衆院選への関心を高める<br>•各自が担当する政党は生徒同士で主体的に決めさせたい |
| 3 | 世論と政治参加の課題 | |
| | •若者に投票を呼び掛ける活動家について調べ、選挙権年齢が18歳に引き下げられた意義について考え、ワークシートにまとめる<br>•世論形成に必要不可欠なメディアについて、媒体ごとに特徴を踏まえて話し合う | •政治参加することの大切さに気づかせるため、積極的に若者に投票を呼び掛けるゲストティーチャーを招くのもよい<br>•複数のメディア（新聞、テレビ、SNS等）の報じ方や取材のあり方を比較し、課題と解決策を考えさせる |
| 4 | 選挙結果の考察 | |
| | •衆院選開票翌日の紙面を比較し、気づいた点をグループ内で話し合い、ワークシートにまとめる<br>•代表者が発表する | •各紙のレイアウトや見出し、写真等に注目させる（資料3）<br>•有権者の声を政治に反映させるために何をすべきかを考えさせる<br>•衆院選の結果を受けた週明けの株価から、政治と経済が密接に関わることに気づかせる（資料4）<br>•国民の知る権利が認められない国や、多くの人が政治に関心を持たない国の弊害にも気づかせたい |

## 5 資料等

資料1 東京新聞 2021年10月16日付朝刊

# 各党の違い ✓《チェック》 してみて

## ジェンダーや気候変動…「△」多い自民

### 市民有志が質問 → 回答を公開

記者会見で衆院選に合わせて主要政党に送った質問や回答内容を紹介する市民グループの発起人ら＝15日、東京都内で

ジェンダー平等や気候変動などの社会課題に取り組む有志グループが、十九日公示の衆院選に合わせて主要政党へ送った公開質問状の回答を十五日、ウェブサイトで公開した。回答のあった六党のうち、選択的夫婦別姓制度の導入について自民党が「△」で、他五党が「○」と回答するなど、各党の違いが読み取れる。（奥野斐）

サイトは「みんなの未来を選ぶためのチェックリスト 衆議院選挙2021」。政治アイドルとして活動する大学院生の町田彩夏さんや「辺野古」県民投票の会元代表の元山仁士郎さん、コロナ禍の文化芸術を守る活動をするライブハウス店長、スガナミユウさんら十三人が発起人となった。

質問は新型コロナ対策や困窮者支援のほか、争点として目立ちにくい刑法改正、入管問題など十九項目、六十七問。原則として○か×で回答を求め、△の場合は理由を尋ねた。

十四日までに、質問状を送った計八党のうち自民、立憲民主、共産、日本維新の会、れいわ新選組、社民の計六党から回答があった。

性的指向や性自認に関する差別禁止を明記したLGBT平等法制定について自民は「×」、維新が「△」で他は「○」。消費税減税は自民は「×」、立民は「△」、他は「○」だった。

スガナミさんは「自民党は△や×が多く、△は問題への具体的な言及を避けるために選んでいる印象を受けた」と話した。ウェブサイトはchoiceisyours2021.jpで検索できる。

### オンラインであす 動画配信も
### 若者と各党 気候変動討論

地球温暖化対策の強化を求める若者のグループ「Fridays For Future Japan（FFF）」は十七日午後七〜九時、衆院選公示前に各政党の代表者に気候変動のとらえ方や政策の方向性を問うため、オンラインで討論会を開く。動画投稿サイト「ユーチューブ」で配信し、誰でも視聴できる＝QRコード。

FFFからは、中高生三人（十五〜十八歳）と大学生の計四人が参加。「二〇三〇年以前の石炭火力廃止を目指すか」「現在の政策決定の方法は十分に若者など市民の意見を取り入れていると考えているか」「原発を廃止する予定はあるか。廃止するなら何年にか」などの質問を各党の代表者にぶつけ、○×形式で答えてもらい、討論する。

FFFのメンバーは、学校の授業がある中で準備を進めている。司会を務める大学一年の冨永徹平さん（二〇）は「気候変動問題の重要性を伝えるだけではなく、中高生、大学生というだけで半人前と見なされたり、意見を聞かれないというあしき風潮へのメッセージにもできれば」と話した。（小川慎一）

資料2 茨城新聞 2021年10月20日付

# 「決め手ない」「希望を」

## 県内有権者、期待と諦め

衆院選が公示された19日、県内の有権者は身近な問題を見据えて選挙戦を眺め、政策に対する要望のほか、政治に対する諦めの声が漏れた。

「与野党とも政策に決め手がないので、選びにくい」。鉾田市、農業、長峰雅さん(61)は「サツマイモ基腐病《もとぐされびょう》や、米価の下落を何とかしてほしい」と農業政策に注目する。「基腐病が広がれば厳しい。コメは輸入を調整するなど、はっきりとした対策を」と求めた。

水戸市、飲食店経営、富田ちなつさん(46)は、新型コロナウイルスの影響による格差拡大を懸念する。「国などからの協力金で黒字の飲食店もあれば、赤字の飲食店もある。困っているときは何かを分け与える精神が必要。少しずついい方向に変化してもらいたい」と望んだ。

飲食店でハラスメントなどに悩み退職した経験があるというつくば市、会社員、岡野史絵さんは「どんな小さな事業所にも、ハラスメント相談先をつくるよう法律を定めてほしい」と訴えた。

筑西市、「筑西こども食堂有りの実」運営、谷貝順子さん(72)は、子ども食堂の利用者が増えているという。「新型コロナで生活できなくなった人がたくさんいると感じる。ぎりぎりの生活をしている人が希望を持って生きられる社会になってほしい」と語った。

常陸大宮市、介護職、大瀧清作さん(64)は「山間部は少子高齢化や人口減が顕著で、課題が多い」と話す。それでも「国会議員がこの地域に何かやってくれたという感覚は薄い。期待はそれほどない」と本音を明かす。

シルバー人材センターに登録して働くひたちなか市、三村正美さん(76)は「首相が変わっても今の政治に期待はできない」とため息をつく。「政治とカネの問題について納得のいく説明をしていない政治家もいる」と指摘。「クリーンな政治家による国民の声を反映した政治を」と求めた。

資料3 下野新聞 2021年11月1日付

# 自民4選挙区守る

各政党別獲得議席（［ ］は公示前勢力、欠員4）

| 自民 | 公明 | 無所属 | 立民 | 共産 | 維新 | 国民 | れいわ | 社民 | N党 | 諸派・無所属 |
|---|---|---|---|---|---|---|---|---|---|---|
| 249 [276] | 28 [29] | 3 [7] | 81 [110] | 10 [12] | 36 [11] | 7 [8] | 0 [1] | 1 [1] | 0 [1] | 9 [12] |

| | |
|---|---|
| 定数 | 465 |
| 確定 | 424 |
| 残り | 41 |

1日1時00分現在

与野党勢力　与党・無所属 280　野党 諸派・無所属 144（過半数 233　3分の2 310）

## 激戦4区 佐藤氏制す

### 衆院選 本県小選挙区

9選を確実とし支持者と万歳する佐藤勉氏（中央）＝31日午後11時15分、小山市立木、柴田大輔撮影

第49回衆院選は31日投開票が行われ、栃木1〜5区は自民党が2区を除く4選挙区で勝利し、2区で比例復活した新人五十嵐清氏（51）も含めて候補者5人全員が当選した。2区は立憲民主党前職福田昭夫氏（73）が6回目の当選。4区は自民前職佐藤勉氏（69）との激戦の末に敗れた立民新人藤岡隆雄氏（44）が復活当選した。新型コロナウイルス禍で行われた初の総選挙。各候補者の活動が制限される中、本県では強固な地盤を持ち知名度でも上回る前職が強さを見せた。本県小選挙区の投票率は53・06%で前回を1・41ポイント上回った。（衆院選取材班）

県内小選挙区の当選者は2017年、14年衆院選と同じ顔触れとなった。

一騎打ちで激しく競り合った4区は自民前職の佐藤氏が9回目の当選を果たした。互角の戦いが報じられる中、選対幹部らが危機感を持って支持固めに奔走。終盤には菅義偉前首相も応援に入り、接戦を制した。

一方、野党統一候補として臨んだ藤岡氏は、草の根の運動で野党支持層や無党派層などに支持を広げ、4度目の国政挑戦で初めて議席を獲得した。

同じく激戦の2区は、知名度で勝り序盤から先行した福田氏が制した。後援組織の高齢化なども懸念されたが、朝立ちや街頭演説を精力的に展開。野党支持層や無党派層の票を固め、保守層にも食い込んだ。

対する五十嵐氏は企業団体回りや集会などの組織戦を徹底した。国会議員や福田富一知事が連日応援に入るなど「県連総出」で巻き返し、比例復活で滑り込んだ。一方、国替えによる知名度不足は否めず、直前で比例に回った西川鎭央氏（50）との公認争いの影響は最後まで払拭できなかった。

1区は序盤から優位を保った自民前職船田元氏（67）が13回目の当選。県内では唯一、野党候補の一本化が実現しなかったことも有利に働いた。立民新人の渡辺典喜氏（38）は精力的な遊説で世代交代を訴えたが及ばなかった。医師の実績などを強調した日本維新の会の元職柏倉祐司氏（52）、共産党新人青木弘氏（60）も票を伸ばせなかった。

3区は自民前職の簗和生氏（42）が4選を果たした。地元の自民県議との不和などの懸念材料もあったが圧勝した。非自民票の受け皿を狙った立民新人の伊賀央氏（57）は知名度不足を克服できず、伸び悩んだ。

5区は自民前職で外相の茂木敏充氏（66）が盤石の組織力で10選を飾った。全国での応援演説のため地元不在の日が続いたが、共産新人の岡村恵子氏（68）を寄せ付けなかった。

本県小選挙区（敬称略、丸囲み数字は当選回数）

| | 得票 | 氏名 | 年齢 | 党派 |
|---|---|---|---|---|
| 1区 | 1日午前0時30分現在 開票率97.50% | | | |
| 当 | 102,373 | 船田 元 | 67 | 自民前⑬ |
| | 66,684 | 渡辺 典喜 | 38 | 立民新 |
| | 43,744 | 柏倉 祐司 | 52 | 維新元 |
| | 8,955 | 青木 弘 | 60 | 共産新 |
| 2区 | 1日午前0時30分現在 開票率99.17% | | | |
| 当 | 73,437 | 福田 昭夫 | 73 | 立民前⑥ |
| 比 | 63,838 | 五十嵐 清 | 51 | 自民新 |
| 3区 | 31日午後11時5分 選管確定 | | | |
| 当 | 82,398 | 簗 和生 | 42 | 自民前④ |
| | 39,826 | 伊賀 央 | 57 | 立民新 |
| 4区 | 1日午前0時6分 選管確定 | | | |
| 当 | 111,863 | 佐藤 勉 | 69 | 自民前⑨ |
| 比 | 107,043 | 藤岡 隆雄 | 44 | 立民新 |
| 5区 | 31日午後11時7分 選管確定 | | | |
| 当 | 108,380 | 茂木 敏充 | 66 | 自民前⑩ |
| | 31,713 | 岡村 恵子 | 68 | 共産新 |

1区 船田元氏　2区 福田昭夫氏　3区 簗和生氏　4区 佐藤勉氏　5区 茂木敏充氏

## 自民減、単独過半数は確保

### 野党共闘 立民伸び悩み

### 維新が躍進

第49回衆院選は31日に投票、即日開票された。自民党は公示前の276議席から減らす見通しだが、単独で定数465の過半数（233）を確保した。公明党と合わせて絶対安定多数も確保し、岸田政権の継続を確実とした。立憲民主党は候補一本化の野党共闘で臨んだが、伸び悩んだ。日本維新の会は30超の議席を得て躍進。公明党、共産党は堅調だった。

岸田文雄首相（自民党総裁）はテレビ番組で、自民党が議席を減らす見通しとなったことに関し「政権運営や国会運営にどう影響してくるかは丁寧に対応を考えたい」と表明。与党で過半数を確保したことについては「政権選択選挙において、大変貴重な信任をいただいたということになると思う」と述べた。絶対安定多数は、全常任委員長ポストを押さえ、過半数の委員も送り込める261議席。

公明党は小選挙区で擁立した9人全員が当選した。立民は70議席超を得て野党第1党の確保が確実だ。維新は公示前の11議席から30議席台に乗せた。公明、共産は公示前の勢力を維持する勢いだ。国民は議席拡大を目指し、れいわ、社民は議席確保をうかがう。「NHKと裁判してる党弁護士法72条違反で」は厳しい戦いとなった。

選挙では新型コロナウイルス対策や経済再生を争点に、発足間もない首相による政権への信任が問われた。安倍、菅政権と続いた「1強」政治への評価も焦点となった。首相は勝敗ラインを与党での過半数獲得に設定していた。

立民、共産、国民民主、れいわ新選組、社民の5野党統一候補が、与党や与党系無所属と対決する構図は全選挙区の7割超の213選挙区に上った。れいわを除く4野党でも217選挙区で候補を一本化して自公候補と争った。

共同通信社が午後11時現在で集計した小選挙区の推定投票率は55・78%。

比例北関東

## 五十嵐、藤岡氏が復活

### 公明・輿水氏は3選

五十嵐清氏　輿水恵一氏　藤岡隆雄氏

19議席を争った比例代表北関東ブロック（栃木、群馬、茨城、埼玉）は1日午前1時現在、16議席が確定した。得票が最も多かったのは自民党で7議席獲得。立憲民主党は4議席確保の見通し。自民と連立を組む公明党は2議席を確実にした。日本維新の会が2議席を獲得し、共産党は1議席を守った。国民民主、れいわ新選組、社民、「NHKと裁判してる党弁護士法72条違反で」は厳しい。

本県関係の比例単独候補は、公明元職で名簿2位の元総務政務官輿水恵一氏（59）が3選を果たした。自民新人で名簿34位の前県議西川鎭央氏（50）は議席確保の見通しが立っていない。自民前職で名簿37位の佐藤明男氏（69）、立民新人で名簿24位の元県議船山幸雄氏（67）、公明新人で同4位の村上知己氏（56）は議席に届かなかった。

本県5小選挙区の重複候補は、自民の5人全員が名簿2位。新人五十嵐清氏（51）は惜敗率86・9%で、復活当選を果たした。

立民の4人は同1位。4区で敗れた新人藤岡隆雄氏（44）が惜敗率95・7%で初当選。維新の1区元職柏倉祐司氏（52）も同一順位の1位で、惜敗率で当落が決まる。（宇都宮有貴）

比例北関東

| | | | |
|---|---|---|---|
| 五十嵐 清 | 51 | 自民 | 新 |
| 輿水 恵一 | 59 | 公明 | 元 |
| 藤岡 隆雄 | 44 | 立民 | 新 |

（敬称略）

資料4 日本経済新聞 2021年11月2日付朝刊

# 日経平均700円超高

## 政権安定期待 雇用改革で注文も

1日の東京株式市場で日経平均株価が続伸し、前週末比700円超高と大きく上昇した。10月31日の衆院選で自民党が絶対安定多数を獲得したことで、政権運営が安定するとの期待が広がった。岸田文雄首相の記者会見後の株価の上昇は乏しく、市場は政策の実行力を慎重に見極めている。

1日の日経平均株価は前週末比754円（2・6%）高の2万9647円と、9月28日以来1カ月強ぶりの高値水準で引けて、節目となる3万円に迫った。上昇幅は6月22日に次いで4カ月ぶりだ。精密機器や機械株を中心に幅広い銘柄が上昇した。海外投資家に人気のソニーグループ株は5%高と、21年ぶりの高値を付けた。

外資系証券会社のトレーダーは「事前の予想を上回る自民党の勝利で、先行きの政策に対する不透明性が晴れた。海外投資家が政局に備えて手控えていた日本株を買い戻した」と話す。

もっとも午後2時からの岸田首相の記者会見を経ても、日経平均は午前9時台に付けた2万9600円台前半をわずかに上回るにとどまった。経済対策は非正規労働者や子育て世帯向けの給付金など新味がなく、成長戦略の乏しさを指摘する声が相次いだ。

| 株高持続の条件 |
|---|
| SMBC日興の圷氏 |
| 統治改革の促進で企業の資本効率を高めて、分配に先立つ原資を確保 |
| インベスコの木下氏 |
| 脱炭素分野で競争力を高め、再生エネルギーの活用を拡大する具体策の策定 |
| アクサ・インベストメントの窪田氏 |
| 雇用の流動化を進めて成長産業への人材シフトを促進 |

SMBC日興証券の圷正嗣チーフ株式ストラテジストは「海外投資家が最も気にしているのはコーポレートガバナンス（企業統治）改革の後退だ」と話す。6月に改訂された企業統治指針への対応を促進し、稼ぐ力である資本効率の改善で分配の原資を生み出したのちに、給与引き上げの議論がされるべきだとみる。

海外投資家は脱炭素の推進にも注目している。2050年までに国内の温暖化ガスの排出量を実質ゼロにする目標を掲げるが、達成までの具体策が見えてこない。

インベスコ・アセット・マネジメントの木下智夫グローバル・マーケット・ストラテジストは「欧州が主導して再生可能エネルギーの推進への制度作りを進める中、日本が積極的に関与しなければ国際競争力で不利な状況に陥る」と話す。

アクサ・インベストメント・マネージャーズの窪田淳行株式運用部長は欧米の投資家との議論で、雇用の流動化による国内の成長産業への人材シフトの必要性を強く感じると話す。「PER（株価収益率）が低い企業から高い企業へ優秀な人材が移らなければ、日本株の魅力的な投資対象は増えてこない」と話す。

# 山の標高を三角比で求める

## 1 小単元名

**三角比**（15時間扱い）

## 2 本小単元の観点別目標

（①知識・技能、②思考・判断・表現、③主体的に学習に取り組む態度）

①正弦（sin θ）定理と余弦（cos θ）定理をそれぞれ用いる方法など、三角形の内角がいずれも鋭角だった場合の三角比の定義や基本公式を理解したうえで、実際の山の高さを算出する技能を身につける。三角形の内角のいずれかが鈍角だった場合に応用したり、三平方の定義と関連づけたりできるようにするための基礎を身につける。

②三角比から山の高さを算出するなど、身の回りの事象を数学的に捉えて適用し、適切に判断し、問題を解決できる。

③身の回りの事象について、図形と計量の考え方を用いて考察する良さを認識し、問題解決にそれらを適用したり、数学的論拠に基づき判断したりしようとする。図形の計量の問題を日常の事象と関連づけることができる。（本時）

## 3 NIEとしての狙い

数学の定義や公式が日常生活では役立たないと感じている生徒もいる。しかし、衛星利用測位システム（GPS）で山の高さを算出できるようになる最近まで、図形と計量の理論を用いて測量してきた。そのことを伝える記事から、三角比が日常生活で広く使われてきたことを知り、数学を身近に感じさせることを狙う。数学に関連する記事は多くないが、見つけた時に切り抜いておき、活用したい。

## 4 本小単元の展開（5～9/15時間）

| 時 | 学習活動 | 留意点／○資料等 |
|---|---|---|
| 1～4 | 鋭角の三角比 | |
| | •三角比の意味を理解する<br>•直角三角形の辺の長さから値を求める<br>•特別な角の三角比を求める | •三平方の定理の確認<br>•2辺の長さの比であることに留意させる |
| 5～9（本時） | 三角比の利用と相互関係 | |
| | •記事をもとに、測量法として三角比が使われていたことを知る<br>•三角比を利用して具体的な場面の問題を解く<br>•三角比の相互関係について理解する<br>•「90°－θ」の三角比を求める<br>•相互関係を使って、さまざまな値を求める | •山の標高を算出する場合、山の頂上から垂直に穴を掘って測ることはできない。そこで、三角比の問題を解く方法を用いればよいことに気づかせる（資料**1** **2**）<br>•実際の問題を解き、三角比の有用性を実感させる（資料**3**）<br>•1つの三角比の値から2つの三角比が求められることに気づかせる |
| 10～15 | 正弦定理、余弦定理、鈍角の三角比と計量 | |
| | •正弦定理、余弦定理を理解する<br>•図形の計量に活用する<br>•鈍角にも三角比を拡張することを理解する<br>•鈍角でも正弦定理、余弦定理が成り立つことを理解し、活用する<br>•面積を求める | •三角比の定義、三平方の定理と関連づけたい<br>•拡張に座標平面を活用することを意識させたい<br>•既習事項の面積の求め方を用いながら、三角比を使った面積の求め方を理解させる |

## 5 資料等

### 資料1 朝日新聞 2020年2月8日付朝刊別刷りbe

# 富士山の高さ

はてな？スコープ

## 測量法の歴史とともに変化

**富士山の高さは何度も測られている**

| 年 | 1727年 | 1803 | 1826 | 1834 | 1860 | 1874 | 1880 | 1880 | 1887 | 1926 |
|---|---|---|---|---|---|---|---|---|---|---|
| 標高(㍍) | 3895 | 3928 | 3793 | 3476 | 3729 | 3769 | 3823 | 3787 | 3778 | 3776 |
| 測定者 | 福田某 | 伊能忠敬 | シーボルト | 内田恭 | クニッピング | スチュワート | 中村精男他 | チャップリン | 参謀本部 | 参謀本部 |
| 測定法 | 三角法 | 三角法 | 六分儀 | 象限儀など | 気圧計 | オムニメートル | 気圧計 | 三角測量 | 三角測量平板測量 | 三角測量平板測量 |

3775.51

**三角測量で高さを決めるイメージ**

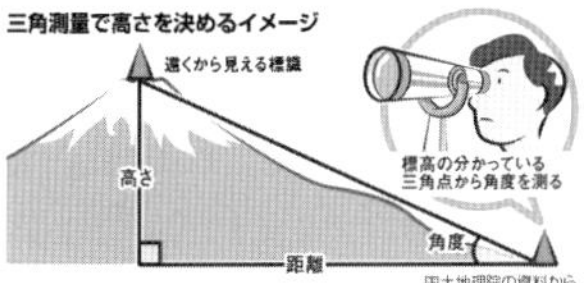


国土地理院の資料から

現在の三角点の標高は3775.51㍍ しかし、真の「最高地点」は三角点の北側の岩で、61㌢高い3776.12㍍

グラフィック 長野美里

2月23日は富士山の日。富士山の標高は一般的には3776㍍とされていますが、より詳しくいうと3775・51㍍です。この「高さ」は昔から何度も測られ、これまで何度も変わってきました。

国土地理院の資料によると、江戸時代、伊能忠敬（1745—1818）が測った高さは3928㍍。地上での距離と方位、見上げた角度から計算したとされます。

伊能は日本全国の地図を作る際、遠くから見える目印として日本一の高さの富士山を使っていたようです。三重県志摩市は、伊能が富士山を測量した本土最南端の地です。富士山を望む海岸には、その業績を紹介する碑が建てられています。

伊能の後も、シーボルトら幾人もの人が計測に挑戦してきました。今知られている3776㍍になったのは、1926（大正15）年の参謀本部による測量です。大まかな原理は伊能と同じですが、正確な高さを求めるため、より厳密な方法が採られました。

日本での高さの基準は東京湾の海面です。実際には海面は潮の満ち引きなどで変動するため平均値をとり、東京・永田町の国会の前庭にある「日本水準原点」を陸上での基点として使っています。この日本水準原点は昨年末、国の重要文化財に指定されました。

□　□

明治政府はこの日本水準原点から、主な道路沿いに精密な物差しを立て、その間の標高の差を測る水準測量を繰り返し、まず「水準点」の高さを決めていきました。

この方法は0・1㍉単位で高さが決まる正確なもので現在も使われています。ですが、ベテランの測定員でも1日に2〜3㌔しか進めず、手間がかかります。

そこで使われるのが「三角測量」です。三角形の辺の長さと角度の関係を使った方法です。平らな場所で測った2点の間の距離と、その辺に対する次の点への角度を測ると、三角形の全ての辺の長さがわかります。近くの水準点から頂点の一つの標高を決めれば、そこから二つ目の頂点を見上げたり見下ろしたりした角度と距離からこの頂点の標高も決まります。これを繰り返して整備したのが全国の「三角点」で、網の目のように日本全体を覆っています。

国土地理院測地基準課の岩田昭雄課長によると、大正の富士山測量は、標高が分かっているふもとの二つの三角点と、山頂の火口の近くに設けた南北の二つの三角点を使いました。火口の三角点に立てた目印をふもとの三角点から望遠鏡で見て角度を求め、高さを決めたあと、火口の三角点同士で高さの差を調べて結果を確認しました。剣ケ峰にあたる南側の三角点の方が高く、この値が富士山の標高です。

□　□

実は、このときの値は3776・29㍍と、今の値より約80㌢高かったのです。しかし、火口に崩落しそうになったことから、62年に新しい三角点が3775・63㍍の高さに設置されました。これが今の三角点です。さらに、国土の高さは長年の地殻変動の影響で変わるため、2014年に12㌢低い3775・51㍍に修正されました。

ちなみに、富士山の最高地点はこの三角点ではありません。三角点から北側に12㍍ほど離れた岩の塊が61㌢高く、3776・12㍍とのことです。富士山研究で知られる田代博・日本地図センター相談役は「高さは、どこまで遠い場所から山が見えるのかを知る上でも重要。センチメートルの単位では大して影響はないが、精密に、日本一の『究極』の高さを知りたい」と詳細な標高データの意義を話しています。（杉浦奈実）

**これから**

国土地理院は今年度から、国土の標高を全地球測位システム（GPS）で測るための調査を本格的に始めました。2024年度に全国で、誤差5㌢以内の計測ができるようにすることをめざしています。ですが、これまでの測量方法の精度は高く、富士山の高さに大きな変化はないだろうとみられています。

### 資料2 秋田魁新報 2019年6月5日付

# 適地調査 データずさん

## 防衛省、代替地検討で

イージス・アショア（地上イージス）の配備候補地を巡り防衛省が先月公表した「適地調査」の報告書に、代替地の検討に関連して事実と異なるずさんなデータが記載されていることが4日、秋田魁新報社の調べで分かった。電波を遮る障害になるとするデータを過大に記し、配備に適さない理由にしていた。秋田市の陸上自衛隊新屋演習場以外に適地はないとする報告書の信頼性が損なわれた。

■地上イージス関連記事3面

**地上イージス配備**

秋田国家石油備蓄基地の近くから撮影した本山。太陽高度を算出する国立天文台のウェブサイトによると、この時点の太陽高度が、防衛省が本山の仰角として記載した約15度にほぼ一致する。実際の仰角（約4度）とは開きがある＝3日午後5時半すぎ、男鹿市船川港

防衛省は、県や秋田市の要請に応じる形で、新屋演習場のほかに配備候補地はないかを検討。青森、秋田、山形3県の国有地19カ所を対象に調べ、いずれも配備に適さないと結論づけた。うち9カ所は、弾道ミサイルを探知・追尾するための電波を遮る山が周囲にあるとして、配備に適さない理由にした。

しかし、これらについて秋田魁新報社がそれぞれの国有地と山を結んだ水平距離、山の高さを基に計算したところ、山を見上げた角度を示す「仰角」が、少なくとも2カ所で実際よりも過大に記されていることが分かった。

記載データと実際との差が最も大きかったのは、男鹿市の「秋田国家石油備蓄基地」。報告書は、備蓄基地から男鹿半島中央部の本山を見上げた仰角を「約15度」としているが、備蓄基地と本山の距離（約9600㍍）と本山の標高（715㍍、防衛省資料では712㍍）を基に計算すると「約4度」が正確な仰角となる。県内の業者に依頼して現地で測量した結果も同様だった。

報告書には、仰角が何度以上あれば障害となるかについての記載はないが、同じく配備候補地とされた山口県・むつみ演習場に関する調査報告書には、地上イージスは仰角5度以上で電波を照射するというイメージ図が記載された。これに倣えば、備蓄基地は「不適」とは言えないことになる。

他に仰角が過大に記されていたのは、にかほ市の国有林で、報告書に記載された仰角は「約15度」だったが、計算上は「約10度」だった。

防衛省報道室は4日、秋田魁新報社の取材に「本日中には回答できない。明日以降、準備ができ次第回答したい」と答えた。（松川敦志、内田隆之）

**男鹿市の国有地と本山の断面イメージ**

国有地の西側に遮蔽となる本山あり ※防衛省の調査報告書より

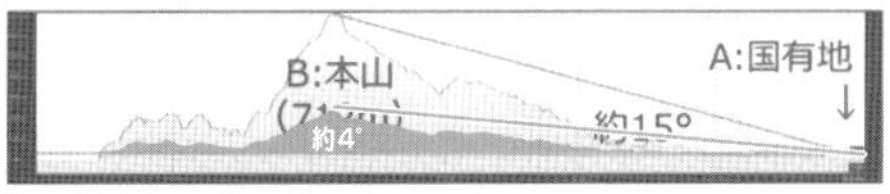


秋田国家石油備蓄基地を「不適」とした調査報告書に正確な縮尺の断面図を重ねた（緑部分）。
防衛省の図は高さを誇張して描いた本山を基に、仰角を15度で描画している（調査報告書は防衛省のウェブサイトより）

## 「新屋ありき」歴然

解説　配備計画の根幹となる調査報告書に、事実ではないデータが記されていた。そこに見え隠れするのは、計画の根底にある「新屋ありき」の姿勢だ。

重要なエネルギー拠点である石油備蓄基地への地上イージス配備は、そもそも現実的ではない。問題の本質は、防衛省が実際と懸け離れたデータを示し、知事や秋田市長、県民を欺く形で配備に適さない場所と説明した点にある。

今回の「適地調査」で防衛省は、新屋演習場の代わりになり得る場所がないか国有地19カ所を検討した結果、配備に適する場所は一つもなかったとしている。だが、報告書には、代替地となり得る場所を排除することに重点を置いた傾向がうかがえる。

今回の検討範囲は青森、秋田、山形3県に限定されており、その理由については「これまでに実施したシミュレーション分析の結果、秋田県付近に配置することが必要だと分かっている」と説明するのみだ。肝心の「シミュレーション分析」がどのようなものかは明らかにしていない。

防衛省は、北朝鮮の弾道ミサイルに対処するため地上イージスを設置し、レーダーの電波は日本海側に照射すると説明している。しかし、代替地の検討では、レーダーの照射域に含まれないはずの「東」や「北」、「南」に位置する山を障害物に挙げているのが6カ所ある。

配備計画を巡っては、住宅地に近接し、数百㍍圏内に小学校や中学校、高校も立地する新屋演習場がなぜ配備地になり得るのかという根本的な疑問が地元に根強い。

防衛省がそうした思いを真摯（しんし）に受け止めて代替地の検討を進めたなら、このような報告書になっていただろうか。（松川敦志）

### 資料3 一般に出題される三角比の問題

問　下の図の$h$の値を求めよ。

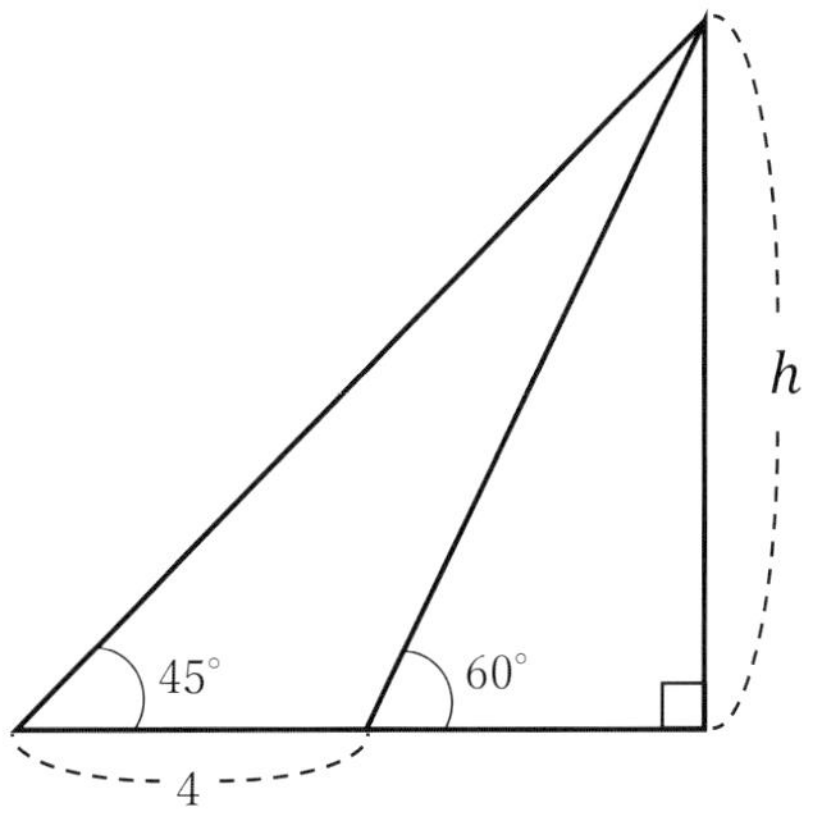


解答

$$\tan 60^\circ = \frac{h}{h-4}$$
$$\sqrt{3} = \frac{h}{h-4}$$
$$\sqrt{3}(h-4) = h$$
$$\sqrt{3}h - h = 4\sqrt{3}$$
$$(\sqrt{3}-1)h = 4\sqrt{3}$$
$$h = \frac{4\sqrt{3}}{\sqrt{3}-1}$$
$$h = \frac{4\sqrt{3}(\sqrt{3}+1)}{(\sqrt{3}-1)(\sqrt{3}+1)}$$
$$h = \frac{4(3+\sqrt{3})}{3-1}$$
$$h = 2(3+\sqrt{3})$$
$$h = 6 + 2\sqrt{3}$$

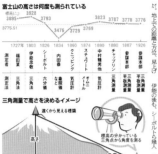

# ヒストグラムで読み解く

## 1 小単元名
データの分析（10時間扱い）

## 2 本小単元の観点別目標
（①知識・技能、②思考・判断・表現、③主体的に学習に取り組む態度）

①平均値、中央値、最頻値等の代表値などの意味や活用法を習得し、ヒストグラムから何が読み取れるかを理解する。また、分散、標準偏差、散布図、相関係数の意味、活用法を理解する。

②データの散らばり具合や傾向を数値化するヒストグラムを用いて、日常生活で見かける数値を考察する。目的に応じてさまざまなデータを収集し、適切な手法を選択して分析を行い、データから読み解く事象の特徴を表現する。

③データ分析の考えを用いて事象を考察することの良さを認識し、問題解決にそれらを活用したり、粘り強く考え数学的論拠に基づき判断したりしようとしている。

## 3 NIEとしての狙い

学校の成績などでは、生徒は平均値と比較することが多い。しかし、学力レベルを表すのに偏差値を用いたり、新型コロナウイルス新規感染者数では最頻値に注目が集まったりと、データを読み取る際に平均値だけを扱うとは限らない。本時では、新聞に掲載される社会事象に関わるデータをどう理解するかを考えさせることで、数学の知識が日常生活と結びついていることを実感させ、自分事として捉えさせたい。

## 4 本小単元の展開（3/10時間）

| 時 | 学習活動／○生徒の反応 | 留意点／○資料等 |
|---|---|---|
| 1・2 | データと度数分布表、ヒストグラム | |
| | •度数、相対度数、階級、階級値を学ぶ<br>•データから度数分布表を作る<br>•度数分布表をヒストグラムで表す<br>•ヒストグラムから合計や平均を求める | •中学校で学習した内容であることを確認する |
| 3（本時） | 代表値 | |
| | •平均値、中央値、最頻値を学ぶ<br>•新型コロナウイルスの新規感染者数のグラフを載せる記事から何が読み取れるかを考える<br>○「最頻値に注目してしまう」「曜日によって数値が変動するのはなぜだろう。医療機関の休みと関係しているのかもしれない」<br>•データの発展的な使い方や自らの関わり方を考える | •ヒストグラムからどの値を代表値にしたらよいか気づかせる<br>•代表値によって読み取れるものが変わることに注目させる<br>•生徒の疑問から主体的な調べ学習につなげたい<br>•データ分析が技術の進歩に必要不可欠であることを伝え、自分事として考えさせる<br>○資料1～3 |
| 4・5 | 四分位数と箱ひげ図 | |
| | •四分位数などの知識を習得する<br>•データから箱ひげ図を作り、傾向を読み取る | •中央値などの既習事項を押さえながら理解させる<br>•箱ひげ図に含まれる度数とそれ以外の度数について押さえる<br>•データの散らばり方に留意させ、読み取れるものが何かを考えさせる |
| 6～8 | 分散と標準偏差 | |
| | •偏差、分散、標準偏差などの知識を習得する<br>•実際のデータを使って、標準偏差、偏差値を求める | •実際のデータ（考査結果など）を使うことで実感を伴って理解させる |
| 9・10 | 相関関係・相関係数 | |
| | •2つのデータの関係から分析方法を学ぶ | •新聞には多くのデータが掲載されていることを実際の記事を使って確認させ、読み取り方を理解させる |

## 5 資料等

資料1　朝日新聞　2020年10月28日付朝刊

### 実験で学ぶ データサイエンス

滋賀大学教授
河本薫さん

滋賀大学データサイエンス学部は2017年に誕生したばかりの若い学部だ。さまざまなデータを処理・分析して、社会に役立つ新たな価値を見つけだせる「データサイエンティスト」を養成する。専門学部の設置は日本初だ。

河本薫教授の研究室が取り組むのは、実験装置を用いて実際のデータを収集しながら進める「製品の不良発生メカニズム」の解析だ。

ネット経由で大量の情報が行き交うビッグデータ時代に生まれた新しい職種、データサイエンティスト。ITと数学を駆使し、データに潜む秩序やパターンを探り出す。コンピューターに向かって黙々と仕事をこなし、「データが届いてからが仕事」というイメージもある。

だが河本さんは、データを取るところから関わるべきだと考えている。「生産部門から届いた不良品を分析するだけではなく、発生プロセスそのものを追う」と、研究の意義を説明する。

誰も不良品を作りたくはないが、意図せず失敗が起きるのは、何らかの外乱が影響しているから。この「思わぬ外乱」をデータ解析からあぶり出すという。数年前まで企業の現場にいた河本さんらしい発想だ。

# 勘ではなくデータで なくせ不良品

8月、滋賀県彦根市にあるキャンパスの研究室に、1台の実験装置が運び込まれた。炭酸ナトリウムと硫酸亜鉛をそれぞれの水溶液にして混ぜ合わせ、炭酸亜鉛の結晶でできた粒を作る装置だ。

納入したのは、河本さんと共同研究している住友金属鉱山だ。電池や半導体などに使われる微細な粒子状材料を製造している。この装置は実際の工場のミニチュア版だ。

9月9日、研究室での実験を見に行くと、同社設備技術開発部青梅グループ長の佐藤健司さんもいて、説明してくれた。「本当の工場ならば、トレーラーで原料を巨大なタンクに運び入れ、大型の反応槽と太い配管で結ぶなどする。しかしこの実験装置は、ざっと数万分の1のサイズ。この小さな世界に現実の工場を再現し、運転条件を変えながら製品に及ぼす影響を観察します」

炭酸亜鉛の結晶の直径にはばらつきがある。溶液の濃度や流速、かき混ぜる速度などが変化すると、このばらつき方が変わり、実際の工場ならば不良品になる。このミニ工場で小さな実験を行い、不良品の発生を抑える方法を探るわけだ。

研究に取り組むのは、修士2年の秋山浩希さん、修士1年の松井宏司さん、学部3年の荒木南香さんの3人。最年長の秋山さんが7月、住友金属鉱山の工場がある東京都青梅市に出張して、3日がかりで実験装置の仕様や操作方法を確認した。納入後、1カ月の試運転を重ねた。

「自分は経済学部の出身。化学プラントなどとは無縁だし、混合した溶液中で結晶ができる『晶析』の原理なども独学が必要だった」と秋山さん。Rという高度な統計解析ソフトの使い方も自力で身につけた。理系出身の松井さんは実験装置の扱いには慣れているが、学んでいたのは生物系の分野。「工学の実験は未知への挑戦」という。

実際に装置を動かすと、単純な計算では導けない現象に出合う。たとえば溶液の濃度を変えても結晶の大きさはすぐには変化しない。「工場でも、技術者がそれぞれの勘と経験に頼っている部分だ。これをデータ解析によって正確に予測したい」と、河本さんがねらいを話した。

次々とできる結晶がチューブを通過する瞬間に、高速度カメラが自動的に大きさを測る。1回の実験に7〜8時間をかけ、データを集める。開始から1時間。「では炭酸ナトリウム水溶液の濃度を0・002モルに増やそう」。学生たちは薬さじで取り出し、重さを量ろうとした。

一瞬、何グラムが必要なのかと戸惑う。佐藤さんがそっとアドバイスする。「分子量は、容器のラベルに記載があるよ」「濃度は体積あたりより、重量あたりのほうが調整しやすい」。現場の技術者ならではの経験を、学生たちは吸収していく。

結晶ができるプロセスは「微小な核が生成」→「粒へと成長」→「成長した粒同士が結合して結晶になる」と進む。最終的な結晶の大きさがどんなばらつきになるかは、途中のデータだけでは予測できないし、初期の結晶は小さすぎて測定できないなど、計測の壁もある。ある瞬間の測定値だけでなく、連続して測定したデータをうまく使って、不良品を出さない方法を探るという。

近年、あらゆるものがネットにつながる「IoT技術」の発展などによって、大量のデータが容易に得られるようになった。「裏を返せば、これらのデータを生産性や品質の向上に生かせなければ、我が国の製造業は生き残れない。データサイエンティスト育成は急務だ」と河本教授は話した。

（伊藤隆太郎）

▲粒子を作る実験装置（左奥）の計測データを見る学生3人（手前）と佐藤健司さん（後ろ左）、河本薫教授（後ろ右）＝いずれも滋賀県彦根市の滋賀大学

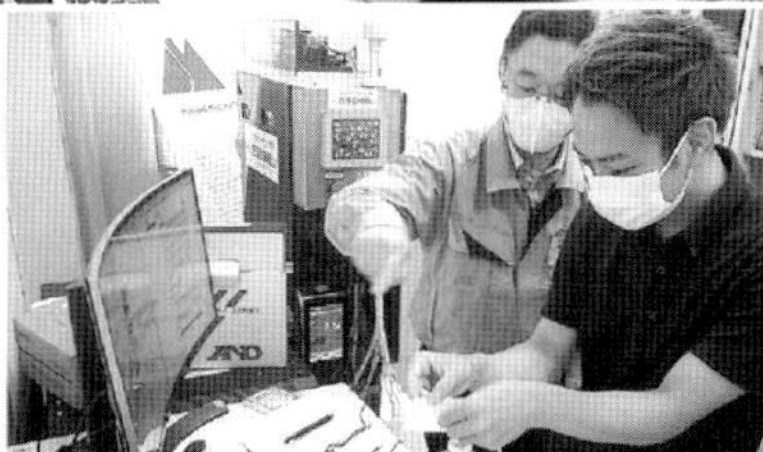

▶実験に用いる試料を計量する修士2年の秋山浩希さん（手前）

かわもと・かおる　1966年、神戸市生まれ。89年、京都大工学部卒。91年、同大学院修士課程修了、大阪ガス入社。98年から2年間、米ローレンスバークリー国立研究所でデータ分析に従事。2011年、同社ビジネスアナリシスセンター所長。18年から滋賀大データサイエンス学部教授。著書に「最強のデータ分析組織」など。

資料2　朝日新聞　2021年5月5日付朝刊

親子で学ぶニュースとデータ「平均」1

# 数値ならして 傾向くっきり

データを集めて整理することを通して、思考力・判断力・表現力を磨く。そんな学び「データの活用」が教育現場で注目されています。日々のニュースでおなじみの数字をどう理解し、受け止めればよいか。5月の計4回にわたり、「平均」について考えます。

Q　さっき、新型コロナウイルスのニュースを見たよ。感染者数が増えたか減ったか、毎日気になるね。

A　単純に前日と比べてはだめだよ。図表1のグラフのうち、まず棒グラフを見て。3〜4月の5週間で、毎日の新たな感染者が何人だったかを示している。感染が急に広がり、東京都や大阪府で4月25日から緊急事態宣言を出す、と政府が考えていた時期だ。棒グラフは徐々に高くなっているけれど、よくみるとジェットコースターのように上下している。人数が急に減った日も定期的にあるね。

Q　なぜだろう。

A　毎日の人数をカレンダーに書くと理由がわかる（図表2）。一番下の欄に曜日ごとの平均値も計算した。月曜は1740人で日曜より3割少ない。7日ごとに減っていた値は、すべて毎週月曜の人数なんだ。

Q　なぜ、曜日によってこんなにも違うのかな。

A　コロナの検査をして「陽性」とわかるまでの流れを考えてみよう。例えば、検査して感染が報告・集計されるまでに数日かかったり、病院が休みの週末は検査を受ける人が減ったりする。曜日ごとに差が現れ、月〜火の週初めは少なく、水〜土の週後半が多い傾向だ。毎日の人数はこうしたブレも含むので、移動平均という数字を使って曜日の差を均《なら》すことが多い。

Q　どう計算するの。

A　例えば、3月27日の移動平均は21〜27日の7日間の人数を平均している。28日は22〜28日分の平均という風に、1日ずつ徐々にずらして（移動して）計算する。その値をつなげたのが図1の折れ線グラフ。ギザギザの棒とは違い、滑らかな線に変わったでしょ。

Q　全体の傾向がくっきりと見えやすくなったね。

A　感染者数の推移のように、毎日や毎月の数値を順番に記録したものを時系列データと呼ぶ。時間の経過による変化を映し出すけれど、例えば、感染の拡大や縮小といった全体の傾向だけでなく、曜日ごとの差など周期的な動きも含む。また、集団感染などで1日だけ急に増えるといった不規則な数値の変化もある。

Q　データをみるとき、何に注意すればいいの。

A　大きな傾向をつかむには、曜日別や月別の数字の出方の特徴を知ろう。例えば、遊園地の来園者を1日ずつみると土〜日が多くなる。観光地の月別の宿泊者数は8月が高くなりやすい。だから、数字をみるときは前週の同じ曜日や前年の同じ月と比べることがある。それとともに変化を見えやすくできるのが、7日間や12カ月間の移動平均を使う方法なんだ。（中川透）

◆水曜付で掲載します。

図表1 全国の新型コロナウイルスの感染者数 厚生労働省の統計から

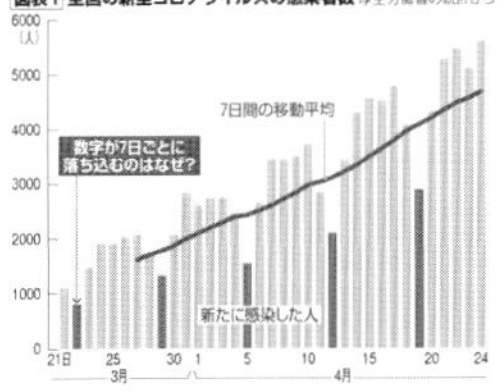


図表2 3月下旬から4月下旬の全国の感染者数 厚生労働省の統計から

| | 日 | 月 | 火 | 水 | 木 | 金 | 土 | 週平均 |
|---|---|---|---|---|---|---|---|---|
| | 3/21 1110（人） | 22 817 | 23 1485 | 24 1924 | 25 1914 | 26 2031 | 27 2073 | 1622 |
| | 28 1752 | 29 1340 | 30 2077 | 31 2832 | 4/1 2598 | 2 2745 | 3 2755 | 2300 |
| | 4 2460 | 5 1554 | 6 2654 | 7 3460 | 8 3457 | 9 3511 | 10 3742 | 2977 |
| | 11 2848 | 12 2098 | 13 3444 | 14 4302 | 15 4570 | 16 4519 | 17 4791 | 3796 |
| | 18 4089 | 19 2893 | 20 4328 | 21 5280 | 22 5474 | 23 5119 | 24 5602 | 4684 |
| 曜日平均 | 2452 | 1740 | 2798 | 3560 | 3603 | 3585 | 3793 | |

月曜は日曜より3割少ない　火曜は月曜より6割多い　水曜〜土曜は1週間の中で多い

資料3　朝日新聞　2021年5月12日付朝刊

親子で学ぶニュースとデータ「平均」2

# ばらつき グラフの形で見える

教育現場で「データの活用」が注目されるなか、日常生活では新型コロナウイルスの感染者数など多くの数字に接する日々が続きます。「平均」をテーマに5月の計4回、データの活用法を考えます。今回は数字の分布を示すグラフをもとに、平均値や中央値の読み取り方を紹介します。

Q　愛知と福岡が緊急事態宣言の対象になったね。地域別の感染状況を示すにはどんな方法があるかな。

A　図表1のように都道府県別の色分け地図を描くのが一つのやり方だ。5月4日までの最近1週間の新規感染者数を、人口10万人あたりで計算している。例えば、東京は42人で、福岡は47人。福岡は人口も感染者も東京の半分以下だけれど、人口10万人の基準でそろえると、東京のように厳しい状況とも言える。地図上だと、大阪・兵庫・奈良など近くの地域での感染拡大もわかりやすい。

Q　地図のほかには、どんな伝え方があるだろう？

A　同じデータを使った図表2の上側のグラフをみて。感染者数を10の区分（階級）に分けて、それぞれにあてはまる都道府県数をかぞえた。このように数値の分布を伝えるグラフを、ヒストグラムと呼ぶ。階級「45人超」は3地域（大阪・兵庫・福岡）、最も少ない「0〜5人以下」は2地域（鳥取・島根）だ。

Q　階級「15〜20」の地域が最も多いみたいだね。

A　そう。ヒストグラムをみるときに大切なのは、どの階級が最も多く、グラフ全体がどんな形かを見ること。同じ10万人あたりの感染者数を、1カ月前（4月5日までの1週間）でみたのが図表2の下側。棒が最も高い階級は「0〜5人以下」で、全体的に左側が高く、右側へゆくにつれて徐々に下がっている。上下のグラフを比べると、感染が多くの都道府県で深刻になっていく姿がわかる。

Q　地図のような位置関係は見えなくなるけれど、データのばらつきを数字で読み取りやすくなるね。

## 分布 平均考えるカギ

A　分布を知ることは平均を考えるうえでも役に立つ。例えば、図表2下のグラフを描く際に使った資料をみると、日本の感染者数を全人口で割った全国の平均値は10万人あたり13人。グラフの山より少し右側だ。平均値とは別に中央値という考え方もあり、数字を大きい順に並べてちょうど真ん中の値になる。都道府県は47あり、最大値の45人（沖縄）から最小値の0人（島根）まで並べると、24番目は8人（群馬）。平均値よりグラフの山へ近づく。中央値と平均値の関係は分布の形で変わる。例えば、分布が富士山のような左右対称に近い形だと、二つの値はほぼ同じになる。

Q　色々な数字のどれを使えばよいのか、迷うね。

A　平均値も中央値も、データを要約する代表値の一つ。全国の家庭の貯金額を調べると、図表2の下グラフのように左が高く右側へすそが広い分布になる。平均値は中央値よりかなり高く、中央値の方が多くの人の実感に近い数字として伝わる。例えば、2019年の総務省「家計調査（二人以上の世帯）」によると、1世帯の平均値は1755万円で、中央値は1033万円。平均値は一部のお金持ちの影響が大きい。分布を調べて中央値とも比べると、平均値の意味合いをつかみやすい。（中川透）

◆水曜付で掲載します。

図表1 人口10万人あたりの新規感染者数
厚生労働省の資料から

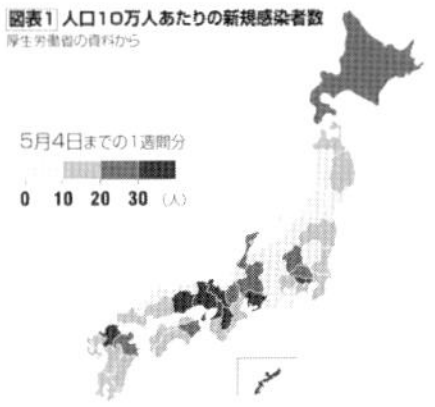


図表2 人口10万人あたりの新規感染者数の分布
厚生労働省の資料から

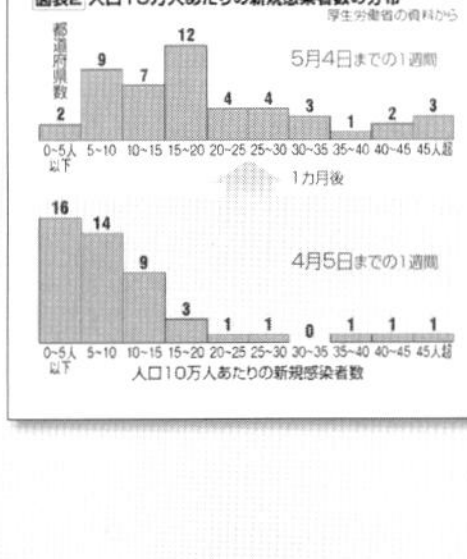

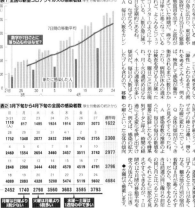

# 河川の地形と災害
## ――原理を知り命を守る

### 1 小単元名
河川の働きによる景観と災害（2時間扱い）

### 2 本小単元の観点別目標
（①知識・技能、②思考・判断・表現、③主体的に学習に取り組む態度）

①身近な地域の自然景観を作り出した流水や土石流、斜面崩壊等の作用と自然災害の危険性について、人間生活と関連づけて理解する。また、地質や地形、気候等の特性に留意しながら、地域に潜在する自然災害の危険性を知り、それに対する防災・減災の取り組みや災害の種類に応じた危険性を把握して行動する重要性について理解する。

②地域に潜む自然災害の危険性について、研究機関等が地理情報システム（GIS）を用いて解析した浸水想定区域（洪水ハザードマップ）等の公開情報を活用して、原理等を理解し、人間生活と関連づけて科学的に考察し、表現する。

③自然の事物・現象を科学的に探究しようとする態度を養うとともに、科学に対する興味・関心を高める。人間が自然と調和しながら持続可能な社会を創っていくため、事物や現象を多面的に捉え、総合的に判断しようとする態度を養う。

### 3 NIEとしての狙い
災害に関する記事を活用することで、気候変動等の自然現象の変化が人間生活にどう影響するかを実感を伴って捉えさせ、社会的課題の発見、議論、納得解の探究から、自らの命を守る災害への備えへと発展させたい。

### 4 本小単元の展開（全2時間）

| 時 | 学習活動 | 留意点／○資料等 |
|---|---|---|
| 1 | 河川が作り出す景観 | |
| | •風化、侵食、運搬および堆積の諸作用による地形の形成について、身近な地形と関連づけて理解する<br>•多くの人が居住する平地は河川の氾濫によってできたことを理解する | •平地のほとんどが、河川が繰り返し氾濫してできた場所であることを押さえる<br>•大雨により侵食・運搬作用が生じ、陸上の砕屑物《さいせつぶつ》（礫《れき》・砂・泥）が河川を通して海底に運ばれ堆積する原理を説明する<br>•侵食基準面や海底地形との関係について触れてもよい |
| 2 | 河川の災害 | |
| | •大雨時の河川による土砂災害の種類を列挙する<br>•土石流災害について記事から理解し、発表する<br>•最近3年間の河川の災害関連記事を読む<br>•最近20年間の雨の降り方の変化（線状降水帯など）を調べる<br>•自分の住んでいる地域における過去の災害をハザードマップに重ね、地形分類と浸水域、土砂流入域を調べる<br>•2021年5月の災害対策基本法改正で、「避難勧告」がなくなり、「避難指示」に一本化された理由について話し合い、理解する<br>•避難指示の基準となる降水量や避難経路などを確認し、災害に備える | •2021年7月に静岡県熱海市で発生した土石流を取り上げ、地形と災害の関係性やハザードマップを活用した事前準備の重要性を認識させる。ニュースなどの動画を活用してもよい（**資料1**）<br>•2019年10月、20年7月、21年8月の豪雨被害を取り上げ、大雨の発生頻度が増えていることや日本列島で大雨が降る現象の仕組みに気づかせる。また、以前から危険性が指摘されていた熊本・球磨川の氾濫の様子を実感させる（**資料23**）<br>•旧河道、平坦な台地に隠れている谷（盛り土）、河川の合流地点に近い低い場所など潜在リスクがある場所を探す。インターネットの「重ねるハザードマップ」の活用や、気象庁や研究機関への問い合わせなどから、地域ごとに異なる危険性を主体的に調べさせたい<br>•新聞には、身近な地域の地形・地質、災害に備えるための情報が掲載されていることに気づかせたい（**資料4**）<br>•学習をきっかけに家族や周囲の人と災害への備えと避難のルールについて話し合わせ、災害への日ごろからの備えにつなげたい |

## 5 資料等

資料1 岩手日報 2021年7月4日付

# 生活圏の危険 事前把握を
# 岩手も人ごとではない

**静岡大・牛山教授（元県立大准教授）に聞く**

静岡県熱海市で発生した大規模な土石流。本県も本格的な出水期に入り、警戒が必要だ。今回の分析と本県における注意点を、静岡大防災総合センターの牛山素行《もとゆき》教授＝元県立大准教授＝に聞いた。
（聞き手は報道部・下石畑智士）

牛山素行教授

映像などから、土砂などの流れの速さは時速40㌔程度とみられ、土石流としてはあり得る速度だと考える。現場は土砂災害警戒区域にもなっており、想定外の災害ではない。ハザードマップなどの情報の重要性が再認識された。

ただ、災害がいつ起きるかという点はなかなか予測が難しい。静岡県内では2日間ほどかけ、だらだらと雨が降っており、注意を向けにくい状況だった。

現場は急斜面に家が立っており、安全な場所とは言えない。その点については岩手も決して人ごとではない。宮古市や釜石市など、土砂災害の危険性がある所まで市街地が広がっているケースもある。土石流は、傾斜が急な渓流沿いの市街地でも起こる。

ただ、危険な場所に人が住んでいる場合はあるが、その区域の検証がされていないわけではない。私の調査では土砂災害の犠牲者の8～9割ほどは、ハザードマップで危険性が示された場所で亡くなっている。

降水量は地域差が極端に大きく、絶対値で危なさが示せない。同じ降水量でも場所によっては大災害になる。（雨による災害危険度を色分けして地図上にリアルタイム表示する）気象庁の危険度分布「キキクル」などが有効だ。

重要なことは、自分の住んでいる地域、生活圏で、どんな種類の災害の危険があるか把握することだ。その先はそれぞれの事情によって違い、どのような行動を取るか自分で考えるしかない。それをサポートする情報にハザードマップや危険度分布などがある。何よりも事前に確認することが大切だ。
（談）

資料2 毎日新聞 2020年7月7日付朝刊

球磨川支流の氾濫で水没し、泥に覆われた千寿園の内部
＝熊本県球磨村で6日午前11時27分、望月亮一撮影

# 氾濫地点 以前から危険性

熊本豪雨により球磨川の国管理流域で発生した決壊・氾濫計12カ所は、いずれも洪水リスクが高く注意を要する「重要水防箇所」指定地とほぼ重なっていたことが、国土交通省九州地方整備局（九地整）への取材で判明した。国は地元に注意喚起しながら河川改修を進めてきたが、頻発する豪雨災害を前に対応が追いつかない現状が改めて浮き彫りになった。

九地整によると、球磨川では熊本県内11カ所で越水により氾濫したほか、人吉市中神町で堤防が決壊。12カ所のうち一つ（八代市坂本町）は、最も危険度が高い「Aランク」に指定されている場所の近くで、越水により広範囲に浸水被害があった。堤防の高さや大きさに余裕がない「Bランク」の指定地とその付近の6カ所でも越水していた。残り5カ所は、過去に堤防が壊れたり、古い河川があったりした場所を含む「要注意」指定地とその周辺だった。人吉市の堤防決壊現場付近や、入所者14人が死亡した球磨村の特別養護老人ホーム「千寿園」周辺も「要注意」に指定されていた。

重要水防箇所は、河川管理者が防災上、特に注意が必要な場所として指定。球磨川の国管理区間は約100㌔あり、堤防の整備率は76％。重要水防箇所はAランクだけでも47カ所（総延長約9㌔）に上る。

九地整の担当者は「優先順位をつけて改修しているが整備の予算は限られ、一度に解消はできない。これから現地調査して検証したい」と話した。【門田陽介】

熊本豪雨の主な被害状況

| | | |
|---|---|---|
| **八代市** | | |
| | 死者 | 3人 |
| | 心肺停止 | 0人 |
| | 不明 | 0人 |
| **津奈木町** | | |
| | 死者 | 1人 |
| | 心肺停止 | 0人 |
| | 不明 | 2人 |
| **芦北町** | | |
| | 死者 | 10人 |
| | 心肺停止 | 0人 |
| | 不明 | 1人 |
| **球磨村** | | |
| | 死者 | 17人 |
| | 心肺停止 | 0人 |
| | 不明 | 6人 |
| **人吉市** | | |
| | 死者 | 17人 |
| | 心肺停止 | 1人 |
| | 不明 | 2人 |

※6日午後7時現在、熊本県による。死者1人は住所不明

資料3 産経新聞 2021年8月15日付朝刊

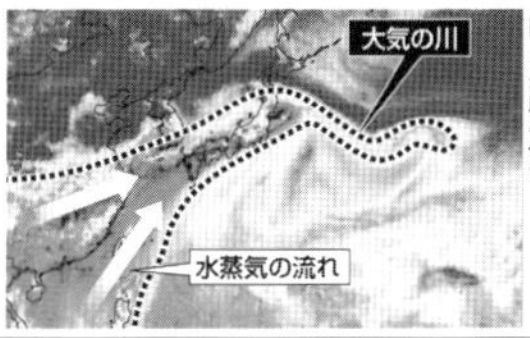

14日午前10時の水蒸気量の解析図。釜江助教提供

# 「大気の川」九州から東北まで

西日本を中心に降り続く大雨について、上空に大量の水蒸気が流れ込む「大気の川」と呼ばれる現象が発生していることが、筑波大の釜江陽一助教（気象学）の解析で分かった。人工衛星の解析画像から、大気の川は九州から東北地方南部までを帯状に覆っていることが分かる。線状降水帯を発生させ、広い範囲で記録的な大雨をもたらす危険がある。

大気の川とは、大量の水蒸気が帯状に流れ込む現象で、南西から東へ水蒸気を運び、雨雲を形成する。平成30年に甚大な被害を出した西日本豪雨や昨年の九州北部豪雨でも、大気の川が発生していた。

今年はオホーツク海高気圧の勢力が強く、前線が強まっている影響で、大量の水蒸気が南シナ海や東シナ海方面から日本列島に流れ込んでいる。

今回の大気の川は、長さが約2千㌔におよび、九州から東北地方南部をすっぽりと覆う。上空に大量の水蒸気が集まるため、釜江助教は「大気の川の中では、線状降水帯が複数、発生する可能性がある」と指摘する。

釜江助教によると、九州北部に流れこむ水蒸気は、中国大陸側からの流れと、日本の南の海上からの流れがぶつかる場所で、特に強い雨をもたらしているという。

この先も15日ごろまでは大気の川が現在の位置で停滞し、その後は太平洋側に南下するとみられる。その影響で、九州北部は17日ごろまでは雨が強い状態が続き、関東や東北南部でもこれから大雨が降る可能性がある。各地で土砂災害や河川の増水、氾濫に警戒する必要がある。

釜江助教は「今回の大気の川は西日本豪雨と同程度の水蒸気量になってもおかしくなく、降水量も匹敵する可能性がある」と警戒を呼びかけた。

資料4 岩手日日新聞 2021年9月1日付

# 地形、地質知り 災害に備え

9月1日は防災の日

大雨や台風など自然災害が多発する日本列島。地球温暖化の影響で局地的な大雨などのリスクも増している。9月1日は「防災の日」。住んでいる場所の地形や地質を知って備えに役立てたい。

## 浸水想定の一関市街地
## マップ活用し 安全避難を

指南役を買って出てくれたのは、地学的な視点から防災の心得を伝えている県立一関一高教諭の茂庭隆彦さん（63）。大学時代からフィールドワークを基にした断層の研究を続け、岩手・宮城内陸地震の調査結果などを日本地質学会などで発表している。岩泉高校長を務めていた2016年には、台風10号豪雨災害に遭遇。最大級の危険性を想定し事前のリスク回避に対応した。

地形を学ぶ教材に用いたのは、国土交通省がハザードマップポータルサイトで公開する「重ねるハザードマップ」。一関市街地を中心とするエリアを表示させて「地形分類」を選択。磐井川を挟んで平地や自然堤防、山地が広がる地形の成り立ちを見ていく。注目したのは旧河道。川の流路に沿って点在し、かつては大きく蛇行していたことが分かる。

「われわれが目にしているのは堤防が整備されて以降の姿。昔は暴れ川だった」と茂庭教諭。住宅や学校、文化施設などが建てられ、現在の市街地が形成されているが、歴史をさかのぼると平らな土地は水に漬かった所。洪水で被害を受けるのは当然という認識を持つことが備えの出発点になるという。

一関市街地を中心に「地形分類」と「土砂災害」を表示した重ねるハザードマップ。磐井川の流路に沿って自然堤防（黄色）や氾濫平野（緑色）が広がり、昔の川の跡（紫色）も確認できる。土砂災害の危険性がある急傾斜地は赤色で表示 出典：国土交通省ハザードマップポータルサイト

磐井川沿いに立地する一関一高も浸水想定区域に含まれる。堤防が決壊した場合の浸水想定は5～10㍍で、避難先は校舎3階より上部。周囲の土地より低いため、生徒には街中にあふれた水が集まってくるリスクも伝えている。

近年各地で多発する豪雨災害。気象庁の降水量データで変化を見ると、1時間当たり50㍉を超す雨量は1979～88年当時、全国で年平均5・2回だったが、2007～16年には年平均10・2回に増加。20年で約2倍になっている。

こうした大雨被害に備えるためには、地形と合わせて地質の知識も重要となる。市中心部の氾濫平野は、洪水で運ばれた砂や泥などが堆積してできた場所。脆弱で地震に対しても揺れやすい性質を持つ。避難先としてふさわしいのは岩盤が固く標高の高い台地など。平野と山地の間の斜面は土砂崩れの危険性があるので、大雨時に台地や山地に避難する際は注意が必要だ。

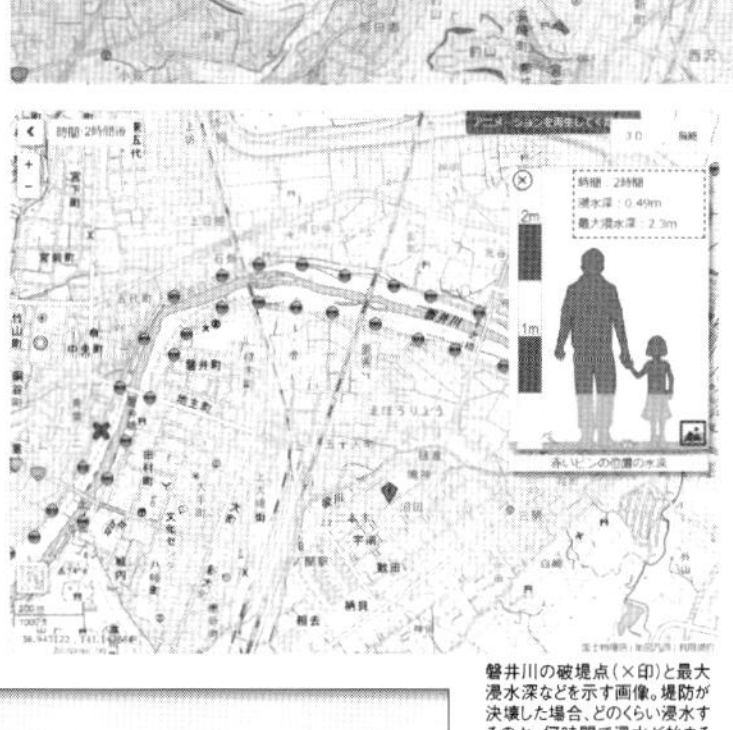
磐井川の破堤点（×印）と最大浸水深などを示す画像。堤防が決壊した場合、どのくらい浸水するのか、何時間で浸水が始まるのかなどをイメージできる 出典：国土交通省浸水ナビ

地形に「洪水」「土砂災害」などの情報を加え、1枚で災害リスクを把握できるのが「重ねるハザードマップ」の特徴。一度、自宅周辺の「洪水」「土砂災害」の分布を白地図に色分けしながら書き込んでみるのもお勧めだ。土地の高低差などに理解が深まり、「地形分類」を重ねると盛り土して平らになっている谷地形など潜在するリスクも把握できる。

大雨時などに避難の判断を誤るのは、「ここは今まで大丈夫だった」という正常性バイアスが働くためとされる。岩泉の豪雨の際にも住民からそうした声が聞かれたが、子供たちが「危ないから逃げよう」と家族に避難を促し、助かったケースがあったという。

適切な避難行動を可能にするのは、地形と地質についての具体的なイメージ。茂庭教諭は「ハザードマップを表面的に見て、自分の家が浸水区域になければ安心と思っている人が多い。災害はいつどこで発生するか分からず、地学の知識を持つことが身を守る手だてになる」と話す。

同じ自然災害でも、河川氾濫のハザードマップは噴火や津波に比べて確度が高く、事前の想定が生きる。国土交通省の「浸水ナビ」は、堤防の決壊箇所により浸水状況が分かる便利なサイト。一関のように浸水が10㍍以上の高さに及ぶ地域では、垂直避難では追いつかず、安全に避難できる時間やルートを考えておくと安心だ。

「ただ、あまり難しく考えなくてもよいと思っています」。茂庭教諭は言葉を区切り、避難の目安として雨量を挙げた。危険水準と考えるのは「1日または1時間当たり100㍉の降水量」。過去の水害を例に「3日間で降水量が300㍉を超える場合は災害発生のリスクが高まり、命の危険がある」として、早めの避難を呼び掛ける。

洪水を繰り返しながら、流域に暮らす人々に親しまれてきた磐井川。昭和20年代の2度にわたる大水害から復興を遂げた街にその痕跡はうかがえないが、いつまた川が暴れないとも限らない。

「川が作ってくれた場所にわれわれが暮らしている。その恩恵を忘れてはならない」（茂庭教諭）。堤防や遊水地の整備が進む現在だが、防災の教訓を心に留め、川と共生していくことが求められている。

**水から身を守る地形の見方**

| | |
|---|---|
| 水はどこに集まる？ | ●川のそばの低い所ほど危険（階段地形の一番下）<br>●合流地点（低い、水量増大） |
| 水が作る地形の特徴は？ | ●川のそばの平らな所は危険（過去の河川堆積物） |
| 水が土砂とともに落下する所は？ | ●急傾斜の崖（崖崩れは自然の摂理） |

**降水量比較** 1日～4日で1カ月の降水量

カスリン台風（1947年）4日間
一関221.8㎜、岩手山429.6㎜
厳美349.8㎜、千厩203.3㎜

アイオン台風（1948年）3日間
一関403.2㎜（9/17に245.6㎜）
岩手山120.3㎜（9/15・16）
千厩189.3㎜

台風10号（2016年）
岩泉2日間260㎜、4時間160㎜、
8月586.5㎜

# 宇宙ステーションに向けたロケット打ち上げ

## 1 小単元名

万有引力を受ける物体の運動（2時間扱い）

## 2 本小単元の観点別目標

（①知識・技能、②思考・判断・表現、③主体的に学習に取り組む態度）

①宇宙速度の中でも第一宇宙速度（秒速約7.91 km）に到達するまでに必要な加速度を、等加速度直線運動を用いて求めることができる。また、打ち上げる方法として多段式ロケットを利用する案を提示し、運動量保存則を用いて計算することができる。

②宇宙速度と算出した加速度について、既存の知識で考察することができる。

③ロケットの打ち上げや加速度と宇宙速度の関係について自分の考えを述べるなど、主体的に取り組もうとする。

## 3 NIEとしての狙い

宇宙に関しては大半が未解明であり、生徒の興味・関心は高い。宇宙飛行士が長年往来してきた歴史をもつ国際宇宙ステーション（ISS）の記事で事象に関する想像力や関心を高めた上で、打ち上げに関する記事を取り上げ、ISSの軌道までの平均加速度について考えさせる。普段の生活で意識しづらい物理の理論と結びつけることで、物理を身近に感じさせたい。

## 4 本小単元の展開（全2時間）

| 時 | 学習活動 | 留意点／○資料等 |
|---|---|---|
| 1 | 国際宇宙ステーション（ISS） | |
| | •ISSの高度を確認する | •ISSは巨大な有人実験施設であり、上空約400 kmの位置にあることなどを伝える<br>•宇宙空間という特殊な環境を利用したさまざまな実験や研究を長期間行うためには、どのくらいの広さが必要なのかを想像させる<br>○資料12 |
| | 第一宇宙速度の算出 | |
| | •ISSの軌道上の速度である第一宇宙速度を算出する | •地球の半径をrとした場合、ISSの軌道の長さが2π（r＋400 km）となることから、等速円運動していると仮定した場合の運動方程式を立式（第一宇宙速度）させる<br>•宇宙航空研究開発機構（JAXA）が公表する実際の数値と比較させる |
| 2 | 平均加速度の算出 | |
| | •既存の知識を利用し、ISSに向けロケットを打ち上げる際の平均加速度を算出する<br>•ロケット打ち上げ動画から、運動量保存に関する知識と結びつくことを確認する | •初速度が秒速0 kmとして、等加速度直線運動の公式である $v^2-v_0^2=2ax$ から平均の加速度を算出させる。その際、単位に留意させる<br>•等加速度直線運動よりも複雑な運動について、既習知識で算出できることを伝える<br>•多段式ロケットの仕組みを確認させ、素材や燃料の質量など物理量が関係していることに気づかせる<br>○資料34 |
| | 関係する物理量や法則 | |
| | •今回算出した速度以外に、ISSやロケットの発射に関係していると推測される物理量や法則について、班ごとに話し合い、発表する | •ロケットで宇宙に向かうには気象条件など、さまざまな要因を分析・判断しなければならないことを理解させる<br>•できれば各班で最低3つの物理量や法則について発表させる<br>•これまでに打ち上げられた衛星などについても、記事を使って興味・関心を持たせ、物理に対する学習意欲を向上させる<br>•本事例は、等速円運動や運動方程式、等加速度直線運動など、既習知識を利用できるため、応用力に結びつけることもできる |

## 5 資料等

資料1 産経新聞
2021年5月7日付夕刊

### 「宇宙ワイン」推定１億円

#### ＩＳＳで14カ月熟成

【ニューヨーク＝共同】競売大手クリスティーズは、国際宇宙ステーション（ＩＳＳ）で14カ月熟成したフランス・ボルドー産の赤ワイン「ペトリュス２０００」＝**写真**（クリスティーズ提供・共同）＝を直接交渉によるプライベートセール方式で発売したと発表した。米メディアによると、ボトル１本の売却価格は推定１００万ドル（約１億９００万円）。

英ＢＢＣ放送によると、ペトリュス２０００の通常の価格は約６千ドル。

２０１９年11月、無人補給機シグナスでＩＳＳに送られたボトル12本のうちの１本で、今年１月14日に帰還した。３月にボルドーで実施された分析では「色や香り、味の成分に顕著な違いが認められた」としている。

植物がどのように宇宙の環境に適応するかを調べる研究の一環で、ワインに含まれるイースト菌やバクテリア、ポリフェノールの変化を見極める。収益は今後、同様の研究事業に使われる。

資料2 毎日新聞
2021年7月7日付夕刊

遠隔授業で小学生と交流する星出彰彦飛行士＝ＹｏｕＴｕｂｅのＪＡＸＡイベントライブ公式チャンネルより

### 星出さん 宇宙から授業

#### 全国の小学生向け配信

国際宇宙ステーション（ＩＳＳ）に滞在中の星出彰彦飛行士(52)が６日、全国の小学生に向けて授業をした。無重力空間で球形になった水を飲んだり、コーヒーと牛乳が混ざり合うかを実験したりして、地上の子どもたちを楽しませた。

授業は動画投稿サイト「ＹｏｕＴｕｂｅ」の宇宙航空研究開発機構（ＪＡＸＡ）の公式チャンネルで生配信。事前に寄せられた「宇宙一きれいな景色は」との質問には「高度４００キロのＩＳＳからは地球の一部しか見えないが、より遠くから丸い地球全体を見ることができれば、宇宙一きれいな景色だと思う」と答えた。

牛乳とコーヒーを混ぜる実験では、球形の二つの液体が一つになり、マーブル模様に。星出さんは「不思議な模様で、木星みたいな感じですね」と驚いた様子だった。

全国の小中学生には１人１台のパソコン端末が配備されており、効果的な活用例につながるとして、文部科学省とＪＡＸＡが企画した。東京都港区立麻布小では約１００人が参加し、６年生の田内蓮十郎さん(11)は「誰よりも近い距離で星を見たくなった」と目を輝かせていた。

資料3 東京新聞
2021年7月30日付夕刊

### 宇宙基地ぐらり トラブルで傾く

#### ロ実験棟が予定外噴射

【ワシントン＝共同】米航空宇宙局（ＮＡＳＡ）は29日、国際宇宙ステーションにこの日ドッキングしたロシアの実験棟「ナウカ」が予定外にエンジンを噴射し、ステーションが傾くトラブルが生じたと発表した。星出彰彦さんら滞在中の飛行士７人は無事。ＮＡＳＡによると、飛行士らは衝撃などの異変は感じなかったという。

この影響で30日（日本時間31日）に予定していた米航空宇宙大手ボーイングの新型宇宙船スターライナーの無人試験打ち上げを８月３日以降に延期する。

ＮＡＳＡによると、ナウカは打ち上げから約８日を経てこの日のステーション接続に成功。だが約３時間後、ロシアの飛行士２人が扉を開けようとするとエンジンを噴射した。ステーションが傾いたことに地上の運用管制チームが気付き、他に係留中のロシア貨物船プログレスのエンジンなどを使い正常に戻した。

このトラブルに伴い、地上との通信が４分間と７分間、２回にわたって途絶えたという。

資料4 北海道新聞
2021年9月21日付朝刊

#### ■中国、宇宙船ドッキングへ

【北京共同】中国は20日、海南省の発射場から無人宇宙貨物船「天舟３号」を運搬ロケット「長征７号遥４」に搭載して発射し、予定軌道への投入に成功した。建設中の独自宇宙ステーション「天宮」の中核部分にドッキングさせる。打ち上げは中秋節の連休に合わせたとみられ、宇宙開発の進展をアピールして国威発揚を図った。

ステーションは2022年に完成予定。中国メディアによると、今年10月に有人宇宙船「神舟13号」で３人の宇宙飛行士をステーションに送り込み、６カ月滞在する計画で、天舟３号には飛行士の生活必需品や船外活動用の宇宙服などが積まれているという。

中国は６月に宇宙飛行士３人を乗せた宇宙船「神舟12号」を打ち上げ、ステーションにドッキング。飛行士は３カ月の任務を終えて今月帰還した。今後も有人宇宙船と無人貨物船を相次いで送り、飛行士の交代と物資の補給を繰り返す計画だ。

# 最良の発電方法を考える

## 1 小単元名　化学反応とその利用（13時間扱い）

## 2 本小単元の観点別目標（①知識・技能、②思考・判断・表現、③主体的に学習に取り組む態度）

①化学反応について、酸化と還元の基本的な概念や原理・法則などを理解するとともに、科学的に探究するために必要な観察や実験などに関する基本操作、記録などの基本的な技能を身につける。
②化学反応について、観察、実験などを通して物質の変化における規則性や関係性を見いだし、表現する。
③化学反応に主体的に関わり、見通しをもったり振り返ったりすることを通して、科学的に探究しようとする。

## 3 NIEとしての狙い

再生可能エネルギーの割合を増やした方がよいことを学んでいるが、実際の社会では需要と供給のバランスが重要となる。新聞記事を通じて教科書には載らない社会の現実に触れるとともに、多面的・多角的に考察するためには1紙だけではなく複数の記事に目を通すことが重要であることに気づかせる。

## 4 本小単元の展開（全13時間）

| 時 | 学習活動 | 留意点／○資料等 |
|---|---|---|
| 1～7 | **酸化と還元、酸化剤と還元剤** | |
| | •「酸化と還元」「酸化数」を学ぶ<br>•「酸化剤と還元剤」「電子の授受と酸化還元反応式」「酸化剤と還元剤の量的関係」を学ぶ<br>•専用器具を用いた酸化還元滴定の実験 | •酸化と還元が電子の授受によって説明できることを理解し、酸化数を求め見比べることで酸化や還元を判断できるようにする<br>•代表的な酸化剤や還元剤について理解し、それらの水溶液中での反応式を作ることで、反応の量的関係を考えさせる |
| 8～12 | **金属の酸化還元反応、酸化還元反応の応用** | |
| | •「金属のイオン化傾向」「金属の反応性」を学ぶ<br>•実験観察で金属の陽イオンへのなりやすさを比較する<br>•「電池のしくみ」「実用電池」「金属の製錬」「電気分解」を学ぶ<br>•金属のイオン化傾向と電流の流れる向きを実験観察で比較する<br>•ダニエル電池や身近に使われている実用電池の構造や用途、特徴を調べ、発表する | •実験で金属の反応性に違いがあることに気づかせる<br>•酸などの反応性の違いは、金属のイオン化傾向と深い関係があることを理解させる<br>•金属の製錬には酸化還元反応が関わっていることに気づかせる<br>•金属のイオン化傾向と電流の流れる向きの関係性を考えさせる |
| 13 | **最良の発電方法を考える** | |
| | •火力、水力、風力、太陽光、地熱、潮力、原子力発電から、各自が一番良いと思う方法を選び、その理由をワークシートに記入する<br>•配布された記事から各自1つ選び、記事ごとにグループに分かれて意見交換する<br>•ジグソー法を使い、グループを替えて意見交換し、ワークシートにまとめる<br>•授業を通して学んだこと、考えたことをまとめる<br>•最良の発電方法について再考し、出した答えが変わった理由や変わらなかった理由を発表する | •1分で伝えることを意識しながらワークシートをまとめさせる<br>•各自が担当した記事の内容を伝え合うことで、記事ごとの情報の違いに気づかせる<br>•学習意欲の高い生徒には、自主研究としてバイオマス発電について考察させてもよい<br>•発展として、単元「化学が拓く世界」で蓄電技術や水素発電などの学習につなげることができる。また、物理基礎の単元としても活用できる<br>○資料1～4 |

## 5 資料等

資料1 毎日新聞 2018年10月14日付朝刊

# 九電、連日の出力制御

## 太陽光発電 きょうも62万キロワット

### 停電回避へ

九州電力は13日、九州域内の一部の太陽光発電を一時的に止める「出力制御」を離島以外で初めて実施した。九州の幅広い地域で晴天となったため、太陽光の発電量が増えて需給バランスが崩れ、大規模停電（ブラックアウト）に陥るのを防ぐのが狙い。13日は43万キロワット分を抑制する計画だったが、14日はそれを上回る62万キロワット分の太陽光を制御する予定だ。【浅川大樹】

14日は発電量が最大となる午前11時～11時半の時間帯に需要が758万キロワットにとどまる一方、供給力は1242万キロワットに達する見通し。揚水発電の水のくみ上げ動力などとして226万キロワットの電力を使うほか、九州と本州をつなぐ送電線「関門連系線」で196万キロワットの電力を送る措置を講じても、62万キロワット分の電力が余ってしまうため、連日の出力制御を決めた。出力制御は国のルールに基づくもので、原発や水力、地熱よりも先に太陽光発電を抑制する。

13日は午前11時半～午後4時に出力制御を実施。遠隔制御で電力が送電線に流れないようにするなどした。需要が最大（851万キロワット）となった同日午後0時半～1時の時間帯には、32万キロワット分の事業用の太陽光を止めた。トラブルの報告はないという。電力は、需要と供給が常に一致しないと周波数が乱れ、発電所の連鎖停止でブラックアウトにつながる恐れがある。

太陽光発電の一時停止イメージ

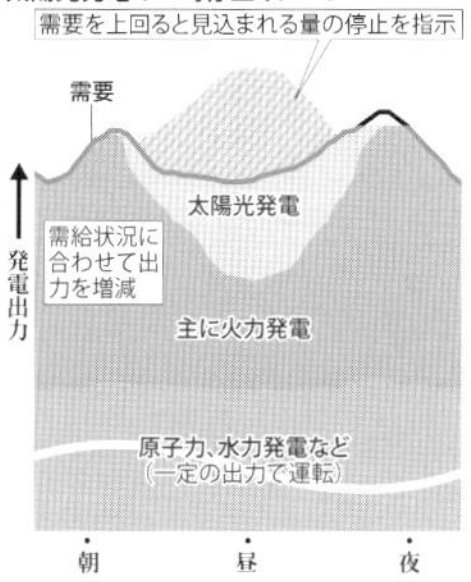


### 再エネの普及へ 態勢整備不可避

解説 太陽光発電による電力が行き場を失う事態が初めて現実化した。太陽光発電の業者へ補償がない「出力制御」が頻発すれば再生可能エネルギー普及の機運自体がしぼみかねず、政府や電力業界は対応を求められそうだ。

政府は今年7月に閣議決定したエネルギー基本計画で再エネについて「主力電源化」すると初めて明記。2030年度の発電電力量に占める再エネの比率（電源構成）は従来の目標を踏襲し、22～24％としている。九州は太陽光発電の急増で17年度時点で約20％に上る。目標達成が迫る中で起きたのが今回の出力制御だ。

再エネに詳しい東京大学の高村ゆかり教授（環境法）は「既存の送電網は再エネの主力電源化を前提に整備されていない」と指摘する。政府は太陽光発電などの受け入れ容量が少ない既存の送電線の運用を見直し、電力会社間で電力を融通する「連系線」を増強するよう促している。

ただ、連系線1カ所で1000億円単位の費用がかかり、増強の動きはまだ道半ば。再エネで余った電力を電力会社間でより多く融通できるような態勢整備が必要だ。一方、電気をためられる大規模蓄電池の低コスト化と普及も急務。「主力電源化」の旗を振る政府の本気度が問われている。【浅川大樹】

資料2 読売新聞 2018年10月14日付朝刊

### 九電、初の太陽光「一時停止」

九州電力は13日、九州の一部の太陽光事業者の発電所を一時停止させる「出力制御」を行った。電力の需給バランスが崩れて停電が起こるのを防ぐ措置で、離島を除くと全国初の大規模な実施となった。政府は再生可能エネルギーを将来の主力電源とする方針を掲げているものの、自然条件に左右される再エネ活用の課題が浮き彫りとなった。（西部経済部 丸谷一郎、経済部 畑仁優鋭）

九州の太陽光発電は急拡大してきた

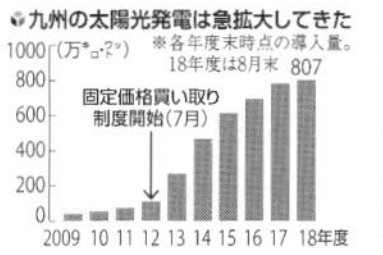


# 再生エネ 発電調整課題

## 気候が左右■蓄電 実用化に時間

スキャナー SCANNER

九州では太陽光発電所の普及が急速に進んだ（12日、熊本県荒尾市で）＝久保敏郎撮影

#### 「北海道」と逆

13日午前11時半、九電の中央給電指令所で、担当者が9759件の太陽光発電施設（出力計43万キロワット）を停止させる遠隔操作を行った。

発電停止の対象となった東京の事業者は「再生エネの普及には仕方がないが、（出力制御が）ないにこしたことはない」と話した。法律では、原則として発電を止めた事業者に電力会社が補償金を支払う義務がなく、事業者は電力収入を奪われる形になるからだ。

電力は需要（消費量）と供給（発電量）が一致しないと周波数が乱れ、停電が起きやすくなる。9月の北海道地震でほぼ全域が停電した「ブラックアウト」は、地震による発電所の停止で需要が供給を上回ったことが原因だった。

これに対し、九電の対応は、供給が需要を上回ることを見越したもので、北海道とは逆のケースになる。

13日の九州は、天候が良く太陽光の発電量が多く見込まれた一方、土曜日で工場や事業所が休みとなったほか、冷暖房需要が下がったことも一因だ。

九電は需給バランスを保つため、国のルールに基づき出力を抑制した。13日の総供給量を1293万キロワット、需要は828万キロワットを見込んだ。放流で発電する「揚水発電所」の水のくみ上げに電気を使い、蓄電池にもためて計226万キロワットを吸収。さらに他の電力会社に196万キロワットを送り、それでも余る43万キロワットを再エネの出力制御の対象とした。

九電は、好天が続く見通しの14日も、62万キロワットの出力制御を行うと発表した。日曜日でさらに電力需要が下がる可能性が高いためだ。13、14両日とも、出力10キロワット未満の一般家庭は対象にしていない。

#### 急拡大

今後も出力制御が頻繁に行われれば、再エネ発電には逆風となりかねない。

太陽光発電は、2012年7月に始まった「固定価格買い取り制度（FIT）」で普及が加速した。特に、九州は日照条件がよく土地が比較的安いことから参入が相次いだ。九州の面積が全国土の1割程度なのに対し、太陽光発電の設備量は全国の約2割を占める。

#### 不安定

政府は今夏に閣議決定したエネルギー基本計画で、30年に再エネによる発電割合を22～24％に引き上げ、主力電源とする方針を定めた。しかし、風力も含め、発電量が気候に左右される再エネは、火力や原子力に比べて不安定だ。今回の出力制御で、需給調整の難しさも明確になった。

九州の太陽光・風力発電の設備導入は全国の約2割を占める

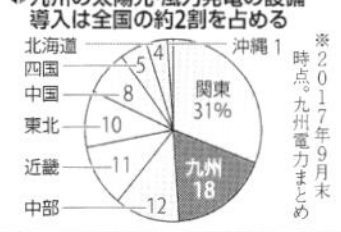


再エネ電力の活用策の一つには、送電網を増強して電力会社間の融通をしやすくする手段がある。九電も、本州などの電力会社に送電を行っている。ところが、現状では送電線の容量から流せる電気量は限られ、設備の増強には多額の投資が必要になる。電気をためておくのも一つの手だが、蓄電池の価格や容量の面で「実用化に時間がかかる」（経済産業省幹部）という。

出力制御の際に、事業者間に不公平感が生まれないようにすることも課題となる。九電は「年度末に（各事業者の停止回数が）同じになることが大事」（・九電系統運用部長）とし、システムで調整して対象事業者を選ぶとしている。

ただ、今回も停止を指示された事業者名は公表していない。14日に7施設の発電停止を指示するメールが九電から届いた福岡市の事業者の男性社長（44）は、「公平に選ばれているのだろうか」と疑問を口にした。

**ステップアップ**

今回は読み比べのために同じ日の新聞記事を用いたが、発電方法の特徴を考えさせるのであれば、原子力発電に関する記事や「最大火力停止　停電ドミノ」（朝日新聞 2018 年 9 月 7 日付朝刊）、「ウミガメ産卵　影響懸念」（読売新聞 2021 年 1 月 18 日付夕刊）、「送電予備的に遮断」（読売新聞 2021 年 2 月 16 日付朝刊）などの記事に替えることもできる。

資料3 朝日新聞 2018年10月14日付朝刊

# 余る電力 再生エネ岐路

## 太陽光発電 九電が抑制

再生可能エネルギーの主力の一つの太陽光発電が、九州では13日にあふれそうになった。大停電回避のために、発電事業者とつながる送電線を九州電力が一部切り離して発電量を抑えた。離島を除き国内初で、14日も行う予定。原発4基の再稼働も背景にある。他地域でも起こりそうで、知恵を絞る時期にきている。

九州は太陽光が多く、原発も再稼働

数字は万kW。カッコ内は各電力管内の昨年度のピーク時の電力需要。太陽光発電の接続量は、中部は昨年度末時点、それ以外は今年8月末時点。東京はホールディングス（HD）。

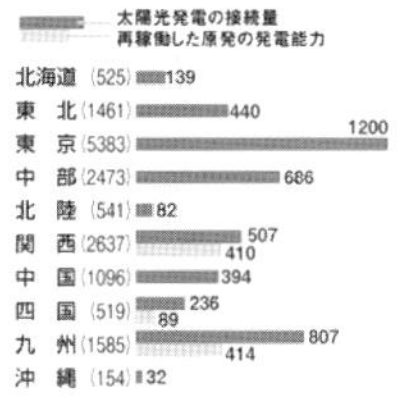


### 「主力」の原発を優先

朝から右肩上がりで伸びるグラフが急に横ばいになった。午前11時半。九電がホームページに載せる太陽光の受け入れ量だ。出力の小さな一般家庭を除く、約2万4千件の事業者のうちの9759件を遠隔操作で送電網から切り離した。

作業は午後4時までの間に行われた。午後0時半からの30分間に最も電力が余り、需要の851万キロワットに対し、1200万キロワット超の供給力があった。九電によると3分の1が原発という。九電は火力の出力を絞ったり、公的機関の調整で別の大手電力管内へ送電をしたりした。それでも電力が余り、この日は最大で43万キロワットを抑制した。一方、原発4基は通常運転を続けた。

「原発は動かすのに、再生エネを抑えるのは順序が逆だ」。約40カ所の太陽光発電所を運営する芝浦グループホールディングス（北九州市）の新地洋和社長は話す。「抑制回数が見通せず、事業計画が立てづらい」という事業者もいる。

電力は発電量と使用量のバランスが崩れると周波数が乱れ、大規模停電につながりかねない。出力抑制は国に認められている。

九電は2011年の東京電力福島第一原発事故後、再稼働を目指した全原発がこの夏までに運転を始めた。国のルールでは原発の発電を優先する。出力調整が難しいことなどが理由。世耕弘成経済産業相は「原発はベースロード電源の一つ」と強調する。

欧州でも再生エネの出力抑制は行われているが、ドイツやフランスでは需要に応じて原発で出力調整をした実績もある。そもそも燃料費がゼロで市場価格が安い再生エネが使われやすくなっているのが一般的だ。

国は30年度の電源構成に占める原発比率を20～22％、再生エネも22～24％とし、「主力電源化」を目指す。電力システムに詳しい都留文科大の高橋洋教授はいう。「時代遅れの概念で、旧来型の優先順位を維持するのは日本独特だ。日本が政策でどこまで再生エネを本気でやるかが問われる」

### 融通なら効率化

九州と本州側をつなぐ「関門連系線」でより多くの電力を本州側へ流せば余る電力をいかせそうだ。

再生エネの導入が進む欧州では、国境を越えて電力の融通が進む。一方、日本の大手電力は原則、自社管内での需給調整を前提にしてきた。自然エネルギー財団の大林ミカ事業局長は「日本全体でやりとりする発想に立つべきだ」と指摘する。

優先的に扱われる原発は需要の少ない夜中も一定レベルで動く。夜間電力を安くして給湯器などに活用してもらってきた。「いかに太陽光を使うか。九州から発信してほしい」と語る業界関係者もいる。

みずほ情報総研の蓮見知弘チーフコンサルタントは「電力の安定供給と、再生エネの導入拡大のバランスをどう取るか。再生エネを主力電源にしていくための過渡期に入った」とみる。（山下裕志）

資料4 河北新報 2018年10月14日付朝刊

# 太陽光 初の出力制御

## 九電、大規模停電を回避

### きょうも実施

九州電力は13日、太陽光発電の一部事業者を対象に、発電を一時的に停止するよう指示する出力制御を実施した。太陽光の発電量が増える日中に、電力供給量が需要を大きく上回ることで大規模停電が起こるのを回避するためで、実施は離島を除き全国で初。14日も実施される。国が定めたルールでは、原発などの稼働が優先される。今後も電力需要が下がる春や秋の休日に出力制御が頻発する可能性がある。再生可能エネルギーの導入意欲が後退する恐れもあり、政府の再エネ政策が岐路を迎えそうだ。

政府が東京電力福島第1原発事故を踏まえ、2012年に再エネ導入を促す固定価格買い取り制度（FIT）を導入して以降、各地で太陽光などの導入が進んだ。出力制御が頻発すれば事業者収支への影響は必至だ。

出力制御の背景には、再エネの増加に加え、6月までに九電管内の原発4基が再稼働したことによる供給力の底上げがある。15年にFITの施行規則が改正されて以降、再生可能エネルギー発電に新たに参入した事業者への制御は実施日数の制限がなくなり、制御が頻発化した場合の打撃は大きい。

太陽光発電の一時停止イメージ

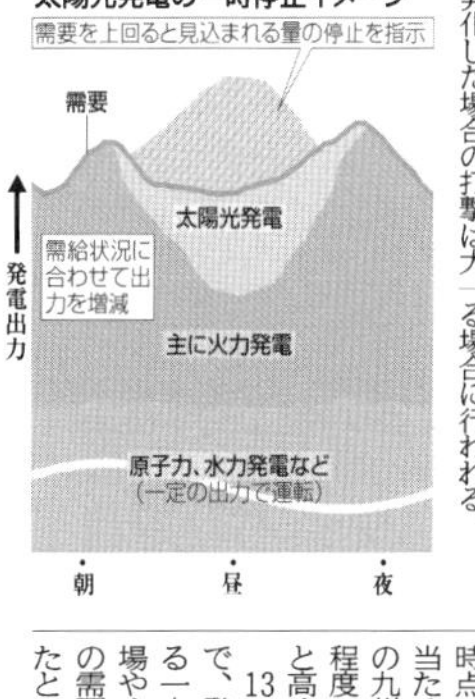


電力の需給バランスが崩れると、機器の損傷を防ぐため発電設備が自動停止し、最悪の場合は大規模停電に至る。出力制御は、こうした事態を防ぐため調整順を定めた「優先給電ルール」に基づき実施。太陽光発電の場合は先に火力発電の稼働を最大限抑えたり、他の電力地域に送電したりしても供給過多が見込まれる場合に行われる。

出力10キロワット以上の事業者約2万4千件から対象を選ぶ。13日は43万キロワット程度を制御する計画で、熊本を除く九州6県の9759件を対象とした。風力発電の制御は見送った。

16年度の国内発電電力量に占める再エネ比率は7・8％（水力発電を含めると15・3％）。気象条件に恵まれる九州の太陽光の送配電網接続量は、18年8月末時点で大型原発約8基分に当たる807万キロワット。17年度の九州の再エネ比率は16％程度（水力含め20％程度）と高めで推移している。

13日は九州全域が好天で、発電量増加が見込まれる一方、週末で休業する工場やオフィスが多く、大口の需要が減ることも影響したという。

本事例のNIE
**新聞活用**・新聞機能・新聞制作

事例のアクティブラーニングの重点
主体的・対話的で**深い学び**

# ノーベル賞受賞者から学ぶゲノム編集

## 1 小単元名

遺伝子・DNA（4時間扱い）

## 2 本小単元の観点別目標

（①知識・技能、②思考・判断・表現、③主体的に学習に取り組む態度）

①生物の特徴の1つである遺伝子、DNAについて理解し、遺伝の法則などの既習知識を整理して生命科学の知識を深める。
②生物の遺伝情報を書き換えるゲノム編集がもたらす恩恵だけでなく、懸念される点についても着目し、生命科学の展望に対する考えを深める。
③複数紙を比較したり、記事に書かれた出典元を手掛かりに自分でも調べたりして、よりよい情報を選択しようとする態度を養う。

## 3 NIEとしての狙い

ノーベル賞を取り上げることで生徒の関心を引き、生物化学の潮流を知るきっかけとしたい。各紙を読み比べることで視点や取り上げ方の違いを知り、さらに考えを共有することで他者との相違点に気づき、共通理解を図る。

## 4 本小単元の展開（全4時間）

| 時 | 学習活動 | 留意点／○資料等 |
|---|---|---|
| 1・2 | 各紙の読み比べで知る遺伝子・DNA | |
| | ・生命の基本である遺伝子、DNAとは何かを学ぶ<br>・ゲノム編集技術を開発したノーベル化学賞受賞者を取り上げた記事から、期待と懸念の両面を抽出し、ワークシートに記載する | ・血液型の遺伝から導入すると理解しやすい。遺伝子に関係する血液疾患に触れ、ゲノム編集の学習のきっかけとする<br>・全国紙、地方紙・地域紙、経済紙を読み、さまざまな側面から考察する<br>・通信社の配信記事や写真で構成された紙面もあることに気づかせる<br>・各紙の視点や書き方の違いなどにも注目させ、教科横断として「情報」の要素も加える。また新聞には、出典の明示により情報の信頼性を担保し、署名記事により誰が書いたのかが分かる仕組みもあることを伝える<br>・記事の出典先などを基に、生徒が主体的に調べるよう促す<br>○資料1～3 |
| 3 | ゲノム編集とその応用 | |
| | ・ゲノム編集が生物の遺伝情報を書き換える技術であることを確認する<br>・ゲノム編集に関する技術開発の歴史、遺伝子組み換え技術との違いを考える | ・「クリスパー・キャス9」などの用語を押さえる<br>・すでに農産物の品種改良や医療分野での研究に利用され、中国では「ゲノム編集ベビー」を作り出した研究者がいることも伝える（資料4） |
| 4 | ゲノム編集の課題 | |
| | ・どのような応用によりどんな恩恵が受けられるか、自分の生活に照らし合わせて考察する<br>・技術的、社会的、倫理的課題についてグループで話し合い、各自ワークシートにまとめて発表する | ・ゲノム編集を応用した医療行為や食品の安全性、技術の悪用、意図しない突然変異種の発生などの可能性を踏まえ、社会の共通理解が得られるか、法律をどのように整備すべきかなど、多面的に思考させたい |

# 5 資料等

## 資料1 北海道新聞 2020年10月8日付朝刊

# ノーベル化学賞 仏米2氏

## 「ゲノム編集」で新手法

【ストックホルム共同】スウェーデンの王立科学アカデミーは7日、2020年のノーベル化学賞を、生物のゲノム（全遺伝情報）を効率的に改変できる「ゲノム編集」の新手法を開発した欧米の女性研究者2人に授与すると発表した。フランス出身でマックス・プランク感染生物学研究所（ドイツ）のエマニュエル・シャルパンティエ所長(51)と、米カリフォルニア大バークリー校のジェニファー・ダウドナ教授(56)。

ゲノム編集技術は複数の種類があるが、2人が共同で12年に開発した「クリスパー・キャス9」は格段に扱いやすいのが特長。同アカデミーは、がんなどの新たな治療法開発につながりつつあることに触れ「生命科学に革命的なインパクトを与えた」と評価した。新型コロナウイルスの検査法開発にも応用されている。

2人は細菌がウイルスから身を守る仕組みを研究。細菌が「はさみ」を使い、侵入したウイルスのDNAを切断する詳しい仕組みを解明した。さらに、このはさみと、生命の設計図と呼ばれるDNAの特定の部分にくっつくように設計した「案内役」の物質を一緒に細胞に導入すれば、狙った通りの遺伝子改変ができることを示した。

受賞はならなかったが開発には日本人も貢献した。九州大の石野良純教授が1987年に特定した大腸菌の遺伝情報の一部が、案内役として使えることが後に分かった。

一方で18年11月には、この技術でエイズウイルス（HIV）に感染しないよう遺伝子改変した人間の受精卵から双子が生まれたと、中国の研究者が報告。安全性が確立していないため激しい非難を招いた。身長や知能を改良した子ども「デザイナーベビー」がつくられる懸念もあり、規制の議論が世界で進んでいる。

エマニュエル・シャルパンティエ氏

68年、フランス生まれ。51歳。95年、フランス・パスツール研究所で博士号取得。ドイツのマックス・プランク感染生物学研究所長。ガードナー国際賞、日本国際賞などを受賞。

ジェニファー・ダウドナ氏

64年、米国生まれ。56歳。89年米ハーバード大で博士号取得。米カリフォルニア大バークリー校教授。ガードナー国際賞、日本国際賞などを受賞。

### 遺伝子の改変 倫理的な課題

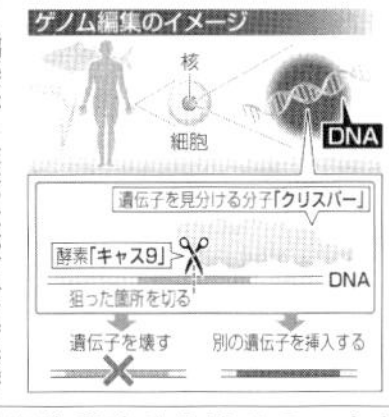


＜解説＞ゲノム編集は、パソコンで文章を切り貼りするように、生物の設計図である遺伝子をピンポイントで壊したり、別の遺伝子を挿入したりする技術だ。

従来の遺伝子組み換え技術より、はるかに効率的で、応用の可能性は計り知れない。ただ意図しない遺伝子改変が起きる恐れもあり、どこまで技術の利用を認めるのか倫理面での議論も求められている。

ノーベル化学賞の2人が開発した「クリスパー・キャス9」法は微生物から動物、植物まで遺伝子を簡単に操作でき、爆発的に普及している。

医療研究も進む。遺伝子組み換え技術は異常な遺伝子を残したまま、外から正常な遺伝子を組み込む手法が主流で、白血病のような予期せぬ副作用が起きたこともある。一方、ゲノム編集は異常な遺伝子そのものを修正できるのが長所で、既に複数のがんで免疫細胞を標的とした臨床試験が始まっている。

ただ高精度とはいえミスの可能性はあり、受精卵にこの技術を使うと次世代以降まで影響が及ぶ恐れもある。安全性をどこまで確かめれば十分なのかは議論の途上だ。日本では人の受精卵への応用は、国の指針で生殖医療などの基礎研究に限って認められており、母体に戻して妊娠させることは禁止されている。中国でゲノム編集した受精卵から双子が誕生したように技術の理解が不十分なまま応用が先行する懸念は残る。

## 資料2 日本経済新聞 2020年10月8日付朝刊

# ゲノム編集 ノーベル化学賞

## 米仏2氏に 難病治療や品種改良に

スウェーデン王立科学アカデミーは7日、2020年のノーベル化学賞を、生命の設計図である遺伝子を効率的に改変する新技術「ゲノム編集」を開発した米仏の2氏に授与すると発表した。医療や農作物の改良など、生命科学全般で広く応用できる画期的手法だと高く評価した。一方で人の受精卵の遺伝子操作が可能になるなど倫理的な問題も指摘されている。

授賞理由は「ゲノム編集手法の開発」。受賞するのは米カリフォルニア大学バークレー校のジェニファー・ダウドナ教授と、仏出身で独マックス・プランク感染生物学研究所のエマニュエル・シャルパンティエ所長。

授賞式は12月10日にオンラインで開く。賞金は1000万スウェーデンクローナ(約1億2000万円)で、2氏で分ける。

遺伝子を改変する技術は20世紀後半から様々な手法が存在していたが手間や時間がかかり、改変の自由度も低かった。12年に2氏が発表した「クリスパー・キャス9」は生物のDNAを狙った場所で切断できる。従来より簡単で精度も高く、生命科学の研究に欠かせない実験手法になった。

使い勝手のよいクリスパー・キャス9は農水産物の品種改良で成果をあげている。近畿大と京都大は筋肉量が多いマダイを開発した。筑波大の江面浩教授は血圧の上昇を抑える効果のある物質が多いトマトを作った。今回の受賞について江面教授は「人類の将来に貢献する技術の一つと評価されたのだと思う」と話す。

医療応用も進む。米国では、がん治療のために患者の免疫細胞を強化して戻す「CAR—T療法」にゲノム編集を活用する臨床試験が実施された。新型コロナウイルスの検出にゲノム編集を応用する動きもある。

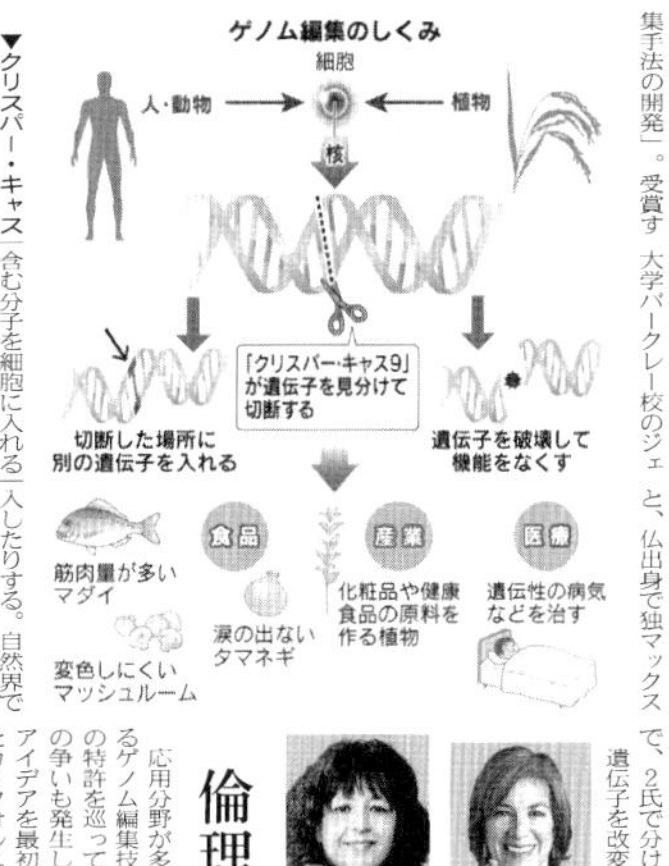


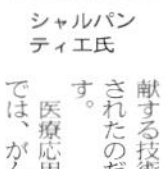

シャルパンティエ氏

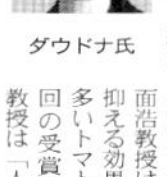

ダウドナ氏

### 技術の基礎は日本人が発見

ゲノム編集技術「クリスパー・キャス9」の基礎となった遺伝子配列「クリスパー」を見つけた九州大の石野良純教授は7日夜に記者会見した。

「うれしく思っているし、興奮している。2人に心からお祝い申し上げたい」と喜んだ。

石野教授はクリスパーを発見し、1987年に論文を発表した。「最初に発見したときは機能が何も分からなかった」とし「あまりにもきれいな繰り返し配列で間違いなく何かあると思った」と振り返った。

受賞した2人には「こういう技術を生み出してくださってありがたい」と感謝。「クリスパーが人類に役立つ技術開発につながり評価されたのは非常にうれしい」と述べた。

### 倫理や安全性に課題も

応用分野が多岐にわたるゲノム編集技術は、その特許を巡って研究者間の争いも発生している。アイデアを最初に発表したカリフォルニア大や、その技術を動物などの真核生物で実現した米ブロード研究所など、複数の研究団体が関連特許を主張し、各地で訴訟や審判が起きている。まだ最終決着はついておらず、関連業界が各国の司法判断を注視している。

倫理的な問題も指摘されている。18年には中国の研究者がエイズの感染予防を目的に人の受精卵の遺伝情報を改変して双子が生まれたと発表した。ゲノム編集技術に携わる世界の研究者らが激しく抗議し、中国政府が発表した研究者を処罰するなど波紋が広がった。

ゲノム編集技術は画期的ではあるが、安全性が確立されていない未成熟な技術だ。DNAを切断する際、狙った場所と異なる部位が切れてしまう現象が確認されており、医療応用の際のハードルになっている。中国の受精卵の改変が非難を受けたのも意図せぬ遺伝子の改変が子孫に遺伝する可能性があるためだ。

一方、将来的にはゲノム編集は遺伝性の病気の根本的な治療法になるとの期待もある。切断部位の精度を高めるなどのゲノム編集を成熟させる技術開発だけでなく、技術を明確なルールの下で使うための社会全体の議論が欠かせない。

▼クリスパー・キャス9　狙った場所でDNAを切断する技術のこと。キャス9と呼ぶDNAを切断する酵素と、切断したい場所の遺伝子配列を含む分子を細胞に入れると、この分子とぴったり合う部位でDNAが切れる。特定の遺伝子の機能を失わせたり、切断した場所に新たな遺伝子を挿入したりする。自然界では細菌がクリスパーと呼ぶ特殊な遺伝子配列とキャス9を用いウイルスなどのDNAを切断し、感染から身を守っている。

## 資料3 十勝毎日新聞 2020年10月8日付

# ゲノム編集ノーベル賞

## 化学賞 技術開発 仏米の2氏

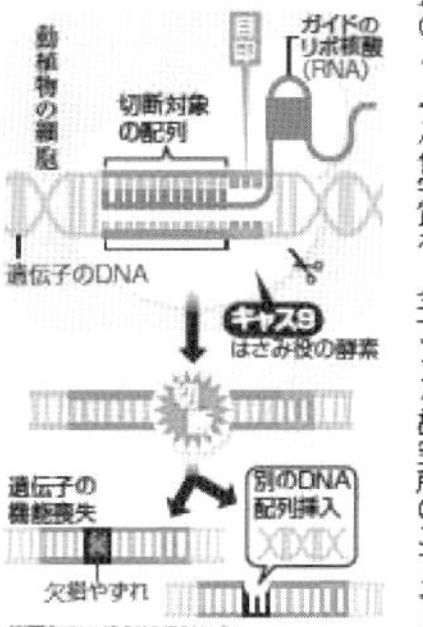


ゲノム編集技術 「クリスパー・キャス9」の仕組み

スウェーデン王立科学アカデミーは7日、2020年のノーベル化学賞を、全遺伝情報（ゲノム）を効率良く改変できる「ゲノム編集」で画期的な技術を生み出したドイツ・マックスプランク研究所のエマニュエル・シャルパンティエ教授（51）＝フランス国籍＝と、米カリフォルニア大バークリー校のジェニファー・ダウドナ教授（56）＝米国籍＝に授与すると発表した。

ジェニファー・ダウドナ氏（左）とエマニュエル・シャルパンティエ氏＝2016年3月（EPA時事）

2人が開発し12年に発表した技術は「クリスパー・キャス9」と呼ばれ、DNAの塩基配列を狙った部分で切断し、挿入、置換できる。遺伝子の操作を従来の技術より高い精度で簡単にできるため急速に普及した。がんなどの遺伝子治療や創薬、農作物の品種改良に応用が進んでいる。

ただ、人の受精卵を改変する試みも行われるようになり、将来は生まれつきの難病を防げると期待される一方、親が子の容姿を好みに変える事態などが懸念される。

クリスパー・キャス9は、細菌の一種である化膿（かのう）連鎖球菌の免疫システムを応用した技術。標的とするDNA配列に導くガイド役のリボ核酸（RNA）と切断する酵素（タンパク質）で構成される。動植物などの細胞に入れると、狙った遺伝子のDNA配列が切断され、挿入や置き換えもできる。

技術の基礎には、大阪大の石野良純さん（63）＝現九州大教授＝らが発見した遺伝子の繰り返し配列がある。王立科学アカデミーの業績解説文には、石野さんらが1987年に発表したこの論文も紹介された。

## 資料4 読売新聞 2019年12月31日付朝刊

# 「ゲノム編集ベビー」実刑

## 中国 3人誕生させた研究者

【北京＝中川孝之】中国国営新華社通信によると、中国広東省深圳市の南山区人民法院は30日、人の受精卵を「ゲノム編集」技術で遺伝子改変し、双子を含む子供3人を誕生させた中国人研究者の　被告に懲役3年、罰金300万元（約4700万円）の判決を言い渡した。被告は公判で罪を認め、反省の態度を示したという。

判決によれば、被告は南方科技大学の副教授だった2016年から、営利目的で深圳などの医療機関に所属する2人と共謀し、偽造した倫理審査資料を提示するなどして、夫がエイズウイルス（HIV）に感染した夫婦を募集。ゲノム編集を行った受精卵で2人を妊娠させ、3人の子供が誕生した。判決は、被告らが「国家の関連規定や医学倫理に反すると明確に知っていた」と断定した。共犯の2人も有罪が言い渡された。

### 安全・倫理に問題 厚労省規制検討

現在のゲノム編集技術では、目的以外の遺伝子を改変してしまう可能性が残り、安全面で問題があるとされる。一方、親の望む才能や外見を持つ赤ちゃん「デザイナーベビー」の誕生につながるという倫理的な課題も指摘されている。

日本では遺伝子改変した受精卵を子宮に戻す研究を文部科学省と厚生労働省の指針で禁じているが、不妊治療クリニックなどでの医療行為を規制する法律はない。中国での問題を受け、国内でも法規制を検討すべきだとの議論が高まった。現在、厚労省が中心となって検討を進めている。

海外では、英国、ドイツ、フランスが以前から人の受精卵の改変を法律で規制しており、ゲノム編集も規制の対象となっている。いずれも懲役などの罰則付きだ。米国は臨床応用の審査に政府が予算を出すのを禁じることで、実質的に規制している。

また、世界保健機関（WHO）も今年3月、専門家を集めた諮問委員会を発足させ、ゲノム編集を施した受精卵で出産させる研究を容認しない方針を決定した。

# 社会環境と生活習慣病

## 1 小単元名
生活習慣病の予防と回復（3時間扱い）

## 2 本小単元の観点別目標
（①知識・技能、②思考・判断・表現、③主体的に学習に取り組む態度）

①生活習慣病が個人の生活習慣だけでなく、社会環境にも起因する疾病であることを理解し、予防法や回復法を身につける。

②生活習慣病を取り上げた記事から課題を発見し、解決方法を考えたり、適切な解決方法を選択し提案したりする力を身につける。

③生涯を通じて活力に満ちた健康で明るい生活を送ることができるように、生活習慣病の予防に関する環境づくりに関心をもち、健康の維持・増進や回復を目指す実践力を身につける。

## 3 NIEとしての狙い

生活習慣病は、個人を取り巻く社会環境にも深く関与する疾病の総称であり、幅広い知識やさまざまな視点からのアプローチが必要である。記事の活用により正しい知識や最新の情報に触れ、予防や回復のための有効な方法について多面的に考えさせたい。また、生活習慣病の予防と回復に向けた自分の考えを「はがき新聞」（短い文章やイラストを添えたはがきサイズの新聞）の形で表現させたい。

## 4 本小単元の展開（全3時間）

| 時 | 学習活動 | 留意点／○資料等 |
|---|---|---|
| 1 | 生活習慣病を知る | |
| | •生活習慣病に関する記事を読み、感想や意見を共有する<br>•生活習慣病の原因やリスクなど、興味・関心をもったことを調べて、ワークシートに記入する<br>•調べた内容をペア、全体で共有後、本時の学習をまとめる | •生活習慣病が日頃の食生活や運動量だけでなく、社会環境と関連していることや新型コロナウイルス感染症の重症化リスクでもあることに気づかせる（資料1）<br>•生活習慣病のリスクは飲酒と喫煙に関係があり、早期発見・早期治療が重要であると理解させる（資料2） |
| 2 | 生活習慣病の予防と回復のための取り組みを調べる | |
| | •前時にまとめたワークシートの内容をペアで共有し、振り返る<br>•生活習慣病の予防と回復の取り組みに関する記事を読み、感想や意見を共有する<br>•ペアで意見交換し、興味・関心をもったことを調べて、ワークシートに記入する<br>•調べた内容をペアで共有後、本時の学習をまとめて、全体に発表する | •個人の生活面だけでなく、社会環境の側面からも考察させる（資料3） |
| 3 | 学んだことを「はがき新聞」にまとめて共有する | |
| | •前時にまとめたワークシートの内容をペアで共有し、振り返る<br>•ワークシートの内容を基に、「はがき新聞」にまとめる<br>•「はがき新聞」をペアで共有し、気づいたことを指摘し合う。必要に応じて加筆修正する<br>•全体で発表する | •過去の作品例を示しながら、新聞制作上の注意点（題字、見出し、編集後記を必ず入れる等）を伝える<br>•「はがき新聞」の裏面に「デザイン・内容・新聞の形態」に関する評価観点をルーブリックで示し、自己評価、相互評価をさせる<br>•完成した作品は校内のNIEコーナーに掲示するとよい<br>○資料4 |

## 5 資料等

資料1 朝日新聞 2021年10月10日付朝刊

# 働き盛りの死者 8割が男性

## 肥満や糖尿 ストレス影響も

東京都内で新型コロナに感染した死者を分析すると50代以下では男性が8割を占める。若年から中年の働き盛りの世代が重症化する要因の一つが、肥満や糖尿病とされ男性がなりやすい傾向にある。専門家は食生活の乱れやストレスが背景にあると指摘し、「誰もが直面しうる問題」と注意を呼びかける。（関口佳代子）

「若い人でECMO《エクモ》（体外式膜型人工肺）や人工呼吸器をつける患者は、圧倒的に男性が多い」

そう話すのは、昭和大学病院（東京）の相良博典病院長だ。同病院では昨年2月からコロナ患者628人が入院。第5波の7~9月には計195人を受け入れたという。

第5波で目立ったのは40~50代男性の重症化だ。糖尿病や高血圧を抱えていたり、体格指数（BMI）が肥満を示す25を大きく超えていたりする患者も少なくなかったという。

訪問診療でコロナ患者を診てきた新宿ヒロクリニックの英裕雄院長も「肥満の人は明らかに悪化する傾向があった」と話す。8月は常時70人前後の患者を抱え、50代以下が9割を占めた。女性よりも男性の方が肥満の患者が多く、肥満と糖尿病を抱えた20代男性が酸素投与が必要になったケースもあった。

都の発表によると、9月27日時点の死者は2883人。うち50代以下の267人では、男性が216人（81・0%）、女性は51人（19・1%）と大きな差が出た。都内の重症者が最多となった8月28日の297人の男女比も男性225人（75・8%）、女性72人（24・2%）だった。

### 入院リスク高く

こうした傾向の一因とみられるのが、重症化しやすいとされる肥満や糖尿病を抱える割合が男性の方が比較的高いことだ。都が9月に発表した50代以下の死者のうち少なくとも3割が肥満か糖尿病を抱えていた。肥満や糖尿病はどんなリスクをもたらすのか。

北里大学の研究グループは、昨年1~11月の米国のコロナ患者2万8095人分の電子医療記録データを解析。「65歳以上」「男性」「2型糖尿病」「肥満（BMI30以上）」のリスクを分析した。その結果、入院に至る危険性は、あてはまる項目が一つだと3倍、二つだと6・5倍、三つだと16倍、四つだと19倍に高まっていた。

植松崇之・北里大学メディカルセンター研究部門室長補佐によると、肥満や糖尿病になると免疫機能が全般的に低下する。体内に慢性的な炎症が起き、内臓脂肪が増えることで、肺換気量が低下することもリスクが高まることに関係しているという。

### 労働環境も問題

男性の方が肥満や糖尿病になりやすいのはなぜか。

糖尿病や摂食障害の治療を続ける九州中央病院の野崎剛弘・メンタルヘルスセンター長は、ホルモン分泌の違いで男性の方が内臓脂肪が蓄積しやすい傾向にあると指摘する。

野崎氏は長時間になりがちな労働環境にも問題が潜むと警鐘を鳴らす。男性は健康診断で問題があっても自分の体を気遣う余裕がなく、自覚症状が出るまで放置しがちな傾向にあるという。本人が自覚しないままストレスをため、暴飲暴食する生活が常態化している患者も少なくないという。

伊藤公雄・京都産業大学教授（ジェンダー社会学）は、社会に根強く残る男性像が起因するとみる。「強く、たくましくあることが求められ、健康に配慮しないで我慢するカルチャーがある」

幼少期にジェンダーの役割を押しつけられることの弊害も指摘する。「料理や洗濯に子どもの頃から関われるようにすることが必要。生活の力を身につける中で、自分の身体にも目配りするようになるのでは」

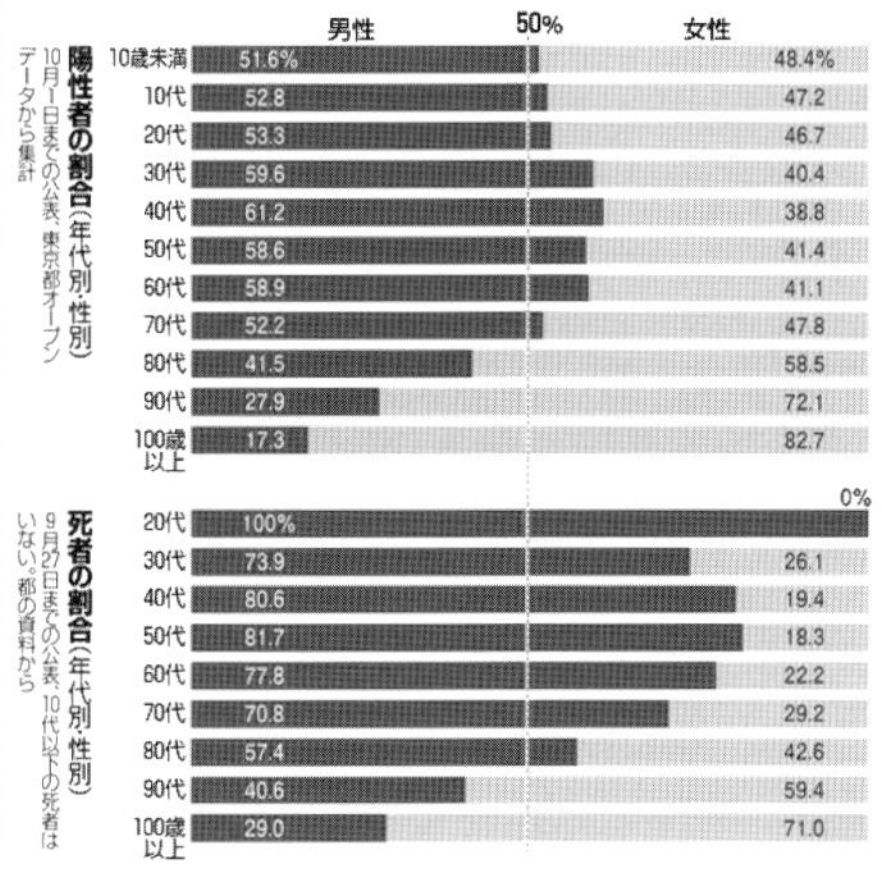


**肥満・糖尿病リスクの注意点**

九州中央病院の野崎剛弘医師への取材から

- □ 朝食を食べないことが多い
- □ 自炊をする余裕がない
- □ コンビニを利用する機会が多い
- □ 野菜の摂取が少ない
- □ 勤務時間が不規則、デスクワーク、残業が多い
- □ 運動不足
- □ 気分が変わりやすくなった、意欲の低下、憂鬱(ゆううつ)気分、疲労感が続く
- □ 慢性的なストレスの持続
- □ 食べたり飲んだりしてストレスを解消している
- □ 睡眠が5時間以下
- □ スマートフォンを見る時間が長い
- □ 健康診断を受ける機会がない。健診の結果を放置している

資料3 千葉日報 2021年11月12日付

# 夜10時台に寝るのが最適

## 英調査 心疾患リスク最小に

【ロンドン共同】普段午後10時台に就寝する人は、他の時間帯に寝る人より心臓や循環器の疾患を発症するリスクが低い可能性のあることが、英エクセター大などの研究チームによる調査で明らかになった。

研究チームや英PA通信によると、2013年から15年にかけて英国内の43~79歳の男女約8万8千人を対象に、ウエアラブル装置を手首に装着させて就寝時間のデータを7日間収集。その後、平均して6年弱にわたって健康状態を調べた。

その結果、3100人強の人が心臓や循環器の疾患を発症。就寝時間ごとに詳しく分析すると、午前0時以降に寝る人の発症リスクが最も高く、午後10時台の就寝より25%高かった。午後10時より早く寝る場合は24%、同11時台に寝る場合も12%それぞれ高かった。

研究チームは、睡眠と心疾患の発症に因果関係があるとは結論付けられないものの、午後10時台以外に就寝した場合は「体内時計を狂わせ、心臓や血管の健康状態に悪影響を及ぼす可能性がより高いことを示している」と説明した。

**ステップアップ** ICT（アプリ等）を活用して、生徒の感想や意見を共有し、視覚化させるとよい。対話的で深い学びを促すことができる。

資料2 読売新聞 2021年10月4日付朝刊

医療ルネサンス №7620 食道がん ③/5

# 多量飲酒や喫煙 リスク

2018年末。大阪市東住吉区の税理士、　さん(74)は忘年会で連日、お酒を飲んでいた。飲食のたびに胸と腹部の奥にわずかな違和感があった。げっぷの回数も増えた。これらの異常が、がんを早く見つけるきっかけとなった。

年明けに受診した市内の病院では、医師に「胃液の逆流による食道の炎症が原因」と言われた。「念のため詳しく調べよう」と、内視鏡検査を予約した。検査は麻酔で30分間眠るうちに終わった。

その後、予期せぬ診断を聞いた。「食道がんです。長く放置するとこぶのようになり、水も飲めなくなるかもしれません」。医師の言葉に、親の代から通算60年余り続けた事務所をたたむ覚悟をした。「万が一の時は頼む」と同業の親類に取引先を引き継ぐ準備もした。

大阪国際がんセンターで改めて検査を受け、内視鏡センター長の　さんから、「早期がん」との見立てを伝えられた。がんは食道の内側から厚さ約4ミリの壁の外方向に進行する。　さんのがんは、内側表面の粘膜にとどまっていた。

　さんの勧めで内視鏡治療を受けることにした。内視鏡の先から出る電気ナイフで患部だけをはぎ取る手法で、食道を残せて体の負担は最小限で済む。がんを取り切れば5年間の再発率は1%程度で、高い生存率が望めるという。

　さんは19年4月、麻酔で眠ったまま2時間の治療を受けた。5日で退院し、痛みも数週で治まった。その後の診察で、がんを取り切ったこと、転移の心配もないことが分かり、やっと心が落ち着いた。

　さんに、発病した理由を尋ねてみた。答えは「多量の飲酒とたばこ」。お酒が弱い体質の人はリスクが高めだという。若い頃、少量の飲酒でも顔が赤くなった人は、飲める量が増えたとしても要注意らしい。　さんは約20年前に禁煙したが、長年お酒は欠かさなかった。

食道がんは、初期段階では自覚症状が表れにくいのが特徴だ。進行して見つかるケースも多い。

　さんは「飲酒量が多く、喫煙習慣がある人は、1~3年に1回は内視鏡検査を受けたほうがよい」と助言する。

内視鏡検査に抵抗感を持つ人もいる。　さんは、口の粘膜の色を調べるだけで、食道がんのリスクが高い人を見つける検査法の実用化を目指している。

　さんは今夏の検査でも、再発がないと確認した。飲酒もやめた。「発症してすぐ検査を受けたので、幸い早期にがんを見つけられた。丈夫な体を取り戻せたので、地域のために働き続ける」と誓っている。

「早期発見のおかげで以前と変わらない生活ができている」と話す　さん

※過去記事はヨミドクターで

資料4 生徒作品

## 健康づくりに必要な運動

### 運動の種類と効果

運動には様々な種類があります。酸素を十分に取り入れる有酸素運動は、循環器系の能力や持続的に運動できる筋肉を発達させます。また、筋肉に強い負荷をかける運動は、筋肉を維持、向上させ、転倒や寝たきりの予防などに効果があります。走ったりすると骨折を予防するなどします。

### 健康づくりのために必要な身体活動の量

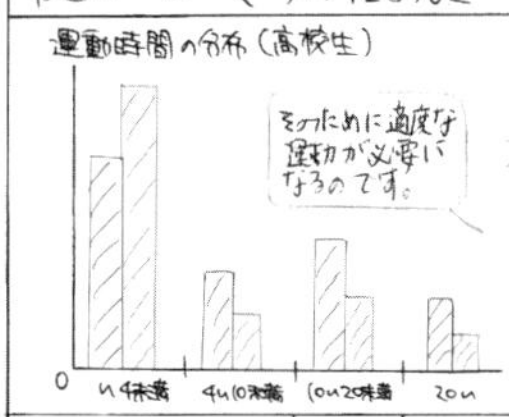


健康のための運動には、適切な運動が必要です。運動量が少ない場合、生活習慣病などになる可能性が高まるなど、身体に様々な影響が出てきます。

### 運動のための環境づくり

現在の私たちは、日常的に運動を行える環境にあります。しかし、進学や就職のあとは、自分で意識して運動時間を確保しないと継続して運動することが難しくなることが分かります。

私は部活に入っているので普通の人よりかは運動しているけど、やりすぎずに注意しながら行いたいです。

# 新聞を「見る・読む」から「表現」へ

## 1 小単元名

**報道写真とアート写真**（「見る」アプローチ）、**社会派絵画の制作**（「読む」アプローチ）（12時間扱い）

## 2 本小単元の観点別目標

（①知識・技能、②思考・判断・表現、③主体的に学習に取り組む態度）

①新聞の記事や写真から得た対象や事象を捉え、造形表現につなげる過程について理解を深めるとともに、意図に応じて表現方法を創意工夫し、感じたことや考えたことを新聞を用いた言語活動を通して視覚的・創造的に表すことができる。

②美術と実社会との関係について考え、生活や社会の中から自ら主題を生成し、構想を練る。造形的な良さや美しさ、創意工夫のみならず、表現の意図や社会への問題意識をもちながら、美術の役割について考えを深め、社会派絵画を制作する。

③新聞を契機に幅広い創造活動に主体的に取り組み、生涯にわたり美術を愛好する心情と、美術を通して社会に関わる意識を育む。また、感性を高め、美術文化に親しみ、心豊かな生活や社会を創造していく態度を養う。

## 3 NIEとしての狙い

美術で大切なことは、自らの思いや考えを表現し、他者へ伝えることである。新聞を契機に主題を生成することは、「見る・読む」から「表現」へとつなげることであり、活字や写真から造形的な見方や考え方に関する資質・能力の育成を狙う。

## 4 本小単元の展開（12時間＝上段「報道写真とアート写真」、下段「社会派絵画の制作」）

| 時 | 学習活動 | 留意点／○資料等 |
|---|---|---|
| 1・2 | 報道写真とアート写真――「見る」アプローチ①探索 | |
| | •写真の構図や見せ方について学ぶ<br>•報道写真とアート写真を１枚ずつ紙面から選び、写真と記事から気づいたことをワークシートに記入する | •新聞に掲載された写真の構図や見せ方の観点から、報道寄りかアート寄りかを判断させる<br>•記事を併せて読むことで、写真に込められた意図や撮影の工夫について理解させる（資料1） |
| 3・4 | 報道写真とアート写真――「見る」アプローチ②撮影 | |
| | •記者になったつもりで、報道写真とアート写真を撮る<br>•報道写真とアート写真から１枚ずつ選ぶ | •撮影のマナーやルールを確認する（撮影許可を得る、等）<br>•生活や社会に問題意識をもちながら造形的な視点で捉えさせる。自分が伝えたいことは何かを明確にし、効果的な構図や見せ方を考えて、対象となるモチーフを探して撮影させる（資料2） |
| 5・6 | 報道写真とアート写真――「見る」アプローチ③鑑賞 | |
| | •選んだ写真にキャプション（見出し、撮影意図などの説明）をつける<br>•各自写真をプレゼンし、鑑賞・講評し合う | •キャプションによる言語表現を加えることで、自らの意図や考えを効果的に伝えさせる<br>•相互鑑賞により作者の心情や意図、表現の工夫について考えさせ、自己の価値観や美意識を醸成する |
| 1・2 | 社会派絵画の制作――「読む」アプローチ①構想 | |
| | •社会における美術の役割を歴史から学ぶ<br>•選んだ記事から着想して、絵画制作の構想をワークシートに記入する | •絵画等が報道の役割を担ってきた時代の美術作品を鑑賞資料で示す<br>•記事や写真から何を感じ、何を考え、そこから何を表現したいのかについて具体的に言語化しながら主題を設定させる |
| 3～5 | 社会派絵画の制作――「読む」アプローチ②制作 | |
| | •記事を読んで感じたこと、考えたことを視覚的なイメージに変換し、表現の意味を考えながら絵画制作する | •主題となる対象や事象に対し、意図に応じて技法や表現方法を創意工夫し、造形的な視点で自分なりの意味や価値をつくりだすよう助言する<br>•伝えたい内容をより深めて明確な表現につなげ、他者に伝えるという意識をもちながら美術の働きについて実感的に捉えさせる |
| 6 | 社会派絵画の制作――「読む」アプローチ③鑑賞 | |
| | •完成作品にキャプション（作品の解説、制作意図などの説明）をつける<br>•ワークシートと併せて作品をプレゼンし、鑑賞・講評し合う | •キャプションを書かせることで作品内容と制作意図を言語化させ、制作過程を振り返らせる<br>•相互鑑賞により作者の心情や意図、表現の工夫について考えさせ、自己の価値観や美意識を育成する（資料3） |

## 5 資料等

いずれも毎日新聞2021年5月21日付朝刊

資料 1 生徒作品

報道写真とアート写真～新聞の写真から学ぶ～

新聞名 毎日新聞　発行年月日、曜日 2021年5月21日(金)

①報道写真（写真・記事貼付。枠内に入りきらない場合は折って貼る）

# ガザ空爆 また眠れぬ夜

イスラエル軍に空爆され、倒壊した集合住宅＝パレスチナ自治区ガザ地区ガザ市で16日午後1時3分

### 検問所封鎖／爆音1時間に1回

地鳴りのような音が夜の闇に響く。鼓膜を震わせるドドーンという衝撃音を耳にするたび、頭上に岩石が落ちたような錯覚に陥る。私が取材を続けているのはパレスチナ自治区ガザ地区ガザ市。ここを実効支配するイスラム組織ハマスの幹部らに対し、イスラエル軍が連日の空爆を続けている。「また始まったか」。市民はその音を聞き、今日も眠れぬ夜が来ることを覚悟する。空爆下のガザで今、何が起きているのか。

イスラエルへの反発を強めるハマスは、エルサレムなどで衝突が起きるたびにロケット弾をイスラエル側に発射し、威嚇してきた。こうした状況の中、私はガザ地区の新型コロナウイルス対策などの取材で9日に現地入りした。

この時点で検問所は開いていた。だが10日夜にハマスのロケット弾攻撃に報復する形でイスラエル軍の本格的な空爆が始まり、検問所は封鎖されてしまった。

眠れぬ夜が始まった。夜間に空爆が激しくなると、耳をつんざく爆音が1時間に1回は響く。私が拠点を置くアパートの窓から外を見ても、夜闇のため爆撃された場所が分からない。ただ、近距離なのは確かだった。

高度な軍事技術を誇るイスラエル軍は当初から「ハマスの拠点のみを狙って攻撃する」と主張していた。私はその言葉を信じ民間人に被害が出ないことを祈った。だがその見通しは甘かった。【ガザ市（パレスチナ自治区ガザ地区）三木幸治、写真も】

報道写真：選んだ写真・記事について、記事の概要や気付いたこと、感じたこと

記事のタイトルが状況や行為として写真が結果をあらわしていると思いました。周りのきれいな空爆を落とされていない場所と空爆が落とされて被害の差をあらわしていると思いました。だからケガや救助を見ている人がいるのだなと思いました。壊れたところを大きくとり上げていて悲惨さをあらわしていると思いました。背景をぼやけさせていないので全体が強調されている。

年　組　番 氏名

②アート写真（写真・記事貼付。枠内に入りきらない場合は折って貼る）

菅さん方で生まれたツバメ。親鳥が餌を運んでくるのを口を大きく開けて待つ＝交野市で、滝川大貴撮影

### 工房に小さな合唱

交野 ツバメ6羽生まれる

交野市の風鈴職人、菅[illegible]さん(73)方で、ツバメのひなが6羽生まれた。並んで大きく口を開けて、親鳥が餌を運んでくるのを待ちわびている。

菅さん方は、住宅街の一角にある風鈴工房。日中、工房の扉を開けていたところ、春になるとツバメが寄りつくようになった。

今年は4月末に来て産卵し、5月10日ごろ6羽のひながかえった。子どもたちに餌を与えようと、親鳥が巣と近くの木などを行き来している。例年夏ごろまで子育てが続くという。

ひなが落ちないように巣の下に板を取り付けたという菅さん。「仕事の合間にひなの成長を見守るのが励みになっています」と話した。【滝川大貴】

アート写真：選んだ写真・記事について、記事の概要や気付い

親ツバメが写っていることで生活感がにじみでている。タイトルのツバメの合唱にピントを合わせて強調している。巣の部分が下にいくにつれてぼやけている。影をあまりつけず、せん細に写るようにしている。

◆報道写真とアート写真の違いはどのようなところだと考えるか

人間にとって利益がある情報かそれとも利益以外の情報かどうか。結果や原因、疑問があるかないか。他の人との感性や考えの違いが大きくでるか、小さくでるか。現状と日常、自分の知らない感性が感化されるもの。マイナスの感情が多いか、プラスの感情が多いか。

資料 2 生徒作品

I am a photographer.

| 報道写真 | アート写真 |
|---|---|
|  |  |
| **見出し** | **見出し** |
| 見て見ぬふり | 雨上がりに喜ぶ小さな生徒 |
| **見所・頑張ったところ**・伝えたいこと | **見所・頑張ったところ**、伝えたいこと |
| こんなにも見やすく看板が置かれていても誰も気にも止めず、ずらずらと自転車が並んでいました。悪いことだとわかっていてもやってしまう。見て見ぬふりをする人々の行動を伝えたいです。 | 雨がやんで喜んでいるのは私達だけではありませんでした。花たちも空を見上げて日の光を浴びて喜んでいます。花目線から撮り、あえて正面からとるのではなくうしろから撮ることで花が空を見上げている様にしました。今日もきっと同じ校舎から空を見上げているでしょう。 |



生徒作品は以下のウェブサイトでも紹介している
https://nie.jp/publish/

資料 3 生徒作品

産経新聞2021年5月25日付夕刊

【社会派絵画の制作】

| | |
|---|---|
| 新聞名 | 産経新聞 |
| 年月日・曜日 | 令和3年(2021) 5月25日(火) |
| 掲載面 | 第 1 面 4版 |
| この記事から考えたこと・作品を通して伝えたいこと | この記事の、どの写真も美しいし、解説も分かりやすくて、天文に興味のある人はもちろん、そうでない人もワクワク感が高まると思う。また、ライブ中継やオンライン解説など、離れていても皆で楽しめるイベントも沢山紹介されていて、コロナ禍で沈みがちな今この時代に必要な、人とのつながりを感じさせるような、希望に満ちた記事だと思う。美しさと、ワクワク感と、気持ちをつなげる思いを伝えたい。 |

| 記事の中のキーワード | 連想されるもの・こと・イメージ |
|---|---|
| 皆既月食 | → ロマンチック、美しい |
| 天体ショー | → どこからでも、誰もが楽しめる壮大なもの |
| スーパームーン | → 「超月《スーパームーン》」、すごい名前 |
| ライブリレー | → 全国のたくさんの人とつながって共有できる、楽しめる |
| 赤銅色 | → 影が加わるとそんな色になるのか!! |
| | → |
| | → |

# 皆既月食 美しさスーパー級

あす夜 3年ぶり

## 肉眼でも観察可能 ライブ中継も

平成30年1月の皆既月食。写真左から午後8時52分、9時2分、9時30分、10時27分に撮影した＝東京都墨田区（古厩正樹撮影）

太陽と地球、月が一直線に並び、地球の影に月が隠される現象「皆既月食」が26日、約3年ぶりに全国各地で見られる。この日の夜の満月は今年一番地球に接近する、いわゆるスーパームーン。天候が良ければ、普段よりやや大きめの月による天体ショーが楽しめそうだ。

国立天文台によると、月食が始まるのは26日午後6時44分ごろ。月は少しずつ欠けていき、地球の影にすべてが入る皆既食は午後8時9分ごろから28分ごろまで。その後は欠けた部分が徐々に小さくなって円形に近づき、9時52分ごろには部分食も終わる。

皆既月食では、太陽光が地球に遮られて月全体が地球の影に入り、月は「赤銅色」と呼ばれる赤黒い色に見える。これは、太陽からの光の一部が、地球の大気によって屈折し、かすかな赤い光で月面を照らすためで、朝日や夕日が赤く見えるのと同じ仕組みだ。今回の皆既月食の最大の特徴は、この日の満月が、1年で地球に最も近づくスーパームーンであること。月は地球の周りを楕円軌道で回っており、最も地球に近い満月は最も遠い満月に比べ、直径が約14%大きく、約30%明るい。

全国的に皆既月食が見られるのは平成30年1月以来3年ぶり。日本でスーパームーンの皆既月食が見られるのは9年9月以来24年ぶりで、次は令和15（2033）年10月になる。

平成26年10月の皆既月食。神戸ポートタワーと"共演"した＝神戸市中央区（10分おきに撮影した写真を合成、山田哲司撮影）

約3年ぶりに全国各地で見られる26日の皆既月食は、月が特に大きく美しく見える「スーパームーン」と重なった。早めの時間に始まることもあり、子供や高齢者も楽しみやすい条件がそろっている。どんな観察方法があるのか。

国立天文台によると、月は午後6時44分に欠け始めるが、東京など一部を除く多くの地域では、このとき月はまだ地平線の下。月の上辺が地平線と一致する「月の出」を迎えたときには、すでに月が欠け始めた状態だという。

近畿2府4県の月の出は午後6時51～54分。建物や山などに隠れることもあり、場所によっては月が視界に入るまでにはさらに時間がかかりそうだ。

京都産業大の中道晶香教授（宇宙論）によると、皆既月食の舞台となる南東方向の見晴らしがよければ、市街地からでも見られる。「望遠鏡がなくても月の満ち欠けや皆既食の様子は、肉眼で十分楽しめる」（中道教授）といい、スポーツ観戦などに使う一般的な双眼鏡を使えば、月の縞模様まで観察できるという。

心配なのは空模様だ。大阪管区気象台によると、近畿地方では、皆既月食が起きる時間帯に一部で雲がかかる可能性がある。

万が一曇ってしまった場合は、各地の天文台などがインターネット中継する映像をリアルタイムで楽しむという方法がある。これまでの皆既月食では各地で観察会が開かれていたが、新型コロナウイルスの感染拡大を受け、各天文台や科学館がライブ中継に切り替えた。

リアルタイムの映像とともに専門家の解説が聞けるのも魅力で、中道教授も京都産業大神山天文台からの中継で解説を行う。「オンラインの説明を聞きながら、実際に空を見て観察してもらうのも楽しいのでは」と中道教授は話す。

このほか、ライブ中継で各地の空をつなぐイベントも予定されている。

天体望遠鏡などを取り扱う「サイトロンジャパン」（東京）と、天文ファン向けのウェブメディアを運営する「リフレクションズ・メディア」（福岡）は26日午後6時20分から、全国の天文愛好家らをつなぎ、各地から月食の様子を中継するイベント「皆既月食ライブリレー」を実施する。

東京、京都、高知、福岡など10カ所程度からの中継を予定しており、サイトロン社の公式ユーチューブチャンネルで配信。担当者は「なかなか外出ができない時期だが、自宅で各地の皆既月食の様子を楽しんでほしい」と話している。（鈴木俊輔）

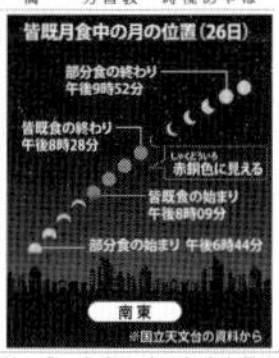



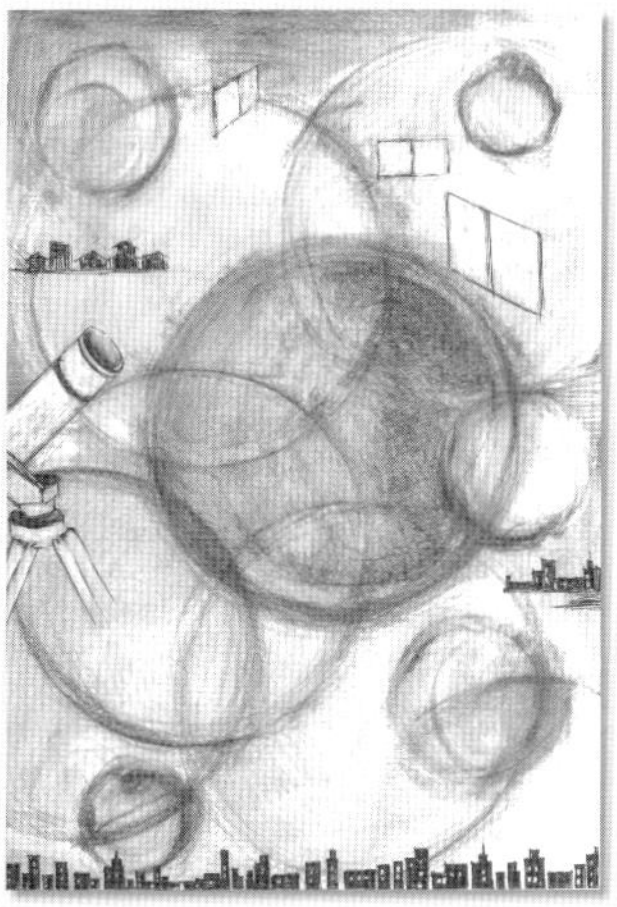

| 新聞名・発行年月日・面 | 作品の内容について |
|---|---|
| 産経新聞 令和3年(2021) 5月25日(火) 1面 4版 | 記事の解説にあった、月の見え方の変化と、全国各地から観測して共有し合うワクワク感が伝わるように、ファンタジー的に描いた。 |

# 英字紙で生きた表現に触れる

## 1 小単元名

**記事を読み、自分の考えを表現しよう**（4時間）

## 2 本小単元の観点別目標

（①知識・技能、②思考・判断・表現、③主体的に学習に取り組む態度）

①世界各国の多様な価値観について書かれた英字紙の記事を読み取ることができる。

②要点を押さえながら記事を読み、社会的な話題について多角的に考え、自分の考えを理由とともに相手に分かりやすく英語で書いて表現することができる。

③英字紙の記事を通して、多様な価値観を認め合うにはどうすべきかを自分事として積極的に考え、グローバル社会の一員としての自覚をもとうとしている。

## 3 NIEとしての狙い

教科書だけではタイムリーな出来事に触れることはできない。そこで英字紙を活用し、SDGsなどの多様な価値観や生きた表現に触れながら、同時に思考力を高めることを狙う。

## 4 本小単元の展開（全4時間）

| 時 | 学習活動 | 留意点／○資料等 |
| --- | --- | --- |
| 1・2 | 自分らしさが制限される世の中について考えよう | |
| | •中国当局が「女々しい」男性のテレビ出演禁止を通達したことを英字紙で読み取り、気づいたことを英語で意見交換する<br>•中国で起きたことの何が問題かを考え、LGBTQ＋の視点を踏まえ、生きやすい社会の実現に向けて必要なことを英語でまとめる<br>•英語で意見交換し、感想を交流する<br>•他者の発表を聞き、自分の考えが変化した部分や新たに考えたことを加筆する | •自由な意見交換となるよう、「女らしさ」「男らしさ」「女々しさ」に関する他者の経験や意見を否定したり、「～であるべき」となったりしないように留意する<br>•発表内容は教師がパラフレーズ（言い換え）しながら、全員が理解できるようにする<br>○資料1 |
| 3 | 高齢化社会がもたらすものとは何だろう | |
| | •「高齢化社会」と聞いて、イメージするもの、知っていること等を英語で意見交換する<br>•100歳以上の高齢者の数が過去最多となったことを報じる英字紙を読み取り、高齢化社会がもたらす良い面と課題について考え、英語でまとめる<br>•英語で意見交換し、感想を交流する<br>•他者の発表を聞き、自分の考えが変化した部分や新たに考えたことを加筆する | •自由な意見交換となるように留意する<br>•高齢化社会に触れた大学入試の過去問から、頻出語彙《ごい》を拾い出し共有させる<br>•発表内容は教師がパラフレーズ（言い換え）しながら、全員が理解できるようにする<br>○資料2 |
| 4 | 身の回りのプラスチック製品に注目してみよう | |
| | •エコバッグを持ち歩いているか、最近見かけなくなったプラスチック製品があるかなど、身近な話題を英語で意見交換する<br>•日本政府が事業者に対し、プラスチックごみの削減を求める方針が固まったことを伝える英字紙を読み、持続可能な社会の実現に向けて必要なことを英語でまとめる<br>•英語で意見交換し、感想を交流する<br>•他者の発表を聞き、自分の考えが変化した部分や新たに考えたことを加筆する | •自由な意見交換となるように留意する<br>•政府の方針が打ち出された理由を考えさせる<br>•発表内容は教師がパラフレーズ（言い換え）しながら、全員が理解できるようにする<br>○資料3 |

## 5 資料等

資料1 The Japan Times Alpha
2021年9月17日付

# China bans 'sissy men' from TV in campaign to tighten control over society

中国で「女々しい」男性のテレビ出演禁止
当局が通達

今年6月に放送された中国のトーク番組 AP

The government banned **effeminate** men on TV and told **broadcasters** to promote "revolutionary culture" on Sept. 2. It is **part of** the government's campaign to tighten control over Chinese society.

Under President Xi Jinping, the Communist Party wants more control of business, education, culture and **religion**. Companies and **the public** are under increasing pressure to follow the party's vision for a more powerful China and a healthier society.

Broadcasters must not show "sissy men," the National Radio and TV Administration said on Sept. 2. Its **statement** used an **insulting slang term for** effeminate men — "niang pao," or **literally**, "**girlie** guns."

Officials are worried that Chinese pop stars **are influenced by** the **sleek**, fashionable look of some South Korean and Japanese singers and actors. (AP)

---

bans ～を禁止する。sissy 女々しい。tighten ～を厳しくする。effeminate 男らしくない。broadcasters 放送事業者。part of ～ ～の一環。religion 宗教。the public 大衆。statement 声明。insulting 侮蔑的な。slang term for ～ ～を表す俗語。literally 文字通りには。girlie 女の子っぽい。are influenced by ～ ～に影響を受ける。sleek 小ぎれいな。

**文法解説**

▶「影響下」を意味する under の用法

本文第2パラグラフのCompanies and the public are under increasing pressureは、「企業や大衆はさらなるプレッシャーを受けている」ということ。前置詞のunderは「～の下に」という意味が基本だが、ここから転じて「～の影響下にある、～を受けている」という意味で使われる用法もある。under pressureは「プレッシャーの下にある」から、「プレッシャーの影響下にある、プレッシャーを受けている」という意味を表している。

◆ She is now **under** house arrest.
（彼女は現在自宅軟禁状態だ）

◆ The man drove a vehicle while he was **under** the influence of alcohol.
（その男は酒に酔った状態で車を運転した）

資料2 The Japan Times Alpha
2021年10月1日付

## Japan's tally of centenarians hits record 86,510

### 100歳以上の高齢者、8万6,510人

厚生労働省は9月14日、国内の100歳以上の高齢者は8万6,510人となり、51年連続で過去最多を更新したと発表した。女性が7万6,450人で全体の88.4%を占めている。

Kane Tanaka, 118, poses for a photo in Fukuoka on Sept. 13. FUKUOKA PREFECTURE / via KYODO

The number of people 100 years old or above in Japan is estimated to have hit a record 86,510, with the number of men reaching the **milestone** topping 10,000 for the first time, health ministry data showed Sept. 14.

The number of centenarians as of Sept. 15 represents an increase of 6,060 from a year earlier, marking the 51st **consecutive** year of rise, the Health, Labor and Welfare Ministry said. Of the 86,510, women **accounted for** 88.4%, or 76,450, up 5,475 from a year earlier. Men totaled 10,060, up 585, the data showed. (Kyodo)

---

hits ～に達する。centenarians 100歳以上の人。milestone 節目。consecutive 連続での。accounted for ～ ～の割合を占めた。

資料3 The Japan Times Alpha
2021年9月17日付

## Japan to reduce use of 12 plastic products

### プラ製品12品目、提供削減へ

政府は8月23日、プラスチックごみの削減を目的とした新法に基づき、使い捨てのストローなどプラスチックごみ12品目の提供削減を事業者に求める方針を固めた。

iStock

Japan will **oblige** business operators to reduce the **provision** of 12 disposable plastic items such as spoons and straws from next April to promote recycling and tackle marine **pollution**, the government said Aug. 23.

The move is based on legislation that was enacted in June to cut down on plastic waste at restaurants and retail stores. Businesses can choose from among measures including **charging** for the items and switching to recyclable products.

Targeted plastic items also include forks, knives, combs, toothbrushes, shower caps and clothes hangers. Businesses that fail to meet the new requirement will be advised or ordered to improve their **practices**. (Kyodo)

---

reduce ～を削減する。oblige ～に義務付ける。provision 提供。pollution 汚染。charging 代金の請求。practices 慣習。

# SDGsを自分事として捉えよう

## 1 小単元名
既習単元を振り返り英語で発表（5時間扱い）

## 2 本小単元の観点別目標
（①知識・技能、②思考・判断・表現、③主体的に学習に取り組む態度）

①英語を日本語に要約する技能を高める。また、調べたことを英語で説明する。

② SDGsについて選んだ記事を基にグループ内で意見交換し、考えをまとめる。説得力のある発表となるように、評価シートに沿って確認し、英語で発表する。

③ SDGsに関わる表現を工夫したり、発表のリハーサルを行ったり、質疑応答したりして、主体的に活動する。また、他のグループの発表を書き留めたり、積極的に質問したりして、進んで授業に参加する。

## 3 NIEとしての狙い
英語の教科書ではさまざまな社会課題が扱われるが、単なる読み物として終わらせないために、SDGsに関連する新聞記事を探し、社会課題に対する考えを深める。さらに自分の考えを英語で発表することでプレゼンテーション能力を向上させる。

## 4 本小単元の展開（全5時間）

| 時 | 学習活動／○生徒の反応 | 留意点／○資料等 |
|---|---|---|
| 1 | 英文読解し、日本語に要約しよう | |
| | •既習の単元からSDGsに関わる英文を選んで日本語に要約し、国連が定める17の目標のどれにつながるかを考える<br>•SDGsの各目標が記された付箋に各自が意見（つぶやき）を書いて貼り、グループ内で共有する | •事前に教員がテーマに沿った英文を用意（作成）する<br>•英文の内容を班内で共有する過程で、要約を作って紹介し合い理解を深める<br>•付箋に書く意見は日本語でも英語でもよい<br>•関連する記事は、次時までに各自探しておくよう伝える（データベースによる検索も認める） |
| 2〜4 | 記事の内容を日本語でまとめ、英語でプレゼン資料を作成しよう | |
| | •持ち寄った記事をグループ内で共有し、各自がワークシートに日本語でまとめる（テーマ、選んだ理由、資料探し・調査方法、調べて分かった事実・取り組み、分析・考察、自らの行動宣言）<br>•代表者による発表に向け、グループで協力して英語のプレゼンテーション資料を作成する | •グループごとに評価シートを使って相互評価させたり、練習させたりして、次時の本番に備えさせる<br>•説明のポイントを意識させる（問題意識・提起、主張、根拠、具体例、多様な意見の紹介、結論、など）<br>•難しい文法や単語を使って説明するよりも、簡素な英語の方がネイティブを含めた多くの人に伝わりやすいことをアドバイスする<br>○資料12（本稿では、日本初のセラピー犬に関する話題を取り上げた単元を選んだ班の発表を例とする） |
| 5 | 自分たちの考えを英語で発表しよう | |
| | •グループごとに英語でプレゼンテーションを行い、質疑応答する<br>•質疑応答を受けて考えが変わったことや影響を受けたことなどをワークシートに追記する | •質疑応答は、全ての発表後にグループごとに話し合い、質問事項や意見を英語で書いて提出させる（全てのグループに最低1つずつ質問や意見を出させる）<br>•教師が講評する |

## 5 資料等

資料1 読売新聞 2021年10月6日付朝刊

# 窓越し 犬の「ぬくもり」

## 老人ホームでセラピー活動

### NPOが派遣

新型コロナ

新型コロナウイルスの影響で面会制限が続く県内の老人ホームで、窓越しに入所者と交流するセラピー犬が活躍している。セラピー犬を派遣するNPO法人「北東北捜索犬チーム」（青森市浪岡）の岩本久子さん(71)は、「行事が制限されるコロナ禍だからこそ、何もしないわけにはいかない」と力を込める。

窓越しにセラピー犬と交流する入所者（田舎館村で）

田舎館村畑中の特別養護老人ホーム「やすらぎの郷」に9月29日、チームのセラピー犬4頭が訪れた。感染予防のため、犬たちや飼い主であるサポーター、関係者は施設内には入らず、ガラス窓の前でダンスやハードルを飛び越える芸などを披露した。途中、小道具で遊び始めてしまう犬もいたが、入所者らはその様子をいとおしそうに見つめ、手を伸ばしてガラス窓越しにセラピー犬と交流した。

千葉靖子施設長(49)は「家族との面会や外出が制限される中、入所者の笑顔を久しぶりに見ることができた」とうれしそうだった。普段はあまり反応を示さない入所者も、セラピー犬を見ると声を上げたり手足を動かしたりするという。

チームは約6年前からセラピー犬の派遣を始めた。月2～3回ほど、老人ホームなど計10か所で活動を行っていたが、新型コロナウイルスの蔓延《まんえん》により、昨年3月以降、高齢者施設に入れなくなった。制限続きで疲弊している入所者もいると聞き、岩本さんはコロナ禍だからこそ癒やしが必要であると考えた。その時、アメリカで行われていた窓越しに行うセラピー犬の活動を知り、自らも行うことを決めた。

受け入れてくれる施設を探し、昨年12月に活動を再開した。触れあうことができない分、見て楽しめるダンスや、台の上を歩く芸などを取り入れた。当初は窓の前で何をすれば良いのか分からず困惑する犬もいたが、回数をこなすうちに慣れていったという。

「モニターの向こう側ではなく、実際にその場にいるからこそ伝わるものがある。この活動が全国に広まってほしい」と岩本さん。入所者が家族と触れあえるその日まで、窓越しに「ぬくもり」を届ける。

資料2 河北新報 2020年9月21日付朝刊

コロナに負けない

震災や台風を経験した私たちには、今の事態を冷静に受け止め、心穏やかに対峙《たいじ》する強さがあると信じる。不安や苦しみに共感して励まし合い、感動や教訓があれば分かち合う。以前のような日々に戻るまで。

励ましたい… 伝えたい…

# 共感 掲示板

## 演奏の意義 見直す機会

美里町・郵便局長
桂田 一彦さん(50)

美里町の創作和太鼓団体「駒の会」の会長を務めています。1979年に発足し、会員32人で「技術よりも心を鍛えること」をモットーに活動しています。

コロナ禍で3月から活動を自粛し、6月に再開しました。元気に練習する表情を見ると、会員も「早く太鼓を打ちたい」と心待ちにしていたのでしょう。

毎年秋に行ってきた定期演奏会は中止しますが、仲間内の演奏会を予定しています。現在、大人と子どものグループに分け、それぞれの演目を練習中です。

活動の制限は今後も続くでしょう。今だからこそ、心を込めて演奏する意義を見直す機会にしたいです。

## ワクチンの開発を願う

東松島市・会社役員
三浦 章宏さん(41)

東松島市大曲の注文家具店の事務をしています。人と接する仕事ではありませんが、事務所での打ち合わせでマスクを着けたり、アルコール消毒液を置いたりして対策を取っています。

外出の機会はかなり減りました。自分が感染し、同居する親にうつしたらと考えるととても心配です。買い物はまとめ買いをしています。

市商工会青年部の副部長を務めています。飲食店は新型コロナの影響を大きく受けているので、懇親会などは部員の店を利用するようにしています。

今後ワクチンが開発され、状況が落ち着くことを願っています。

## セラピー犬と訪問活動

仙台市宮城野区・非営利団体代表
藤原 美香さん(40)

「NPOこはる」は、動物と触れ合って心身を癒やしてもらうアニマルセラピーや動物保護に取り組んでいます。

新型コロナウイルス感染症の影響で、4～6月はアニマルセラピーの依頼がほぼゼロでしたが、9月は例年の7割ほどまで回復しました。特別養護老人ホームや放課後デイサービスを中心に、セラピー犬と訪問活動をしています。

動画投稿サイト「ユーチューブ」でも、セラピー犬の動画配信を8月に始めました。外出を控えている人にも自宅にいながら気分転換してもらえるように、オンラインのアニマルセラピーを広めていきたいです。

## オンラインで太鼓練習

丸森町・会社員
浜野 友也さん(27)

丸森町の地域商社「GM7」の創作和太鼓グループ「旅太鼓」で代表を務めています。今年の春は演奏を披露する機会がなくなり、練習場所も使用停止となりました。それでもメンバー同士でリズム感を養うため、それぞれの自宅で音が小さい太鼓をたたき、オンラインでつないで練習しました。

公演を再開できたのは7月ごろから。「伊達武将隊」の演舞曲を制作し、8月には仙台で武将隊と共演することができました。和太鼓を訪日外国人の誘客に生かすのが狙いですが、今年は厳しい状況です。リモート方式で海外へアピールしようと計画しています。

## 密避け できること模索

仙台市泉区・会社社長
渋谷 拓馬さん(42)

泉区の市名坂青年会で相談役を務めています。花見や夏祭りなど、毎年、地域のイベントを手伝ってきました。今年は全て中止になり、寂しいの一言です。

11月に予定していた区内の祭りも、開催できなくなりました。せめて展示だけでもと、使うはずだったみこしを組み立て、飾ることにしました。密にならない活動として、小学校そばの道路を清掃しようという話も出ています。

新型コロナの感染拡大で、ずっとマスクを着けなければならず、人と話し、集まることも難しくなってしまいました。もどかしいですが、できることを探していきたいと思っています。

### 相談窓口

新型コロナウイルスの緊急経済対策で、政府系の機関に加え、準備が整った民間の金融機関から県の制度による実質無利子・無担保の融資の取り扱いが始まっている。仙台市も制度融資などの相談に応じる専用ダイヤルを設けたほか、協力金や支援金、緊急小口資金の貸し付けについて電話相談に応じている。県は、医療従事者や社会福祉施設の職員らを対象とする国の慰労金申請に関する電話相談を受け付けている。

●日本政策金融公庫は仙台支店、石巻支店の窓口以外に事業資金相談ダイヤル(0120)154505（平日午前9時～午後5時）で対応する。

●商工中金の電話相談は（0120）542711（午前9時～午後5時）で、土日祝日も利用できる。

●県信用保証協会は本店営業部と仙台東、白石、大崎、石巻、気仙沼の5支店で平日午前9時～午後5時15分に対応。

●七十七銀行は事業者向け電話相談窓口（0120）651077（平日午前9時～午後4時半）を設け、9月中は日曜も対応する。個人向けローン相談は本店、長町、泉、仙台東口、石巻、杜せきのした、六丁目の各ローンセンターのフリーダイヤル（午前9時～午後4時半、土日祝日含む）へ。

●仙台銀行の事業者向け特別相談ダイヤルは022（225）8281（平日午前9時～午後5時）。

●杜の都信用金庫は相談専用のフリーダイヤル（0800）8009002（平日午前9時～午後3時）を設置。土曜午前9時～午後3時は、北仙台支店と泉中央支店に相談窓口も開く。

●宮城第一信用金庫は平日午前9時～午後3時、全店に相談窓口を開いて対応する。

●仙台市は中小事業者の経営相談にワンストップで対応する「中小企業応援窓口」を青葉区のアエル7階、市産業振興事業団に開設している。社会労務士や中小企業診断士ら専門家が待機し、事業計画の見直し、販路開拓、資金繰りなどの相談に無料で応じる。

連絡先は022（724）1122（平日午前9時～午後5時）。

●仙台市は、市が適用を認定する制度融資「新型コロナウイルス感染症対応資金」「セーフティネット保証4、5号」「危機関連保証」などの相談に応じている。連絡先は市地域産業支援課022（214）1003。

●仙台市社会福祉協議会は休業や失業を余儀なくされた人が利用できる「緊急小口資金」の貸し付けの電話受け付けを行っている。平日午前9時～午後4時。9月30日まで受け付ける。連絡先は次の通り。

070（1398）1681、070（3105）3485
080（9190）5476、090（6088）4507
080（9190）2546、080（7998）2206
080（4478）5025、090（6071）5795

●県は医療従事者や社会福祉施設の職員らを対象とする国の慰労金申請に関する電話相談を受け付けている。医療機関や介護、障害者施設などが講じた感染拡大防止策の経費を国が一部補助する制度を申請するための相談にも応対する。平日午前8時半～午後5時。薬局を含む医療分野(0570)087758。介護分野（0570）007580。障害分野（0570）037323。

# 「新聞ノート」から始める理想の住まいづくり

## 1 小単元名

住生活の設計と創造（6時間扱い）

## 2 本小単元の観点別目標

（①知識・技能、②思考・判断・表現、③主体的に学習に取り組む態度）

①ライフステージに応じた住生活の特徴を知り、防災・感染症対策や環境に配慮した住居の機能について理解する。現代の住生活の問題点を知り、間取り図や住宅広告などが読み解けるような基礎的知識を得る。

②新聞本紙や折り込みの住宅広告も参考に、理想の住まいを思考し、表現する。記事を選んで意見・感想を書き込む「新聞ノート」を通年で作成、発表することで、プレゼンテーションの基礎能力を身につける。

③日ごろから主体的に新聞に目を通し、衣食住に関わる記事を「新聞ノート」にまとめる。この活動を授業の導入時に行う発表（各3人程度）につなげ、積極的に意見交換に参加する。住まいは生活基盤であることを認識し、自分事として学習意欲につなげる。

## 3 NIEとしての狙い

家庭生活に関わるあらゆる話題が掲載される新聞は、授業で活用しやすい。その利点を生かし、記事をそのままノートに貼って、意見・感想を書き込む「新聞ノート」の日常的な取り組みを通じて、主体的に新聞を読む習慣をつけ、教科横断的な学びを通して読解力や文章表現力などの育成を狙う。

## 4 本小単元の展開（全6時間）

| 時 | 学習活動／○生徒の反応 | 留意点／○資料等 |
|---|---|---|
| 1・2 | プレゼンテーション「理想の住まいづくり」のガイダンス | |
| | • 衣食住に関する記事の発表（3人程度）<br>• 発表を聞き、各自が意見・感想を「新聞ノート」にまとめる<br>• ワークシートに沿って、「理想の住まいづくり」のプレゼンまでの流れを理解する<br>• 紙面やデータベース、インターネットなどから理想の家に関するイメージ素材を探す | • 発表の際には実生活と社会の関わりを踏まえ、課題や原因の探究、解決策を盛り込ませる（資料1）<br>• 記事と授業の内容をつなげ、知識を広げることを意識させるような支援をする<br>• 設定年齢（35歳等）、家族構成（夫婦・子供2人等）、叶えたい条件・避けたい条件、予想価格、間取りなど、理想の住まいづくりのために必要な項目を伝える<br>• コンセプトやアピールポイントをプレゼン資料に盛り込ませる（資料2） |
| 3・4 | 住居機能と平面図 | |
| | • 衣食住に関する記事の発表（3人程度）<br>•「理想の住まいづくり」に向けて、社会変化やライフステージに応じて間取り等を工夫する必要があることを理解する<br>• 平面図の概要や用語（建ぺい率、容積率、用途地域等）を理解する<br>○「リモートワークへの対応も必要だね」「掃除しやすい住宅設備を調べよう」 | • 前時に同じ<br>• 新型コロナウイルス感染拡大を受け、住宅メーカーが玄関近くに手洗い場を設ける家を提案したり、環境意識の高まりで遮熱工法に注目が集まったりしていることに触れ、理想の住まいづくりの参考とさせる<br>• 住宅設備にも意識を向けさせ、掃除のしやすさや環境の配慮など、多様な視点が必要なことにも気づかせる（資料3） |
| 5・6 | 住生活の計画と選択 | |
| | • プレゼン資料を完成させ、グループ内で発表し合う<br>• 自分の住む地域の地価について調べる | • 基準地価に関する記事を配布する（資料4）<br>• グループ内の発表ではなく、数人の代表者に全体発表させてもよい<br>• 時間があれば、住まいを取り巻く社会的課題についても話し合わせる（高齢者や外国人は賃貸住宅を借りにくい、など） |

# 5 資料等

## 資料1 「新聞ノート」

中日新聞2021年5月4日付朝刊

Date 5 4 火

中日新聞　～夫婦別姓に賛成 半数以上～

### 男女平等「実現していない」64%

全国憲法世論調査

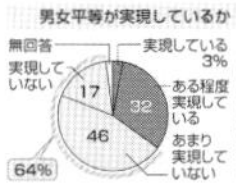
男女平等が実現しているか
無回答
実現している 3%
実現していない 17
ある程度実現している 32
あまり実現していない 46
64%

※四捨五入のため、内訳と合計は合わない

憲法が保障する男女平等が「実現していない」「あまり実現していない」と思う人が計64%に上ることが三日、共同通信が郵送方式で実施した世論調査で分かった。女性が70%、男性が57%で、男女差が目立った。分野別では「政治の場」と「社会通念やしきたり」で、男性優遇と答えた人が80%超。選択的夫婦別姓を認めるべきだとの考えに「どちらかといえば」も含め賛成が計60%、反対は計38%だった。

男女格差を巡っては、女性活躍推進法や選挙候補者の男女均等を目指す政治分野の男女共同参画推進法が成立するなどここ数年で法整備が進む。しかし多くの国民の実感とは懸け離れている現状が浮き彫りになった。

### 夫婦別姓賛成は60% 個人の自由尊重最多

女性首相の誕生を「期待する」「どちらかといえば期待する」は計77%で、肯定的な意見が優勢だった。女性がもっと増える方が良いと思う職業や役職（複数回答）は「国会議員」「都道府県や市町村の首長」がいずれも52%、「閣僚」48%、「地方議員」47%。「学術団体や競技団体の役員」が33%と最も低く「特にない」も18%だった。女性が各分野のリーダーになるために必要なこと（二つまで回答）は「男性の抵抗感をなくす」が59%、「家事や育児、介護などの両立支援を進める」が55%と多かった。

夫婦別姓の賛否の理由（二つまで回答）では、賛成は個人の自由尊重が64%、反対は家族の一体感喪失が48%で、それぞれ最多だった。

望ましいと思う夫婦の役割分担は「夫婦とも働き、余裕のある方がより家事・育児をする」が45%で最多。「夫が働き、妻が家事・育児をする」は7%にとどまった。

わからない言葉

- 学術団体
  通称学会と呼ばれるもの。学問や研究の従事者らが、自己の研究成果を発表し、その科学的妥当性をオープンな場で検討論議する場。
- 競技団体
  競技振興のために活動する団体全般。国際オリンピック委員会や地区団体なども含まれる。

意見，感想

- 男女平等が実現していないと考えている人64%の中でも、女性70% 男性57%という男女間での差の大きさに衝撃を受けた。
- 私は夫婦別姓には賛成で同じであるメリットがあまり感じられないからだ。いろいろな手続きで大変な思いをするくらいなら別姓でいいと思う。そしてやはりこの日本では男性優遇が感じられる場面や差別的な言葉が多いと思う。

日本では夫の姓を選択するカップルが9割です

Date 5 6

発表者　　さん

テーマ　発信者開示求め提訴

感想 意見　私もこのニュースを見たことがありますが、母親は自分の子供がいなくなってしまい一番悲しいはずなのに目撃情報を毎日続けている。それなのに中傷されているのは本当にかわいそうだし、なぜそのようなことをするのかよく分からないです。

発表者　　さん

テーマ　養護施設や里親家庭 離れた若者

感想 意見　初めてこのニュースを見ましたが、よく考えてみればそうだなと納得しました。生活費や学費に悩んでいる人が少しでも減るように、児童福祉法が改正し経済的な理由で進学をあきらめる人がいないような社会をつくれたらいいなと思いました。

発表者　　さん

テーマ　「イヤホン難聴」の恐れ

感想 意見　私もイヤホンをよく使うのでできるだけ短時間で音を小さくしようと思いました。「有毛細胞」は少しずつ壊れ難聴になるのはすごく怖いことだから、もっといろいろな人がこの事実を知ってほしいと思います。

## 資料2 生徒作品

海が近くて窓が大きい家！！ 開放感が出るから！！
二九歳
夫・妻・子供二人（息子・娘）
理想の家
千葉市・4LDK
予算 約4500万円
和室
落ち着いて過ごせて横にもなれるので欲しいです．畳の匂いも落ち着くのでゆっくり過ごせる！！！
シアタールーム
オンラインライブなどが大画面で見られたら楽しそう！
2階建てで吹き抜けがある家
吹き抜けがあると開放感があるし、家が広く感じられるそうなので吹き抜けが欲しい！
中庭
中庭で子供が遊べたりイスを置いて本を読んだりしてくつろげそう。

## 資料3 中日新聞 2021年9月25日付朝刊

住箱のスミ　藤原千秋

### 掃除の目的　自宅のため？ 自分のため？

すっかり秋らしい涼しさになりました。わが家では子どもたちの靴下着用率が上がり、如実に床の皮脂汚れが減っているのを、水拭きしながら実感する日々です。もう毎年のことなので、私にとって「床きれい」は秋の季語かもしれません。ふと、コロナ禍前に開いていたお掃除教室で、とある受講生の方に問われた言葉を思い出しました。

「講義でフローリングの水拭き掃除を勧めていたが、自分は不動産会社からの注意を守り長年、から拭きだけしてきた。水拭きは床に悪いのではないか」

確かに、私も住宅メーカーに勤めていた昔、お客さまに言ったことがあります。「フローリングは水拭きしないでくださいね」。それは実のところ、フローリングの合板が反ったり膨れたりはげたりする恐れがあることへの、クレーム予防の常とう句だったように思います。

ビショビショのモップで拭いても、固く絞った雑巾で拭いても「水拭き」。定義や共通見解が曖昧。そういう言葉が、案外家事分野には多いのです。

このときの回答は「市販の床拭き用ウエットシートでの水拭きなら、そう傷まないので心配いりませんよ」でした。市販のシートはよくできていて、適度な水分量に調整されています。床を傷めにくく、それでいて掃除機やから拭きでは落とせない皮脂、油煙、ばい煙などによるベタつきを、よく落とします。

もう一つ、印象的な質問がありました。「トイレが汚くて困っている。どうしたら？」。聞けば新築してから七年間、一度もトイレ用洗剤を使ったことがないというのです。それも、家の引き渡しの際に担当者から「便器のコーティングがはがれるので洗剤は使わないでくださいね」と注意されたから。

聞いて、思わず「トイレが傷まないのと、自分が快適なのと、どっちが大切ですか？」と尋ねてしまいました。その方は、とてもビックリしておられました。

トイレ用洗剤にも種類があり、「中性洗剤」と銘打たれた汎用品は、コーティングをはがせるほど強力ではありません。

確かに、プロの忠告を聞き、守ることは、自分の詳しくない分野で失敗を避けるため有効です。でも、そのために自分自身の考えや感覚を無視して妄信するのはどうなのだろう、と、「プロ」として講義を行う立場ながら考えさせられたのです。

私は、家が多少傷もうと、自分が気持ちよく過ごせる方が大切です。

（住生活ジャーナリスト）

今回のポイント

- 掃除を我慢している場所はないか
- 人をまねた掃除方法に疑問を覚えたらインターネットで別の方法を検索
- フローリングの傷みには、ワックス効果のあるフローリング掃除用ウエットシートを
- 便器の尿石のこびりつきは強酸性の洗剤で。外注すれば安心

## 資料4 日本経済新聞 2021年9月22日付朝刊第2部

2021年の基準地価の都道府県別変動率（▲はマイナス、カッコ内は2020年）

| | 住宅地(%) | 商業地(%) |
|---|---|---|
| 北海道 | 0.3（▲0.5） | ▲0.6（▲0.4） |
| 青森県 | ▲1.1（▲1.2） | ▲1.2（▲1.2） |
| 岩手県 | ▲0.8（▲1.1） | ▲1.9（▲1.8） |
| 宮城県 | 0.3（ 0.1） | 1.6（ 3.0） |
| 秋田県 | ▲1.6（▲1.8） | ▲1.8（▲2.1） |
| 山形県 | ▲0.9（▲0.7） | ▲1.3（▲1.1） |
| 福島県 | ▲0.5（▲0.6） | ▲0.7（▲0.8） |
| 茨城県 | ▲0.5（▲0.7） | ▲0.2（▲0.7） |
| 栃木県 | ▲0.9（▲1.3） | ▲1.0（▲1.5） |
| 群馬県 | ▲1.2（▲1.2） | ▲0.9（▲0.9） |
| 埼玉県 | ▲0.1（▲0.3） | ▲0.3（ 0.0） |
| 千葉県 | 0.0（▲0.2） | 0.4（ 1.4） |
| 東京都 | 0.2（ 0.2） | ▲0.3（ 1.3） |
| 神奈川県 | ▲0.2（▲0.9） | 0.8（ 0.2） |
| 新潟県 | ▲1.2（▲1.2） | ▲1.3（▲1.5） |
| 富山県 | ▲0.5（▲0.5） | ▲0.4（▲0.4） |
| 石川県 | 0.3（▲1.1） | ▲1.1（▲1.9） |
| 福井県 | ▲1.3（▲1.7） | ▲1.4（▲1.7） |
| 山梨県 | ▲1.3（▲1.6） | ▲1.2（▲1.4） |
| 長野県 | ▲0.9（▲1.1） | ▲1.3（▲1.1） |
| 岐阜県 | ▲1.6（▲2.0） | ▲1.9（▲2.2） |
| 静岡県 | ▲1.2（▲1.6） | ▲1.2（▲1.7） |
| 愛知県 | 0.2（▲0.7） | 1.0（▲1.1） |
| 三重県 | ▲1.6（▲1.6） | ▲1.6（▲1.3） |
| 滋賀県 | ▲1.3（▲1.5） | ▲0.5（▲0.5） |
| 京都府 | ▲0.6（▲0.8） | ▲0.6（ 0.4） |
| 大阪府 | ▲0.2（▲0.3） | ▲0.9（ 1.8） |
| 兵庫県 | ▲0.8（▲1.1） | ▲0.6（▲0.1） |
| 奈良県 | ▲1.2（▲1.3） | ▲1.1（▲0.2） |
| 和歌山県 | ▲1.4（▲1.4） | ▲1.2（▲1.1） |
| 鳥取県 | ▲1.1（▲1.3） | ▲1.5（▲1.7） |
| 島根県 | ▲1.1（▲1.2） | ▲1.3（▲1.3） |
| 岡山県 | ▲1.1（▲1.1） | ▲0.7（▲0.4） |
| 広島県 | ▲0.7（▲0.6） | ▲0.2（ 0.1） |
| 山口県 | ▲0.6（▲0.7） | ▲0.8（▲0.9） |
| 徳島県 | ▲1.3（▲1.4） | ▲1.8（▲2.0） |
| 香川県 | ▲1.0（▲0.8） | ▲1.0（▲0.7） |
| 愛媛県 | ▲1.6（▲1.6） | ▲1.7（▲1.6） |
| 高知県 | ▲0.8（▲0.9） | ▲1.2（▲1.4） |
| 福岡県 | 1.5（ 0.8） | 2.7（ 2.1） |
| 佐賀県 | ▲0.3（▲0.5） | ▲0.4（▲0.5） |
| 長崎県 | ▲1.0（▲1.2） | ▲0.8（▲0.9） |
| 熊本県 | ▲0.2（▲0.3） | ▲0.5（ 0.1） |
| 大分県 | 0.0（ 0.1） | ▲1.2（▲1.0） |
| 宮崎県 | ▲0.5（▲0.7） | ▲1.2（▲1.4） |
| 鹿児島県 | ▲1.4（▲1.5） | ▲1.8（▲1.7） |
| 沖縄県 | 1.6（ 4.0） | 0.7（ 6.2） |
| 三大都市圏 | 0.0（▲0.3） | 0.1（ 0.7） |
| 地方圏 | ▲0.7（▲0.9） | ▲0.7（▲0.6） |
| 全　国 | ▲0.5（▲0.7） | ▲0.5（▲0.3） |

住宅地の都道府県別の価格指数

| | |
|---|---|
| 北海道 | 5.5 |
| 青森県 | 4.2 |
| 岩手県 | 6.7 |
| 宮城県 | 11.6 |
| 秋田県 | 3.5 |
| 山形県 | 5.2 |
| 福島県 | 6.1 |
| 茨城県 | 8.5 |
| 栃木県 | 8.5 |
| 群馬県 | 8.3 |
| 埼玉県 | 30 |
| 千葉県 | 20.1 |
| 東京都 | 100 |
| 神奈川県 | 47.4 |
| 新潟県 | 6.8 |
| 富山県 | 8.1 |
| 石川県 | 11.9 |
| 福井県 | 7.8 |
| 山梨県 | 6.2 |
| 長野県 | 6.6 |
| 岐阜県 | 8.5 |
| 静岡県 | 16.9 |
| 愛知県 | 27.6 |
| 三重県 | 7.4 |
| 滋賀県 | 12.2 |
| 京都府 | 28.7 |
| 大阪府 | 39.6 |
| 兵庫県 | 27.8 |
| 奈良県 | 13.8 |
| 和歌山県 | 9.4 |
| 鳥取県 | 5 |
| 島根県 | 5.4 |
| 岡山県 | 7.7 |
| 広島県 | 15.1 |
| 山口県 | 6.7 |
| 徳島県 | 7.7 |
| 香川県 | 8.6 |
| 愛媛県 | 9.2 |
| 高知県 | 8 |
| 福岡県 | 14.9 |
| 佐賀県 | 5.5 |
| 長崎県 | 6.5 |
| 熊本県 | 7.6 |
| 大分県 | 6.6 |
| 宮崎県 | 6.5 |
| 鹿児島県 | 7.2 |
| 沖縄県 | 16.7 |

（注）東京都を100とした場合の指数。東京都の住宅地の平均価格は1平方メートルあたり38万900円

<次ページからの一覧表の見方>

単位：1平方㍍当たり千円（林地のみ10㌃当たり。千円未満切り捨て）
7月1日現在
住＝住宅地　見＝宅地見込み地　商＝商業地
工＝工業地　林＝林地
（注）国土交通省の用途区分見直しにより、準工業地および調整区域内宅地の区分が廃止になり、2013年の調査から住宅地、商業地、工業地のいずれかに再分類された。地名は原則として所在地。調査変更地点は前年値を空欄とした。前年値の※は今年1月1日時点の公示地価

# 全国商業地55%で下落

## 21年基準地価特集

## 大阪で市況悪化、名古屋は上昇

東京圏の商業地では新宿区歌舞伎町1丁目などの繁華街で下落が目立った

名古屋圏で商業地の上昇率1位だった錦2丁目付近（名古屋市中区）

新型コロナウイルス感染拡大の影響で地価下落が続いている。国土交通省がまとめた2021年の地価調査（基準地価、7月1日現在）によると、全国の全用途平均が2年連続で下落した。コロナ禍の打撃が大きい商業地は全国で55%にあたる2846地点で下落。飲食店やホテル需要の減退が続き、大阪圏などを中心に下落が目立った。住宅地は下落率が縮小した。

### ●東京圏

東京圏の下落地点は1050と前年（1463）から約3割減った。全用途平均は上昇率が0・2%と前年より0・1ポイント拡大。前年に7年ぶりに下落した住宅地は0・1%の上昇に転じたが、商業地がコロナ禍で減速し、上昇幅が縮小した。

住宅地をエリア別にみると東京23区が0・5%上昇と前年から上昇率が縮小。下落した区はなかったが、上昇率が拡大したのは台東区と品川区の2区のみ。20区で上昇率が縮小した。コロナ禍による買い控えもあり、縮小につながった。

23区以外は横浜市がプラスに転じ、千葉県の浦安市、市川市などで上昇が目立った。地価上昇が都心部から周辺に広がる傾向が見られた。コロナ禍でリモートワークが増え、移住が進んだ影響も一部にあるようだ。

商業地は東京23区が前年の1・8%上昇から0・3%下落に転じた。インバウンド（訪日外国人）などの急減で店舗やホテルの需要が低迷。中央区が1・9%、新宿区が1・8%、千代田区が1・2%と、繁華街のある地域で下落が大きい。

23区以外は、みなとみらい地区のある横浜市などオフィス需要が大きい地域が堅調だった。千葉県成田市はホテル・店舗の需要が落ち込んでおり、7年ぶりに下落した。さいたま市も下落した。

### ●名古屋圏

コロナ禍で下落していた名古屋圏の地価は回復基調が強まっている。愛知県は住宅地が0・2%、商業地が1・0%それぞれ上昇した。ともに2年ぶりの上昇で、都道府県別では商業地で3番目、住宅地では6番目に上昇率が高かった。名古屋市中心部の錦では商業地の上昇率が2桁となり、コロナ禍前の水準を上回る地点もあった。

名古屋市の商業地は3・2%上昇した。錦のほか、名古屋駅前で伸びが鮮明だった。上昇率が最も高かったのは、錦2丁目の名古屋鴻池ビルディング。11・5%上昇し、1平方メートル当たり369万円だった。コロナ禍前の19年時点の地価（340万円）を上回った。もともと他の都市に比べてインバウンドへの依存度が低いことが地価上昇につながった。

住宅地では刈谷市（2・8%）や安城市（2・0%）が大きく伸び、伸び率で1・3%にとどまった名古屋市を上回った。

トヨタ自動車やデンソーを中心とした製造業の業績が堅調で、マンション販売が好調に推移したほか、コロナ禍でも株高が追い風となり富裕層のマンション購入が旺盛だったことが寄与した。

### ●大阪圏

大阪圏の商業地は前年の1・2%上昇から0・6%下落に転じた。コロナ禍による経済低迷や、関西を支えてきたインバウンド需要の消失が打撃となった。

大阪市の商業地は2・0%下落（前年は2・6%上昇）。梅田地区は休業要請や人流減少などで店舗・ホテルの収益性が低下、心斎橋・なんば地区はコロナ禍による国内外の観光客減少が響いた。

京都市は0・4%下落（同1・4%上昇）。観光地周辺での店舗需要や宿泊施設需要が地価上昇をけん引していた伏見区や東山区などの下落率が大きい。神戸市も1・1%下落（同1・3%上昇）となった。三宮センター街では規模の大きな店舗の需要減退が顕著だという。

大阪圏の最高価格地点は、JR大阪駅北側のグランフロント大阪南館。前年から4・7%下がり、8・8%上昇だった前年に比べて市況は悪化した。飲食店などが集まる大阪・ミナミの商業施設、デカ戎橋ビルは18・5%下落と全国でも最大の落ち込みとなった。

大阪圏の住宅地は0・3%下落だが、下げ幅はわずかに縮小した。大阪市が0・2%上昇する一方、南河内地域は1・0%下落した。大阪ー神戸間の西宮市、尼崎市は上昇に転じた。

9月末に完成予定の大型複合ビル「天神ビジネスセンター」（福岡市中央区）

大阪圏の商業地で最高価格地点となった「グランフロント大阪南館」（大阪市北区）

### ●福岡圏

福岡圏は上昇基調を維持した。福岡市は商業地が7・7%、住宅地は4・4%の上昇だった。市中心部の再開発に加えて、住宅需要が地価を押し上げた。

商業地の上昇率上位には、福岡市のJR博多駅がある博多区と繁華街の天神がある中央区が並んだ。両区とも中心部で再開発が進み、周辺では賃貸住宅の開発が活発だった。「賃貸住宅物件の投資には個人投資家が参入し始めており、用地取得に過熱感も出ている」（不動産関係者）

両区中心部のオフィス用地には「投資採算性の観点から割高感が出てきた」との声も上がる。最高価格の天神の商業ビルの上昇率は前年は2桁増だったが、今年は横ばいだった。天神では複合オフィス「天神ビジネスセンター」など再開発物件が相次ぎ竣工を迎え「すでにオフィス賃料が高値圏にあり、地価は上限に達しつつある」との指摘が出ている。

歓楽街の中洲地区は福岡市で唯一下落した。コロナ禍が響き「大規模、高額賃料の物件が苦戦している」（同）という。

住宅地では福岡市のほか、周辺の筑紫野市や春日市などでも上昇が続いた。マンション価格も上昇しているが「契約率は高い」（同）と底堅さを指摘する声が目立った。

### ●地方圏

地方圏の下落地点は938地点と前年より538地点減った。全用途の平均地価は0・6%下落と前年より下落率が縮小。住宅地は下落率が縮小する一方、商業地は拡大した。

都道府県別にみると、下落率が最大となったのは住宅地では秋田県、岐阜県、三重県、愛媛県の4県で1・6%、商業地については岩手県、岐阜県で1・9%だった。岐阜県は前年に続いて住宅地、商業地ともに下落率が最大となった。上昇率が最も大きかったのは住宅地では沖縄県の1・6%。商業地は福岡県の2・7%が最大だった。

札幌、仙台、広島、福岡の地方4市はいずれの用途でも上昇。住宅地は前年より上昇率が拡大したが、全用途平均と商業地は縮小した。札幌市は住宅地が7・4%上昇で、江別市などの周辺地域も上昇が目立つ。宮城県名取市や福岡県筑紫野市など、割安感のある都市部近郊で地価の上昇基調が表れている。

4市の商業地区は、福岡市が7・7%と上昇率が最も高かった。3市は飲食店やホテル需要が低迷。仙台市は前年の6・9%から3・7%に上昇率が縮小し、繁華街の国分町周辺で下落に転じた地点もあった。

▼圏域　東京圏は多摩地区などの一部を除く東京都と神奈川、埼玉、千葉、茨城の4県の東京寄りの地域。大阪圏は大阪府全域と京都、兵庫、奈良の3府県の大阪府寄りの地域。名古屋圏は愛知県の大半と三重県の一部。福岡圏は福岡県内。地方圏は東京、大阪、名古屋の三大都市圏以外の地域。地方4市は札幌、仙台、広島、福岡。

# 新聞制作を通して培う言語能力・情報活用能力

## 1 小単元名

情報デザインの実践（8時間扱い）

## 2 本小単元の観点別目標

（①知識・技能、②思考・判断・表現、③主体的に学習に取り組む態度）

①情報デザインが人や社会に果たしている役割を理解し、効果的なコミュニケーションのための考え方や手法等を理解し、表現する技能を身につける。

②コミュニケーションの目的を明確にし、学習した考え方や方法に基づいて適切かつ効果的に、情報デザインとして新聞の形式で表現し、評価し、改善する。

③情報の送り手と受け手双方の視点を踏まえて、必要なルールや心構え、情報を扱う際に生じる責任について考え、情報社会において主体的に参画する態度を養う。

## 3 NIEとしての狙い

取材手法を新聞記者から学び、実際に取材を行う中でコミュニケーション能力を培う。また、新聞の割り付けや記事の書き方等を学んで執筆にあたる。新聞制作の過程で記事を読み合い、推敲《すいこう》することで、言語能力や情報活用能力を培う。

## 4 本小単元の展開（全8時間）

| 時 | 学習活動 | 留意点／○資料等 |
|---|---|---|
| 1 | 新聞を知る | |
| | •見出しやリード文、本文などについて理解する<br>•記事の内容から見出しをつけて、実際のものと比較し、評価する | •見出しの特徴や役割を考えさせる。見出しは「究極の要約」といわれる意味を考えさせるとよい<br>•見出しの文字数（原則8～12文字）を意識させる |
| 2・3 | 取材方法を知る | |
| | •取材の手法について理解する<br>•インタビュー記事を書くときの留意点について理解する<br>•生徒同士でインタビューし合う | •人物に焦点を当てた実際の記事を読んで、インタビュー記事の構成を理解させる（資料）<br>•インタビューを通じて、事前の情報収集や質問内容の精査が重要であることに気づかせる<br>•新聞記者を招き、実際の記事を基に取材過程や執筆時の留意点について学ばせたい |
| 4 | 取材する | |
| | •中学校の恩師や首長、地元ゆかりの映画監督等にインタビューを行う | •直接会うことができなかったり、時間的制約が厳しかったりする場合はオンラインで行う |
| 5～7 | 記事を執筆する | |
| | •取材内容を基に記事を執筆する | •記事のフォーマットは教師が準備する（新聞社が提供する台紙等を活用してもよい）<br>•パソコン入力でも、原稿用紙に書かせてもよい |
| 8 | 記事を推敲する | |
| | •生徒同士で記事を読み合う<br>•評価し合い、推敲して、新聞を完成させる<br>•取材を受けてくれた人に記事を送る | •ルーブリックで生徒に相互評価させる<br>•礼状も添えるように指導する |

## 5 資料等

資料 奈良新聞
2022年3月29日付

# 今を支え、次代へ新たな価値観築く

地域に心通わせ、創る〝人（財）〟

# 奈良人《ならびと》 ＳＤＧｓ編 1

環境変化や貧困、紛争など、人類が多くの困難に直面する中、平成27年の国連会談で2030（令和12）年までに達成すべき17の目標（ＳＤＧｓ）が設定された。人類が地球上でこれからも暮らし続けていくために―。各目標につながる活動に取り組む「奈良人」たちを紹介する。

1 貧困をなくそう

認定ＮＰＯ法人おてらおやつクラブ代表理事
松島《まつしま》 靖朗《せいろう》さん（46）

## おすそわけで手助け

「助けて」と言える社会にしたいと語る松島さん＝田原本町の安養寺

寺のお供え物を「おさがり」として経済的に困難な状況にあるひとり親家庭に「おすそわけ」する「おてらおやつクラブ」（田原本町）。コロナ禍で生活に困窮する家庭は急増しており、同クラブには日々「助けて」の声が届く。

「地域とつながっておらず、孤立してしまったお母さんがインターネットで検索し、おてらおやつクラブにたどり着いている。困ったときにもっと身近に『助けて』と言える社会にしたい」と語る。

母方の実家の安養寺（同町）で幼少期を過ごし、僧侶となることを期待されたが「普通の人生を歩みたい」と東京の大学に進み、卒業後はＩＴ企業に勤めた。しかし、周囲の尊敬する人は皆、人と違う人生を歩んでいることに気付き、奈良に戻って平成24年に同寺住職となった。

25年5月、大阪市で餓死状態の親子が発見された報道に衝撃を受け、貧困家庭の支援をしていた大阪の団体にお供え物のおやつを届けるようになった。

自身では最大限のことをしているつもりだったが、その団体の職員に「おやつが足りない」と打ち明けられ、全国に数多くある寺に声を掛けることを思い付いた。26年におてらおやつクラブを立ち上げ、徐々に拡大。当初は10カ寺ほどだった参加寺院は約１８００に増え、子ども食堂など５６５の支援団体や直接支援を通じて２万２千人の子どもにおすそわけを届けている。発送品はおやつに限らず米や果物、日用品にまで及び、心を込めた贈り物に「涙が出た」と感謝の声が返ってくる。

しかしコロナ禍は状況をさらに悪化させた。同クラブのホームページの相談フォームには収入が減ったり、職を失ったりした親から毎日、悲痛な声が寄せられる。そのため、各家庭に直接おすそわけを届ける直接支援を強化。直接支援の件数はコロナ禍前の16倍に増え、事務局では回らなくなったため、個人情報を守りながら全国の参加寺院から発送できるシステムも整えた。

現在は親の声だけでなく、子どもの声を直接、聞く場をつくろうと奔走。子どもの貧困解消に向けた体制づくりに力を注ぐ。

2 飢餓をゼロに

ビコーズインスチチュート社員
今里《いまざと》 いささん（58）

## 発展願い途上国支援

ウガンダで現地の女性たちと過ごす今里いささん（今里さん提供）

「お笑いタレントの中川家の大ファンです」―。途上国で開発支援に取り組むイメージからは想像できない第一声だが、開発コンサルタント会社、ビコーズインスチチュートの社員として、ＪＩＣＡ事業等日本政府が支援する途上国開発の仕事に就く。主に紛争の影響を受けた地域で、住民の生計手段の回復や行政による住民サービス向上に取り組む。「もちろん銃声や爆発音を耳にすることもあります」。日本では考えられない状況だ。

途上国で働くきっかけは、海外青年協力隊への参加。もともと奈良県内の福祉施設に勤務。旅行で訪れたインドの人々の活気に圧倒され、アジアで働きたいと海外青年協力隊に応募、スリランカ派遣が決まった。現在は、「ウガンダ国西ナイル・難民受入地域レジリエンス強化プロジェクト」に従事し、ウガンダの行政官が、隣国からやってくる難民を含む地域の干ばつや疫病等の災害時住民サービスを強化する取り組みを行う。

新型コロナウイルス感染拡大の緊急事態下、ウガンダ政府が早々にロックダウンを実施する中、感染拡大防止へ苦労を厭わず村を回った県の職員が口にしたのは、「今行かなければ行政官としての信用を失い、責任を放棄することになる」―。「すごいなぁと心から敬意が湧くし誇りに思う。この仕事を続けている理由は、その国の発展を願う仲間の姿勢や共に働く面白さだと思います」

ＳＤＧｓの目標の一つ「飢餓をなくす」について、「貧困格差は紛争を生み、紛争は人々から生計手段を奪い一層の貧困、ひいては飢餓を生みます」。また、「電気やガス等インフラが整備されていない地域では、燃料となる薪（まき）を得るため木の伐採が進んでしまいます」。これらは経済、環境等グローバルに影響を及ぼす。「途上国の問題は世界全体の問題。途上国、先進国の線引きではなく、共に課題に取り組む姿勢が必要」と説く。

スリランカやウガンダで、既存の制度や仕組みにとらわれず、柔軟に問題に取り組む姿勢を学んでいると話す。「国外だけではなく、国内でも、外国人と日本人が共に地域の課題を話し、取り組めるようになれば」と話す言葉には実感がこもる。

3 すべての人に健康と福祉を

御所スポーツクラブ理事長
宮城《みやぎ》 学《まなぶ》さん（69）

## 運動に親しむ場提供

「スポーツに携われているのがうれしい」と話す宮城学さん＝御所市幸町の御所スポーツクラブ事務所

元御所市職員で、現在は総合型地域スポーツクラブ「御所スポーツクラブ」理事長や同市サッカー協会長を務める。

小学生の頃は野球、中学校ではバスケットボールに打ち込んだが、高校に進んでサッカーを始めたという。御所市では教育委員会に配属、「小学生にサッカーを経験してほしい」と、午前中のみの勤務だった土曜日の午後を利用し、毎週、各学校をサッカーの指導に回った。小規模校では熱心な先生が全校生徒を残してくれることもあったという。

ただ、市内の8校を順に回っていたため、同じ学校で次の訪問が約2カ月後になり、前回に学んだことを忘れてしまう児童もいた。

そんな苦労から、児童を1カ所に集めて毎週来てもらうようにすることを発案、御所市の健民グラウンドでサッカースクールを始めたのが、御所フットボールクラブ誕生の契機となった。近隣のチームと交流試合もしたいと昭和53年に御所ＦＣとして活動を開始。創部5年ほどで全国大会出場を果たした。

現在の総合型地域スポーツクラブは、市役所を早期退職し、市の旧児童館の建物を借りて始めた。母体が少年サッカークラブだったこともあり、サッカースクールも開いているが、男女問わずスポーツに親しんでもらおうと、ダンスやテニス、バレーボール、バドミントンなどのスクールもある。

昨年4月には東京五輪の聖火ランナーとして市内を走った。「市教委時代はわかくさ国体の競技・式典担当として同じようにトーチをつなぐ『炬火（きょか）リレー』を担当した」と振り返る。始めたばかりの少年サッカークラブの全国大会初出場と重なり、「会場の東京と奈良をとんぼ返りで往復した」とほほ笑む。

今年で70歳を迎えるが、「スポーツに携われているのがうれしい」と話し、「体が動く限り続けたいが、いつまでもできるとは限らない。スポーツクラブの運営を引き継げる人がいれば」とクラブの将来を見据える。

4 質の高い教育をみんなに

げんきカレー店長
斎藤《さいとう》 樹《しげる》さん（50）

## 善意の一杯で元気を

「チケットはお客さんの善意の気持ち」と話す斎藤樹さん＝橿原市四条町

誰もが無料でカレーを食べられる、橿原市四条町の「げんきカレー」を運営する。自身が考案した「みらいチケット」は、誰かの善意が無料の一杯を支えるというシステム。会計の際、２００円多めに払うと、チケットが発行され、自分で壁に貼る。誰かがチケットを使えば、無料でげんきカレーを食べられる。

橿原市出身。県内で英語の学習塾を経営する。ボランティアで無料の英語教室を開いたとき、参加した子どもが、「うちには習い事に行くようなお金ないねん」とつぶやいた。話をした学校関係者からは「給食で食いつないでいる子どもがいる」とも聞いた。「まずは子どもたちがおなかいっぱいになれる場所をつくりたい」と平成30年5月に格安のカレー店「げんきカレー」を開店した。大人２００円、中学生以下１００円。運営は採算度外視だ。

オープンして間もなく、カレーを食べに来た子どもたちがひそひそ話をしていた。「60円しかない、どうしよう」。子どもたちを見ていた常連客の1人が言った「俺、あの子の分も出したるで！」。そこで思いついた。「誰かが無料で食べられるチケットを、地域の人が買ってくれたら」。みらいチケットの始まりだった。

通常は週4日、カレー店を営業。うち2日は夕方から「みらい塾」としてボランティアの大学生や教員が子どもたちに勉強を教えたり、一緒にご飯を食べる「げんきみらい食堂」になる。「みらいチケット」は、「同じ仕組みで店を運営したい」という相談がこれまでに50件以上あった。

店内の壁には「ありがとうの木」というイラストがある。みらいチケットを利用した子どもが、お礼の気持ちを示そうと木に花びらを貼る。すでに２２００枚を超えた。２００円という手が出しやすい価格設定。善意が子どもたちの一杯に変わるという実感。それらが取り組みを持続可能にしている、とみる。

「チケットは地域の人、お客さんの善意の気持ち。子どもは誰でも来てください」

# メディアの特性と情報モラル

## 1 小単元名

メディアとコミュニケーション（5時間扱い）

## 2 本小単元の観点別目標

（①知識・技能、②思考・判断・表現、③主体的に学習に取り組む態度）

①情報や情報技術が果たす役割と影響について理解し、情報発信する際の留意事項について捉える。
②メディアの特性を踏まえ、日常生活においてコミュニケーション手段を適切に判断・選択し、情報発信できる。
③情報モラルの必要性について理解を深め、情報社会に主体的に参画する態度を養う。

## 3 NIEとしての狙い

インターネット上のモラルに反する書き込みや誹謗《ひぼう》中傷が社会問題となる中、複数の目による厳しいチェックを経て発行される新聞はモラルの面でも細心の注意が払われている。読み手を意識せず発信されることもあるSNS等との対比を通じて、信頼性・正確性だけではない優れた新聞の特性を学ぶ。

## 4 本小単元の展開（2・3/5時間）

| 時 | 学習活動 | 留意点／○資料等 |
|---|---|---|
| 1 | メディアの発達 | |
| | •メディアの機能を確認し、発達の歴史を調べる<br>•メディアを分類し、考察する | •メディアの機能をSNSやメッセージアプリ等を例に確認する<br>•分類したメディアの具体例を調べて考察させる |
| 2・3（本時） | メディアの特性 | |
| | •表現、情報、伝達の観点から各メディアの特性を調べる<br>•新聞や書籍、テレビ、インターネット、SNSなど、身近なメディアの記事や投稿について、情報伝達の速さと信頼性などの観点から考察し、ワークシートに記入する<br>•各メディアの特性を踏まえ、新聞記事を読んで、情報モラルについてグループ内で討論する<br>•気づいたことをまとめ、情報モラルを高めるために何をすべきかを考察し、発表する | •メディアの特性に応じて留意すべき情報モラルについて気づかせたい<br>•インターネット上のあらゆる記事や書き込みは世界中の誰でも見ることができることから、発信者が意図しない受け取られ方をする可能性があることを気づかせる<br>•SNSで発信された投稿をインターネット上で転載する際などに、情報源や情報の真偽、著作権等について留意するなど、自分事として捉えさせる（資料1）<br>•内容によっては、メールでも刑罰の対象となることを理解させる（資料2） |
| 4・5 | コミュニケーションの形態と活用方法 | |
| | •コミュニケーション方法を分類する<br>•さまざまなコミュニケーションの手法をまとめ、目的に応じた適切なメディア選択と活用方法について考察する | •前時までに学んだ情報モラルを踏まえ、自分が情報を発信する際に留意すべきことを目的別（誰に、何のために、等）、観点別（伝達の速さ、情報の種類、等）に考察させる<br>•インターネットに限らず、電話や手紙など、マナーを踏まえたコミュニケーションのあり方を考えさせる |

## 5 資料等

資料1 西日本新聞 2021年12月4日付朝刊

あなたの特命取材班 JOURNALISM ON DEMAND

# 鎖で学生つなぐ動画 波紋

## 福岡市の日本語学校「悪ふざけ」

## 在日ベトナム人憤慨、動揺

福岡市の日本語学校とみられる場所で学生のベトナム人男性が鎖につながれている動画が、会員制交流サイト(SNS)に投稿され、西日本新聞「あなたの特命取材班」(あな特)に「何とかできないか」と心配する声が寄せられた。学校側は取材に「悪ふざけ。(内容が)誤解されている」と釈明したが、国内のベトナム人コミュニティーや日本語学校関係者には憤りや動揺が広がっている。

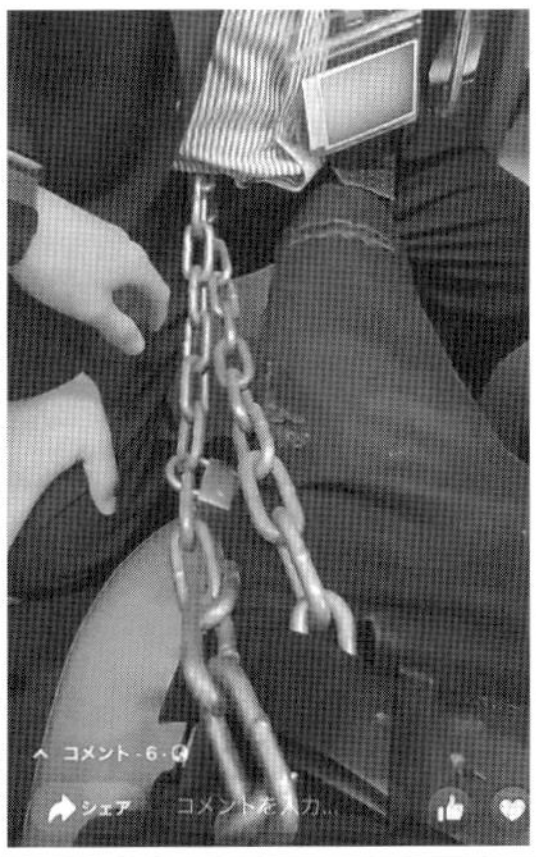


福岡市の日本語学校とみられる場所で、ベトナム人男性が職員に鎖でつながれた動画＝SNSから(写真の一部を加工しています)

関係者によると、10月に複数の動画が投稿された。日本語学校の男性職員が自分のベルトと、投稿者とみられるベトナム人男性のベルトを南京錠が付いた鎖でつなぎ、何かを聞く様子が映っている。別の動画では「私トイレ行きたい」など、たどたどしい日本語も聞こえる。

「健康上の理由で帰国したいと言ったが、理由なく学校に閉じ込められた。ベトナム大使館に助けてもらいたい」などと、ベトナム語で訴える文章も添えられていた。現在、投稿は削除されている。

この学校に通う別のベトナム人学生(21)は動画を見て「確かに学校の職員で、校内での出来事。トラブルがあったようだ」と証言した。

学校の広報担当者は「(悪ふざけの動画や画像をインターネットに投稿し、社会問題になる)『バカッター』のような動画だった。(職員の行為は)ふさわしくないので学校業務から外した」と説明。投稿者とみられる男性は在籍していたが、現在は所在不明となり、除籍扱いにしたという。学校側は「(これ以上の)取材は遠慮したい」と詳しい説明を拒んでいる。

取材班は当事者の男性に関係者を通じて連絡したが、返信がなかった。知人のベトナム人女性によると、男性は20代で、昨年12月ごろ同校に入学。動画を見て心配になり、先月末に電話で話した際、男性は「転校したいが、転校させてもらえなかった」と話していたという。

在福岡ベトナム総領事館(福岡市)も動画の内容を把握。男性と連絡が付かず、知人経由で総領事館に連絡するようメッセージを送ったところ、知人を通じて「誰とも話したくない」と返事があったという。総領事館は「動画がどこまで真実か分からないので、見守っている状況だ。本人から正式に通報があれば対応する」としている。

福岡県内のある日本語学校の校長は、新型コロナウイルスによる入国制限などで日本語学校の経営環境は厳しさを増し、学生の管理に神経質になっている学校があると指摘。その上で「動画はひどい人権侵害だ。県内のベトナム人コミュニティーで広まり、動揺している学生もいる」と憤った。(内田完爾)

調査依頼はこちらへ LINEで友達追加 特設サイト

ニュースサイト西日本新聞meに動画

資料2 神戸新聞 2021年12月6日付朝刊

# 「不自由展」主催者を脅迫

## 警視庁 尼崎の男 容疑で逮捕

6月に東京都内で開催予定だった「表現の不自由展・東京展」の主催者側に脅迫メールを送ったとして、警視庁公安部は5日、脅迫容疑で尼崎市立花町1、会社員　　容疑者(47)を逮捕した。公安部によると「メールを送信したことに間違いない」と供述。展示会を中傷するような文面もあり、展示会に反対する意図があったとみられる。

逮捕容疑は6月19日～7月14日、東京展の主催者が公表しているメールアドレスに「髪を引きずりまわされる表情が見てみたいわ！お前らの中で死人が出ても不思議ではない！」などと計5回にわたって自身の携帯電話からメールを送り、脅迫した疑い。

東京展は6月に新宿区のギャラリーで開催予定だったが、街宣車などの抗議を受け当面の延期が発表された。

不自由展を巡っては、7月に大阪市で開催された「表現の不自由展かんさい」で、爆竹が入った会場宛ての封筒が郵便局に届いた。直前に名古屋市であった「表現の不自由展」の施設でも郵送された封筒から破裂音がして、事実上の中止に追い込まれた。いずれも消印が兵庫県内の郵便局だったことが明らかになっており、大阪、愛知両府県警が捜査している。

# ファクトチェックを意識しよう

## 1 小単元名

**メディアリテラシー：デマの本質とは**（3時間扱い）

## 2 本小単元の観点別目標

（①知識・技能、②思考・判断・表現、③主体的に学習に取り組む態度）

①メディアの特性を踏まえて情報の真偽を確認する方法を身につけ、ファクトチェックの重要性を理解する。
②SNSなどのデマから実際に生じた事象をもとに、どのように思考・判断し、どう対処すべきかを表現する。
③対処法の考察だけでなく、法律や制度を調べたり、デマが発生した背景などを科学的に検証したりして、課題や解決策を進んで考察しようとする。

## 3 NIEとしての狙い

2019年12月に中国・武漢市で最初の感染者が報告された新型コロナウイルス感染症（COVID-19）は、世界的な流行とともに真偽不明の情報が錯綜《さくそう》した。未知のウイルスであったため不明な点が多く、ファクトチェックが難しい側面もあったが、メディアの特性を理解した上で、情報の真偽の判断方法や情報との接し方について新聞記事等を基に考えさせる。

## 4 本小単元の展開（全3時間）

| 時 | 学習活動 | 留意点／○資料等 |
|---|---|---|
| 1 | メディアの特性 | |
| | •各メディアの特性を理解し、インターネットを利用する際の留意点を考える | •ファクトチェックの必要性に気づかせる |
| 2 | ファクトチェックの方法 | |
| | •新型コロナウイルスのまん延に伴い発生したデマや商品の買い占めに関する新聞記事を読む<br>•記事を基に情報の真偽の判断方法や、ファクトチェックの方法を考える<br>•SNSのデマから生じたマスクやトイレットペーパーの買い占めに対して、どのように考えて行動すればよいか、グループごとに話し合い、意見をまとめる | •記事は、ワクチン接種などの予防対策に関するものでもよい<br>•記事は、生徒が持ち寄っても、データベースで検索してもよいし、教師が選んで配布してもよい<br>•未知の事象が起こった際に信頼できるメディアについて考えさせるとよい。新聞には、複数の編集者のチェックを経た記事や写真だけが掲載されていることに触れる<br>•日本新聞協会「新型コロナウイルスとメディア接触・信頼度調査」(2020年）のデータを提示してもよい。信頼度が最も高かったのは紙の新聞（「信頼できる」「やや信頼できる」との回答が69.5%）で、次いでテレビ（同66.8%）だった。一方、SNSは15.4%、動画サイトは14.3%<br>○資料12 |
| 3 | 情報社会における課題と解決策 | |
| | •グループごとにまとめた意見を発表する<br>•各グループの意見を参考に、各自で考えを深める | •デマをうのみにした場合のリスクを踏まえ、どう判断し、どう確認すべきか、具体的な対処法を盛り込むよう助言する<br>○資料3 |

## 5 資料等

資料1 神戸新聞 2020年4月1日付朝刊

新型コロナ

# トイレットペーパーはなぜ品薄に

# デマ信じてなくても買いだめ

新型コロナウイルスの感染拡大を巡り、会員制交流サイト（SNS）などで流布した感染予防策などの誤情報。一見関係のないトイレットペーパーがデマから全国的な品薄になる事態も生じた。飛び交う情報にどう対処すればいいのだろう。大阪大の三浦麻子教授（社会心理学）への取材をもとに、Q&A形式でまとめた。（竹内　章）

## 大阪大の三浦麻子教授に聞く

「あえて情報に触れない時間を持つことも、SNSの賢い使い方だ」と話す大阪大の三浦麻子教授＝大阪府吹田市

—未知なものに不安を覚えるのは当然の反応か。

感染症流行に伴う混乱は、地震などの自然災害と同様で、パニック的な反応は繰り返し観察されている。新型コロナのように目に見えない不安に対し、「感染したくない」という心理が強く働くと、見えている誰か、例えば特定の国家やクラスターが生じたとされる集団を排斥・差別するといった極端な行動にすらつながる場合もある。

—「26度のお湯でウイルスが死滅」「トイレットペーパーが不足する」というデマが流れた。

不確かで状況が変化する問題に対し、不安や恐怖にかられ、身近なリスクへの情報を集めようとするのは自然な振る舞いだ。そうした中で、自分の予想と合致した情報に接すると、真偽の検証を忘れて受け止めてしまうことも多い。

## 氾濫する情報と距離置くことも必要

**デマ対策まとめ**

①情報を共有する前にデマではないかと懐疑的に考える
②もし共有した情報がデマだと気づいたら取り消して訂正する
③世界保健機関（WHO）や厚生労働省の情報を参考にする

—トイレットペーパーについては業界団体が「供給は十分足りている」と異例の呼びかけをした。

ほとんどの人は「生産がストップする」とは本気で信じていなかっただろう。ただ「私はデマに踊らされないが、周囲の人はだまされるだろう」と考えた人が先回りして購入に走り、SNSで広く共有され、品薄を招いたのではないか。

—デマを信じたわけではないのに皮肉だ。

社会心理学でいう「多元的無知」。よく「空気を読む」とか「忖度《そんたく》」とか言われるものと同じ。一人一人は「なくなるわけがないのに買い占めなんて」と思っていたとしても、「きっとみんなそう思い込んで買い占めるだろう」「そうなるとほんとに品薄になってしまう」と思った結果、買い占めることの方が「当たり前」になってしまった。

—対策は。

人は冷静でいられない状態では思わぬミスを犯すということを自覚する。トイレットペーパーをたくさん買わないよう自制を求めることも必要だが、たくさん買いにくいシステムを導入し、消費者にそれに合わせて行動してもらうことも重要。「人間は時に愚かな動物」という自覚があれば、少しはブレーキになる。

—SNSでデマが拡散した。

SNSは主観や感情を伝える「お気持ち」メディア。リスク情報が流れてくると、「私も怖い」という個人的な思いを共有（ツイッターならリツイート）したくなりがちだが、「この情報は大丈夫か?」と疑ってかかってほしい。

—真偽の判断が難しい情報もある。

1次情報でないもの、自分で判別できない情報はリレーしないこと。情報の氾濫にストレスを感じている人はアクセスを控える。ツイッターならばミュートするなど情報そのものに触れないようにしてほしい。

—"コロナ疲れ"という言葉も聞く。

疲れるのも慣れるのもまだ早いのかもしれない。長期間、人との接触を控えた生活を強いられる中で、精神的な健康を保つため、アメリカ心理学会が市民向けにポイントをまとめた。日本心理学会が日本語訳をホームページ（https://psych.or.jp/about/Keeping_Your_Distance_to_Stay_Safe_jp/）に掲載している。ニュースやソーシャルメディアへの接し方や他者とのつながりをまとめているので、役立ててほしい。

資料2 京都新聞 2020年3月7日付朝刊

# 新型肺炎 買い占めパニック

新型コロナウイルスによる肺炎が拡大する中、世界でマスクや除菌液、食料品の買い占めが深刻化している。各国政府は輸出制限や価格統制をかけ「パニック買い」を控えるよう呼び掛けるが、強盗や暴力事件も発生し、対応に苦慮。店頭での品薄や混乱はしばらく続きそうだ。

## マスク・トイレ紙・食料品

陳列棚がほとんど空になった米ニューヨークのスーパー＝1日（ゲッティ＝共同）

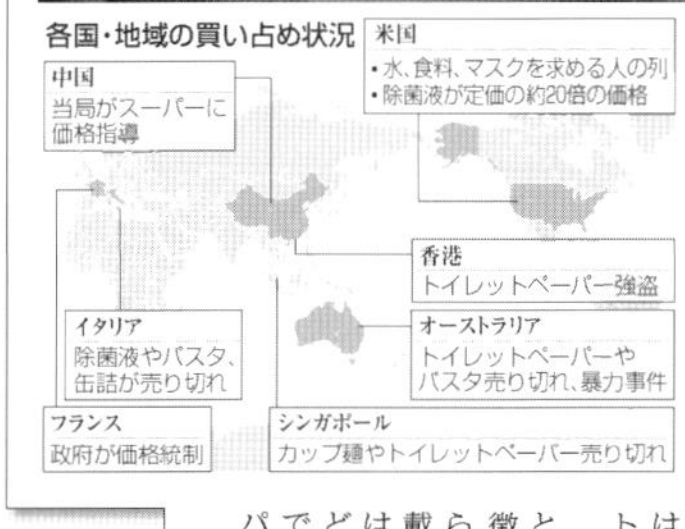

各国・地域の買い占め状況
米国
・水、食料、マスクを求める人の列
・除菌液が定価の約20倍の価格
中国
当局がスーパーに価格指導
香港
トイレットペーパー強盗
イタリア
除菌液やパスタ、缶詰が売り切れ
オーストラリア
トイレットペーパーやパスタ売り切れ、暴力事件
フランス
政府が価格統制
シンガポール
カップ麺やトイレットペーパー売り切れ

「中国本土の工場でマスクを増産するためトイレットペーパーの生産が停止した」。香港でデマが流れ、2月初めに買い占めが始まった。17日には強盗事件に発展。ナイフを持った3人組が、トイレットペーパー600個をスーパーに配達に来た業者から奪った。

中国湖北省武漢市では都市が封鎖された1月23日前後に買い占めが発生。住民は中国メディアに「皆が食品や油、飲料などを入るだけカートに詰め込み、あっという間に売り切れた」と語った。地元当局はスーパーに価格を上昇させないよう指導している。

マスクは全土で品薄や価格高騰が続く。1月下旬、天津市で仕入れ価格12元（約180円）のマスクを128元で売ったとして店が摘発された。北京の50代女性は「同じマスクを繰り返し使っている」と嘆く。外国からマスクを買い集めて転売する動きも出た。

## 各国規制も品薄や強盗

イタリアでは北部の大都市ミラノなどで買い占め騒ぎが起きた。長期保存が利くパスタや缶詰がスーパーからなくなった。首都ローマでも除菌液が売り切れる薬局が続出。インターネット上で「コロナウイルスショップ」と銘打ち、マスクや効果不明の対策グッズを高額で販売する業者が出て、警察が取り締まりに乗り出した。

オーストラリアでも店頭からトイレットペーパーやパスタが消えた。モリソン首相は「パニック買い」を控えるよう国民に求めたが、3月5日には東部の小売店で、トイレットペーパーを巡って店員や他の客とけんかになり暴力を振るった男を警官がスタンガンで制圧するトラブルもあった。

米国では2月下旬以降、人々が水や食料、マスクなどを求めてスーパーに列を作った。西部オレゴン州の量販店コストコでは、店舗開業後初めてトイレットペーパーの在庫が切れた。

フランス政府はマスクの在庫と新規生産分を5月末まで国が徴用するとした政令を施行。さらに除菌液も3月6日の官報に載せた政令で、100ミリリットル容器は最高で3ユーロ（約350円）などと価格を統制。シンガポールでもカップ麺やトイレットペーパーの陳列棚が空になった。（共同）

資料3 生徒がまとめた意見

○今回、調べたサイトだと、私たちが住んでいる市は10日連続で新規感染者がゼロと書いてあった。だからといって、もう何も心配しなくていいのかというと、そうではないだろう。その1つの情報だけで判断するのは危ない。複数の情報を見たり、数字が間違っていたりするかもしれないと疑う視点も必要だと感じた。

○ネット記事を見た時、「あなたへのおススメ記事」がでてきて、興味のあるものだけを見てしまうから、世界経済のニュースなどを見ていなかった。今回、自分自身が限られた情報しか見ていないことに気づき、もっと視野を広げなければならないと感じた。

○記者が取材した記事は深く細かく伝えるように工夫されていると思うが、メディアが伝えたい内容にそって情報を切り取っている可能性もあることを考えるようになった。

# 報じ方の違いから学ぶメディアリテラシー

## 1 小単元名

メディアリテラシー（6時間扱い）

## 2 本小単元の観点別目標

（①知識・技能、②思考・判断・表現、③主体的に学習に取り組む態度）

①各メディアの特性を理解し、情報を再構築する技能を習得させる。

②メディアに関するアンケート結果を基に、表計算ソフトを効果的に活用して分析し、結果を発表する。

③新聞とテレビの情報量や報じ方の違い、即時性や利便性に優れるインターネットとの違いについて理解を深め、適切にメディアを選択・活用しようとする態度を身につける。

## 3 NIEとしての狙い

他媒体との比較を通して、信頼される情報メディアとしての新聞の価値について理解を深めるとともに、メディアリテラシーを高めることで、デジタルシチズンシップ（デジタル技術を利用して、責任ある市民として社会参加するための知識や能力）の担い手を育てたい。

## 4 本小単元の展開（全6時間）

| 時 | 学習活動 | 留意点／○資料等 |
|---|---|---|
| 1 | テレビCMのストーリーボード（絵コンテ）を描き、映像編集を分析する | |
| | •30秒CMのストーリーボードを、グループ（3～4人）で協力して描く<br>•同一企業の15秒CMと比較し、編集で省かれた部分、残された部分について意見交換する<br>•グループごとに分析結果を発表する | •タイムラインを描く際には、細かくなりすぎないように注意し、情報伝達の意図を考えさせる<br>•ショット数、画面の描写、効果音、CG・演出、テロップ等の情報を書き出させる |
| 2 | 情報源に着目して、ニュースの報じられ方について学ぶ | |
| | •見出しが隠された記事を読み、見出しを考える<br>•記事の情報源を探し、インターネット検索で見つけた原文と記事を比較、分析する | •見出しを考えることで、読み手によって記事の捉え方が異なる場合があることに気づかせる<br>•紙面に限りがある新聞には、新聞社が大事だと判断した情報を選んで載せていることに気づかせる |
| 3 | データベースを活用して、時節によって取り上げられるテーマが変わることを学ぶ | |
| | •同じ情報源（ここでは全国大学生協連）が提供する各種調査データを記事データベースで検索する<br>•興味のある記事を要約し、グループ内で紹介し合う | •毎年取り上げられる調査結果の記事から、社会や時代の変化を読み取らせるなど、生徒に主体的に検索させる<br>○資料1 |
| 4 | メディアに関するアンケート結果を各自で分析し、発表する | |
| | •アンケートに各自が回答する<br>•アンケート結果を基にグループで分析するテーマを決め、表計算ソフトで分析する<br>•グループごとに分析結果をまとめ、発表する | •アンケートの調査項目は教師が用意する<br>•表計算ソフトのピボット分析やフィルター等を活用し、得られた情報を関連づけたり、図表で可視化したりして、情報を分かりやすくデザインさせる |
| 5 | テレビ報道のニュース項目を分析する | |
| | •同じ日の、同じ時間帯の複数のニュース番組を視聴し、内容を分析する<br>•複数の番組が報じる共通のニュースの内容について、CM分析と同様の手法で分析する | •ニュース番組の内容分析の際に、新聞であればどの面に掲載されているかを考えさせる<br>•ストーリーボードを作成する際、ナレーションも書き出させ、視聴者に与える印象等についても比較検討させる |
| 6 | 新聞とテレビの報じ方の違いを比較検討する | |
| | •記事を読み、調査報道や新聞の役割・特性について理解する<br>•前時で分析したニュース番組と同じ日の複数の新聞を読み比べ、報じ方の違いを調べる<br>•インターネットから得られる情報とも比較し、今後の情報取得のあり方について話し合う | •新聞社は紙以外にも、多様な媒体を通じて情報発信していることを伝える<br>•即時性のあるテレビ番組と比べることで、新聞の特性である詳報性、解説性、記録性に気づかせる<br>○資料2 |

## 5 資料等

資料1 読売新聞 2021年8月11日付夕刊

# 学生生活「充実せず」44%

## 大学生協連調査 上級生の不満高まる

大学生活へのコロナ禍の影響について、全国大学生活協同組合連合会が7月に行ったアンケート調査で、4割超の学生が「学生生活は充実していない」と感じていることがわかった。不満は上級生に強く表れており、調査の担当者は「コロナ禍の長期化で、学生生活への影響がより広範囲に及んできた」と指摘している。

調査は、インターネットで行い全国の大学生約7600人が回答した。

「学生生活は充実していない」と回答した人は44・7%で、昨年秋に実施した調査と比べて18・9ポイント増加した。学年別では、1年生が30・3%で昨秋調査から13・2ポイント減少した一方、2年生は46・2%（昨秋比23・3ポイント増）、3年生47・0%（同28・6ポイント増）、4年生47・1%（同33・5ポイント増）だった。

「大学生活は充実していない」と答えた学生の割合

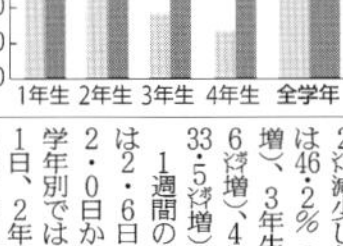


※全国大学生活協同組合連合会調査から作成

1週間の登校日数の平均は2・6日で、昨秋の平均2・0日からは増加した。学年別では、1年生が3・1日、2年生は2・6日だった。昨年度は入学時からオンライン授業やキャンパス閉鎖で通学できず、新入生の孤立が問題となった。今年度はその対策として、対面授業を1年生中心に組む大学が増えたためとみられる。

昨年夏に実施した調査では「友人の数」も尋ねており、1年生の27・7%が「0人」と回答した。1年後の今回調査では、「0人」と答えた現2年生は7・3%だった。緊急事態宣言などが断続的に発出される中、SNSなども活用して少しずつ友人作りが進んだとみられる。

大学生協連の担当者は「コロナ禍の長期化で、上級生も研究やサークル活動の機会を奪われ、影響が広がってきている。キャンパスライフの早期の正常化や、現2年生へのさらなる支援も求められる」と指摘している。

資料2 朝日新聞 2021年10月13日付朝刊

新聞週間2021

# デジタルが新聞を強くする

これまで新聞づくりは、朝刊・夕刊の二つの締め切りを基準に動いていた。だがデジタル化が進み、24時間365日いつでも速報し、深い分析を伝えられるようになった。ソーシャルメディアなどから世論の動きを分析し、読者の疑問や関心に応えるコンテンツづくりも進む。動画や音声、インフォグラフィックなど多様な手段も交えてニュースを伝える。そうした取り組みや模索が、さらに新聞の可能性を広げていく。

## 首相退陣表明の朝 ネットに見た兆し

9月3日の朝、東京・築地の朝日新聞東京本社5階の編集局は、一見落ち着いた滑り出しだった。

前日夕、菅義偉首相（肩書はいずれも当時）が突然、自民党本部を訪れて二階俊博幹事長と会談した。「総裁選不出馬を伝えるのでは」。永田町は蜂の巣をつついたような騒ぎになった。だがこの日は、二階氏が「総理はやる気満々だった」と臆測を否定した。

首相は3日、党総務会で幹事長ら4役を交代させる役員人事の一任を取り付ける方針とされていた。

一方、ネットに現れる世論は、そんな菅首相の迷走に愛想を尽かしたような反応を見せていた。

3日午前9時。東京、名古屋、大阪、福岡にある全国4本社をつないだオンライン会議で、ネットの動向を分析するオーディエンスチームが最新状況を報告した。

「首相に対して批判的な論調が、保守系サイトでも出てきている。代わりに高市早苗氏への待望論の広がりが見える」

政治部デスクからは、党総務会の結果が判明するのは夕刊の最終締め切りより後だとの予定が共有された。

「有力者の発言など、異変が兆しでも見えたら、紙の締め切りにかかわらず、すぐ朝日新聞デジタル（朝デジ）に速報を出そう」。議論はそう締めくくられた。

静けさが破られたのは、正午前だった。

菅首相が総裁選不出馬を表明――。

編集局は騒然となった。朝デジに速報が出され、夕刊も締め切りを延ばして1面に記事を突っ込んだ。号外も配られた。

朝デジでは、さっそく政界の一挙手一投足を伝える「タイムライン」をスタートさせた。さらに速報から約1時間後、不出馬の理由を分析した坂尻顕吾政治部長の解説が掲載された。

「党内では『選挙の顔』として菅首相を押し立てることに不安が高まり、水面下で『菅離れ』が加速した。国政選・地方選の連敗で、従来の自民党支持者の支持が離れつつあるとの危機感も急速に広がった」

この朝デジ向け解説を元にした政治部長の解説は、翌4日朝刊1面に。「タイムライン」も、特設面に掲載された。

ネットも、不出馬表明に敏感に反応した。首相が語った「コロナ対策に専念」を、言葉の通りに受け止める向きは少なかった。

午後のオンライン会議でオーディエンスチームはこうした動向を報告した。

「反応を見ると、リベラル系は『逃げた』『遅すぎる』。保守系は『お疲れさま』『しょうがなかった』など。一方で、早くも『次の総理』に関心が集まり、『岸田総理』という言葉も上昇してきている」

3日には、河野太郎氏の立候補の意向も報じられ、政界は総裁選になだれ込んでいった。

菅首相の総裁選不出馬表明から約1カ月後の10月4日、岸田文雄氏が第100代首相に選出された。新首相を待ち受けるのは、目前に迫った総選挙だ。

私たちは31日投開票の総選挙に向けても、デジタルと紙両方の持ち味を生かした多角的な報道を続けていく。

（コンテンツ編成本部長補佐・石田博士）

### トレンドの分析から記事が載るまでの例

トレンド
ツイッターなどのソーシャルメディアで話題になっている事柄や、ヤフーやグーグルなどのサイトで検索数が多い事柄

**6:30** 世論の動きを分析
コンテンツ編成本部のオーディエンスチームがトレンドを分析。取材や記事のヒントになるよう意識して情報を整理する

▼

**9:00** ミーティングで議論
編集局の朝ミーティングやその後の編集会議で編集長や各部のデスクが情報共有。トレンドから世の中の関心を見定め、その関心に応えるにはどのような記事が必要かを議論する

▼

**9:30** 取材開始
デスクの指示を受け、記者が取材開始

▼

**午前中** 朝日新聞デジタルに配信
デスクが原稿をチェックし、記事を完成。朝日新聞デジタルに配信する

▼

**夕方** 朝日新聞紙面が届く
記事が載った夕刊がお客様に届く

### トレンドがきっかけになった記事

東京本社発行の最終版をもとにしています

祝日"五輪シフト"にご注意 未反映カレンダー多数
7月1日夕刊 社会・総合面

パラ学校観戦、車いす少年はつぶやく「障害者と交流? 僕はふれあい動物園じゃない」
9月7日夕刊 社会・総合面

モバイルスイカ、不具合 アップルペイでチャージできず
10月5日夕刊 社会面

## 媒体を超え伝えた 土石流の全容

「デジタルから紙へ」の流れは、記事だけにとどまらない。デジタル上の見せ方は、新聞紙面の見せ方も変えようとしている。

20人以上が犠牲になった静岡県熱海市の土石流災害。発生から2日たった7月5日、デザイン部から一つの提案があがった。「空撮写真をつなげて被害の全体をデジタル上で見せたい」。災害の直後に多くの被害写真は出ていたが、その全容を朝日新聞デジタルは伝えきれずにいた。

提案はただちに各部を巻き込んで、実現へと動き出した。夕方にはデザイン案が完成し、映像報道部や社会部などに共有された。6日午前、映像報道部から「空撮に成功」との一報が入った。天候が完全に回復しておらず、空撮できるかどうかが危ぶまれていた。

その後は各部が役割を分担しながら進めた。デジタル上の表現を駆使してコンテンツを制作するクリエイティブチームが、特集ページの制作にとりかかった。社会部からは被害状況のデータが届いた。

発案から3日後の8日夕方、リッチコンテンツ「空から見た熱海土石流」を公開した。グーグルマップの衛星画像から災害前の写真を取得し、画面上でスライドさせながら比較できる。どこまでも縦長に表現できるデジタルの特性を生かした。

今回の試みが今までと違ったのは、ウェブコンテンツを公開した後のことだ。まず朝デジ公開日の夜、朝デジ有料会員向けメールであるニュースレター「イブニングA」に合成した画像写真を貼り、読者の手のひらに届けた。

朝デジの準備に合わせて、紙面に掲載する案もコンテンツ編成本部から出た。紙面は大きさに限りがあり、すべてを表現することは難しい。エッセンスを切り取り災害前後の航空図を左右に並べ、11日朝刊の1面に大きく掲載した。

こうしてデジタル発のコンテンツが、媒体を変えながらリレーされていった。朝デジへの発信を通じて情報を共有しあう日ごろの連携も、素早く展開できた背景にある。

デジタル向けのデザインが紙面の表現を広げている例は、ほかにもある。CGや動画を駆使する企画「プレミアムA」では、朝デジのテイストを紙面の大型インフォグラフに再現している。ともに同じ世界観をビジュアルで伝えようとしている。

ひとつの企画を同時に様々なメディアで伝える。媒体を超えることで朝日新聞の表現は広がっていく。（コンテンツ編成本部クリエイティブエディター・木村円）

### 熱海土石流報道の展開

7月3日 発生

▼

**7月6日** 空撮写真の入手
発生後、初めて雲が少なくなり、本社ヘリから被災地を空撮。届いた写真100点超から9点を選んで使用することにした

▼

**7月8日 夕方** ウェブコンテンツを公開
バラバラに撮影された地点ごとの写真をつなぎ合わせて、被災地全体を再現した。被災前の画像も用意して、前後が見比べられるコンテンツに仕立てた

▼

**7月8日 夜** デジタル有料会員にメールで配信
デジタル有料会員に届くメール用にウェブコンテンツの被災地全体写真を調整し、配信した

▼

**7月11日** 朝日新聞紙面で掲載
紙面でも被災前後の画像を図解の形で再現、新聞紙面でも同じ情報量を提供

▼

朝日新聞が届ける全てのメディアで、形を変えながらコンテンツを届けられた

空から見た熱海土石流
https://www.asahi.com/national/atami-dosekiryu/

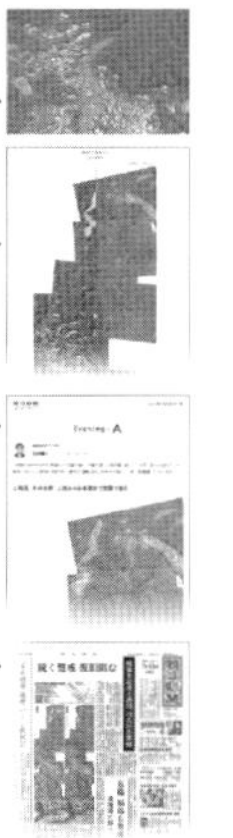


## 背景に迫る記事 より重要に

朝日新聞デジタル編集長 伊藤大地

今の時代、スマホも持っていないし、テレビも全く見ないという人はほとんどいないでしょう。そんな状況に合わせて、新聞記事の書き方も変わってきています。かつて紙の新聞は一報を伝えることに大きな価値がありましたが、現在はニュースの背景に迫る記事や解説がより重要になっています。デジタル化が進む今、求められているのは、わかりやすく読み解き、深い理解を提供する記事です。

新聞の紙面とデジタル版では、読者への届き方が違います。紙の新聞は掲載場所や見出しの大きさでニュース価値が判断されていますが、デジタル版では一本一本の記事がばらばらです。その点でデジタルはまだまだ発展途上。アプリやニュースレター、ソーシャルメディアも使ってわかりやすく届ける工夫が必要です。

もちろん、世の中で起きたことを正しく伝えるという役割は変わりません。スマホが普及し、現在はネット上で誰もが自由に何でも発信できるようになりました。しかし、発信される情報は事実に基づいていなくてはいけません。実際に現場から伝える、見聞きした人に話を聞く――。そんな報道の価値は、何十億人がスマホを持つようになっても変わらないはずです。

ネット上には様々な当事者がおり、その人たちが実際に声を上げています。こうした情報にしっかり反応することも重要です。これまでは、国会前でデモがあれば、記者はそこに行って参加者の怒りの声を聞きました。現在はネット上もその現場になっています。ネットの書き込みだからと無視していては、本当に必要なニュースを届けられません。同時に、そうした声が本物かどうかを見極めて仕分けることも、新聞社の重要な仕事の一つになるはずです。

## 新聞にしかできないこと 考え続ける

販売所に届いたばかりの新聞を、スタッフが素早く配達用バイクに積み込む＝9月24日、東京都文京区

店の前を通りかかった若い女性が、隣にいる小さな子どもに話しかけた。「紙のにおいがするね」

「店」とは、朝日新聞販売所のASA小石川巣鴨のことだ。午後2時過ぎの店内では、スタッフが届いたばかりの夕刊を仕分ける作業に追われていた。

東京の中心部に店ができて66年。父親から引き継いだ所長の枇杷阪武さん(50)はこの場所で、街や人の変化を見続けてきた。紙の新聞が生活の中に存在した時代から、嗜好品になりつつあるのでは――。枇杷阪さんは今、そう感じている。だからこそ考え続けてもいる。新聞でなければできないこととは何かを。

力を注いでいるのが、地元の小中学校にボランティアで新聞を届け、授業で使ってもらう取り組み。昨年度から順次、実施されている新学習指導要領にも「新聞の活用」が明記された。

インターネットから情報を得るのは便利かもしれない。ただ、自分が関心を持つ話題にだけ、目が行きがちだ。一覧性が高い新聞だと、自分が知らなかった世の中の変化に気づくことができる。それを子どもたちにも知ってほしいと願う。

地域に根ざした「小さな情報発信」も、新聞の強みと考えている。例えば地元の飲食店がコロナ禍で、料理の持ち帰りを始めたとする。その情報を必要とするのは、近所の人が中心だ。新聞なら折り込みチラシで効率的に知らせることができる。

「新聞をとって良かった」。そう言ってもらえるよう、一つでも多くの魅力を伝えていくつもりだ。（販売局・榎本厚）

本事例のNIE
新聞活用・新聞機能・新聞制作

事例のアクティブラーニングの重点
主体的・対話的で深い学び

# コラム執筆で培う探究基礎力の育成

## 1 小単元名

新聞を活用した探究基礎（5時間扱い）

## 2 本小単元の観点別目標

（①知識・技能、②思考・判断・表現、③主体的に学習に取り組む態度）

①課題の発見と解決に必要な知識や技能を身につけ、課題に関わる概念を形成し、探究の意義や価値を理解する。そのために、1年生の早い段階で、同一の題材を取り上げた各紙コラムを読み比べ、文章の構成や切り口、内容等を把握したうえで、同じ題材でコラムを書く。

②実社会（実生活）から疑問点を見いだし、課題立案、情報収集、整理・分析を経て、表現としてまとめる。そのために、生徒自身が選んだ記事をもとにコラムを執筆後、グループで討議し、感想を交流する。

③探究に主体的・協働的に取り組み、新たな価値を創造し、より良い社会を実現しようとする態度を養う。そのために、グループ交流後の修正を経て、新聞社への投稿を促す。将来、地域や社会に目を向け、持続可能な社会を実現するために行動するきっかけとしたい。

## 3 NIEとしての狙い

読者を引きつける多様な題材を日々取り上げるコラムは、学校現場では扱いやすい。本事例では全国紙と地方紙の複数のコラムを使用し、同一の題材を取り上げることによって、比較や意見交換をしやすくした。コラムをきっかけに他の記事にも目を通し、興味・関心を広げ、探究の基礎力を身につけさせたい。

## 4 本小単元の展開（全5時間）

| 時 | 学習活動 | 留意点／○資料等 |
|---|---|---|
| 1 | コラムを読み比べよう | |
| | •東京五輪の開・閉幕のコラムを読み比べる<br>•感想を交流する | •デジタル端末等で調べながら、意見交換させる<br>•特に導入や切り口に注目し、文章の構成を考えて、自分ならどう書くかイメージさせる<br>○資料12 |
| 2・3 | コラムを書いてみよう① | |
| | •2021年ノーベル物理学賞受賞者の真鍋淑郎氏に関するコラムを読み比べる<br>•感想を交流し、同じ題材でのコラム執筆に挑戦する<br>•グループ内で各自の書いたコラムを読み合い、感想を交流する<br>•過去のノーベル賞受賞に関するコラムを読み比べる | •詳細な内容理解が必要不可欠であることを理解させる<br>•個々のコラムの読み手を引きつける手法を中心に交流させる<br>•新聞を購読していない家庭に配慮し、学校図書館と連携して紙面を保存し、いつでも新聞の閲覧、利用が可能な状態にする<br>•次回までに、生徒自身が興味関心のある記事を用意することを伝える<br>○資料3～6 |
| 4・5 | コラムを書いてみよう② | |
| | •生徒自身が用意した記事をもとに、コラムを執筆（400字程度）<br>•グループ内でコラムを読み合い、感想を交流<br>•コラムを修正し完成させる | •これまでの取り組みを振り返りながら、さまざまな新聞のコラムの構成を参考に、結論を明確にして書かせる<br>•グループ交流では、主に着眼点や発想の仕方について話し合うよう促す<br>•感想の交流では批判や批評ではなく、より良い文章にするためのアイデアを提案させる<br>•完成したコラムを新聞の投書欄に投稿するよう促す<br>•投稿する場合は新聞社に問い合わせるとよい |

## 5 資料等

資料 1 毎日新聞 2021年7月24日付朝刊

### 余録

「表彰式における国旗と国歌をやめてはどうか」。１９６４年東京五輪開幕日の小紙社説の一節である。当時、国際オリンピック委員会（ＩＯＣ）でも過剰なナショナリズムを抑制し、政治の介入を防ごうと廃止案が議論されていた▲元々、国家の枠を超えて国際主義を体現しようとしたのがオリンピック運動の原点だ。68年メキシコ五輪時のＩＯＣ総会では廃止に賛成が34票で反対の22票を上回ったが、採択に必要な3分の2に届かず、否決された▲その後、旧ソ連など共産圏が反対の姿勢を強めたこともあり、廃止論は姿を消す。むしろ五輪を国威発揚に結びつけることを当然と考える国が増えた。ナショナリズムの容認が五輪の商業主義や巨大イベント化を支えてきたともいえる▲23日夜の東京五輪開会式でギリシャの次に行進した難民選手団は五輪旗の下に集った。ドーピング問題で国家としての参加を禁じられたロシア選手も国旗掲揚を認められない。国歌の代わりに流れるのはチャイコフスキーだ▲選手にとって国家を代表できないのは残念なことだろう。だが「選手間の競争であり、国家間の競争ではない」という五輪本来の理念に基づけば、皮肉ではあるが、理想に近い姿かもしれない▲コロナ下に開催へ突き進んだＩＯＣのバッハ会長は「ぼったくり男爵」と批判された。トラブル続きの組織委員会にあきれ、開催に疑問を持つ人も多いだろう。せめて原点を見据え、ＩＯＣや五輪のあり方を見直すことにつなげられないか。

2021・7・24

資料 2 読売新聞 2021年8月9日付朝刊

### 編集手帳

アインシュタインの相対性理論を分かるものなら分かりたいと、懲りずに思っている。科学少年向けの本に書いてあった。〈時間や物の重さに絶対的な値があるとは考えず、観測者から見て、いろいろな値をとるという理論のこと〉◆理論を〝応用〟してみる。時間や物ごとの重さへの人の感情はどうだろうか？　開催が決まった約8年前から、総じて人々の心のなかに絶対値というものはなく、いろいろな値をとってきたのが東京五輪だろう◆コロナ禍のなか、開催の是非に世論は大きくうねった。五輪憲章のうたう人権や平等をおろそかにする行為が運営側に発覚し、がっかりさせるようなことが直前までつづいた◆レガシー（遺産）などという立派なものを残せるのか。懐疑を伴いつつ始まった大会ではあったものの、何事にも影響されず、絶対的な価値をとどめたものが少なくとも一つはあろう。アスリートの躍動である。世界中の人々を歓喜に包み、感涙させた選手たちが新国立競技場の閉会式に集った◆消すことを選んだ方がよかった聖火だろうか。五輪史上初めて、無観客の会場を照らした火が消えた。

資料 3 北海道新聞 ２０２１年10月6日付朝刊

### 卓上四季

半世紀待たされた栄誉があった。１９８６年に電子顕微鏡の基礎的研究でノーベル物理学賞を贈られたドイツのルスカ氏だ▼可視光を利用した従来の顕微鏡とは比較にならぬ識別能力を持つ電子顕微鏡の試作品を完成したのが33年のこと。授賞式後のクリスマスには80歳の誕生日を迎えた▼暮らしの中に息づく科学技術や発見の恩恵の功労者が、必ずしも脚光を浴びるとは限らない。過去のノーベル賞でも同じような研究成果を得たにもかかわらず、紙一重の差で受賞を逃した例もある。90歳でノーベル物理学賞に選ばれた米プリンストン大の真鍋淑郎さんの吉報にそんな過去の研究者たちのことを思った▼真鍋さんが、空気の対流と放射される熱の動きを基に気象の予測モデルの研究に着手したのは60年代のことだった。海洋堆積物や氷床から過去の気候変動を突き止め、大気中の二酸化炭素などの温室効果ガスが気候に与える影響を明らかにした。89年のことである▼研究成果は一朝一夕に出るものではない。その影響や意義を理解するのには、さらに時間を要することもあるだろう。必要なのは、研究者の旺盛な探究心と自由な研究環境ではなかろうか▼国内では短期的な成果重視の傾向を懸念する声もある。急いでは得るものも少なかろう。科学の進歩と相性が悪いのは、短気と、利用しようというよこしまな考えに基づく権力の介入である。

2021・10・6

資料 4 日本経済新聞 ２０２１年10月7日付朝刊

### 春秋

本格的な秋の到来とともに、ノーベル賞の話題はやってくる。連日のニュースを聞いて、ああ、もう10月かと気が急《せ》く人は多いはずだ。もっとも、そんな季節なのに近年の気温の高さときたら……。きのうの東京も、オフィス街では夏と変わらぬクールビズが目立った。

▼地球温暖化がじわじわ進む現実を思わざるを得ない。折しも、そのメカニズム解明に寄与した米プリンストン大学上席研究員の真鍋淑郎さんが、ドイツ、イタリアの研究者とともに物理学賞に決まった。大切なのは「外に出て、気候の変化を肌で感じること」だという。偉業の出発点は、われら凡人の肌感覚と同じである。

▼違うのは、その先の情熱だ。研究を始めたころ、自身でもその意義を現在ほどには考えていなかったという。「原動力のすべては好奇心だった」。記者会見で「好奇心」を何度も口にしたのが印象的だ。それは大きな成果を生み、やがて世界を覚醒させた。いま、卒寿を迎えた真鍋さんの温暖化への危機感はいよいよ深い。

▼10月なのに、なぜこんなに暑い――。人々がこういう感覚を持っているうちに、抜本策を急がねばならない。放っておけばノーベル賞の季節はもっと暑くなり、巨大な台風にも頻繁に襲われるだろう。肌で変化に気づく力と好奇心と危機感。真鍋さんの栄誉を支えたものを、政治や社会が抱きとめてこそ人類の未来がある。

資料 5 北海道新聞 ２０１９年10月10日付朝刊

### 卓上四季

昔、セレンディップ（現在のスリランカ）の国に、３人の王子がいた。賢明な王子たちは、偶然にも助けられ、意外な宝物を見つけていく―。このおとぎ話から、18世紀英国の小説家、ウォルポールは思いがけないものを発見する能力を「セレンディピティ」と名付けた▼この言葉を、２０１０年にノーベル化学賞を受賞した北大名誉教授の鈴木章さんは若い研究者に繰り返し語ってきたという。本紙にも「セレンディピティ」について「誰しも幸運をつかみとる能力はある、という意味の英語ですが、その機会に恵まれるためには、自分で決めた夢に向かって努力を惜しまないことです」と話している▼旭化成名誉フェローの吉野彰さんにノーベル化学賞が贈られる。スマートフォン、パソコンなどに広く利用されるリチウムイオン電池を開発した。情報化社会を支える土台として、スウェーデン王立科学アカデミーが評価する通り、まさに「私たちの生活に革命をもたらし、人類に偉大な貢献をした」と言えよう▼吉野さんもやはり「セレンディピティ」の持ち主だろう。１９８３年に電池の原型を発明した際、今回、共同受賞したジョン・グッドイナフ博士らの研究に助けられた▼これは単なる運ではなく能力なのだ。非凡な才能と開発への執念あってこその「セレンディピティ」である▼吉野さんの好奇心とたゆまぬ努力が招き寄せた栄光だ。

2019・10・10

資料 6 朝日新聞 ２０１９年10月10日付朝刊

### 天声人語

19世紀の終わり、すでに電気自動車はロンドンのまちを走っていた。乗合馬車に代わる電気タクシーで、その音の特徴から「ハチドリ」と呼ばれた。パリやニューヨークでも人気だったと『RE《リ》:THINK《シンク》』（スティーブン・プール著）にある▼騒音が小さいこともあり期待は大きかったが、ガソリン車に敗れる。大規模な油田が発見されてガソリン価格が下がったのが一因だ。当時の電池では、長距離を走るのにも限界があった▼それから１００年余り。現在の電気自動車の隆盛を可能にしたのが、リチウムイオン電池である。携帯電話、パソコンなど現代社会は、その電池なしには成立しない。開発者たちに、ノーベル化学賞が贈られることになった▼その一人、ジョン・グッドイナフさんが研究を進めていた１９７０年代の後半は、石油ショックに世界が傷ついていた頃だ。エネルギー問題の解決のため、充電のできる高性能の電池が求められていた▼研究を肉付けし電池を生み出したのが旭化成の研究者、吉野彰《あきら》さんだった。ビデオカメラから自動車にまで及ぶ用途の広がりは、本人も予想外だったのではないか。「時代のニーズに応じることができたしあわせな開発でした」と、後に語っている（『仕事の話』）▼自然エネルギーを蓄電することへの期待も高まっている。「社会が化石燃料から脱却することを可能にする」というのが、賞が贈られる理由である。多くの科学者、それに技術者の試みが世界を前に進めている。

# 答えのない問いについて考える

## 1 小単元名
**自尊死・安楽死について考える**（3時間扱い）

## 2 本小単元の観点別目標
（①知識・技能、②思考・判断・表現、③主体的に学習に取り組む態度）

①賛否が分かれる社会的事象について、自分の考えをもつとともに、価値観の異なる他者の考えを理解する。
②賛否が分かれる社会的事象についての事実や背景、多様な考え方を調べて分析し、他者に分かりやすく伝える。
③賛否が分かれる社会的事象をもとに、自己のあり方や生き方を考える。

## 3 NIEとしての狙い

新聞で賛否両論のタイムリーな話題に触れ、複数紙比較によりものの見方や考え方の幅を広げる。1つの事象でも立場や年齢などでさまざまな見方があることに気づかせる。テーマに関連する投書を活用することで、事実と意見を峻別《しゅんべつ》する必要性を捉えさせたい。

## 4 本小単元の展開（全3時間）

| 時 | 学習活動／○生徒の反応 | 留意点／○資料等 |
|---|---|---|
| 1 | 記事から読み取れること、考えたことを共有する | |
| | •記事を読み、内容を捉える<br>•記事の内容について考えを共有する<br>•自尊死・安楽死の違いについて自分の考えを伝える<br>•自尊死・安楽死の定義について調べて共有する<br>•①自分がALSに罹患したら、②ALSに罹患した家族が自尊死・安楽死を選んだら——それぞれどう考えるか、自分事として考える<br>•グループごとに考えをまとめ、全体発表する | •他者の考えを否定しないよう伝える<br>•感じたこと、疑問に思ったことを全員で共有し考えさせる<br>•グループワークではなく、全体で意見交換してもよい。ただし、全員が対話に参加できるようにする<br>○資料1～3 |
| 2 | ALS患者や家族の話から、考えを深める | |
| | •ALS患者やその家族を取り上げた記事を読み、考えを深める | •記事中の支援団体に協力を求め、ALS患者の家族から話を聞く機会を設けるとよい<br>•オンライン会議システムを利用するなどして直接話を聞く場合は、質疑応答をさせる。生徒の想像を超える考え方に触れる機会となる |
| 3 | 自分の考えをまとめる | |
| | •改めて自尊死・安楽死について考え、意見や気づきを共有する<br>•感想・意見・気づきなどをレポートにまとめる<br>○「将来、医療従事者になりたいと思っているが、患者とその家族に寄り添いたい」「体の自由がきかない人を支える社会的仕組みが必要だ」「自尊死を認めてもいいと漠然と思っていたが、患者を支える家族の思いに触れて、考えが揺れている」 | •「話を聞いた後で考えがどう変わったか」などの気づきについても考えさせる<br>•難病だけでなく、生まれつきの障害や加齢などで体の自由がきかない人へも視野を広げるとともに自分事として考えさせたい |

## 5 資料等

資料1 毎日新聞
2020年7月24日付朝刊

# 「死の選択」重く

## 「苦痛 早く終わらせたい」

安楽死を希望していた筋萎縮性側索硬化症（ALS）の女性(51)に薬物を投与して死なせたとして、嘱託殺人の疑いで医師2人が逮捕された。有効な治療法が確立されていない指定難病に苦しみ続けた女性は、なぜ自らの生を終わらせる決断をしたのか。医師はなぜ手を貸したのか。同じ病に立ち向かう当事者やその支援者らからは、事件の真相解明と共に、難病患者が生きやすい社会の実現を訴える声が上がった。

容疑者を乗せ、京都府警中京署に入る車両＝京都市中京区で23日、川平愛撮影

### ALS女性 安楽死願い投稿

「自らの『生』と『死』の在り方を自ら選択する権利を求める」

筋萎縮性側索硬化症（ALS）を発症し、自身を殺害するように医師2人に望んだとされる京都市の女性は、2018年春に開設したツイッターの自己紹介欄にこう記していた。同時期にはブログも開設。インターネットの世界へ向けて頻繁に発信した内容からは、体調の悪化に追い詰められるように決意を固めていった様子が浮かぶ。

女性の投稿などによると、女性は11年にALSを発症。ツイッターを始めた18年4月時点では、24時間介護を受けながら1人で暮らし、水分や栄養はすべて、胃に直接栄養を送り込む「胃ろう」で取っていた。

「体は目だけしか動かず、話すことも食べることもできず呼吸苦と戦い、寝たきりで窒息する日を待つだけの病人にとって安楽死は心の安堵《あんど》と今日を生きる希望を与えてくれます」（19年1月1日）。海外での安楽死を計画したものの、付添人が自殺ほう助に問われる恐れがあることを知り途中で断念した様子もうかがえる。ただ、死と生のはざまで心境が揺れ動いていたようにもみえる。18年夏には治療薬のニュースについて触れ、安楽死への思いを保留したと書き込んでいた。

しかし次第に安楽死を意識したかのような表現が目立つように。19年4月には「こんな身体で生きる意味はないと思っています。日々の精神・身体的苦痛を考えると窒息死を待つだけなんてナンセンスです。これ以上の苦痛を待つ前に早く終わらせてしまいたい」。6月には「操り人形のように介助者に動かされる手足。惨めだ。こんな姿で生きたくないよ」と投稿した。

19年秋になると、栄養を減らして身体を弱らせようと主治医に相談したが、自殺ほう助に当たるとして断られたという記述も。11月には「私みたく寝たきりで自筆できない人間はどうやって簡単に遺言書をつくったらいいのか?」などと記していた。【矢追健介、安元久美子】

## 「生きる権利」守る社会に

### 患者ら無念

昨年7月の参院選で初当選した舩後靖彦議員＝れいわ新選組＝はコメントを発表し、「『死ぬ権利』よりも『生きる権利』を守る社会にしていくことが何より大切」と訴えた。舩後議員は自身について「ALSを宣告された当初は、『死にたい、死にたい』と2年もの間、思っていた」と振り返った。その上で「患者同士が支えあうピアサポートなどを通じ、自分の経験が他の患者さんたちの役に立つことを知った。その時、人工呼吸器装着を選ばなければ、今の私はなかった」と述べた。

また事件後にインターネット上などで「苦しみながら生かされるのは本当につらい」などの反応が出ていることについて、「こうした考え方が、難病患者や重度障害者に『生きたい』と言いにくくさせ、当事者を生きづらくさせる社会的圧力が形成していく」と懸念。「どんなに障害が重くても、重篤な病でも、自らの人生を生きたいと思える社会をつくることが、ALSの国会議員としての私の使命」と結んだ。

医師で、ALSと闘いながらNPO法人「Smile and Hope」の理事長として難病患者支援に取り組む太田守武さん(49)＝千葉県八千代市＝はNPOの職員を通じ、「悲しくて、言葉が見つからない」などと心境を語った。

2014年にALSと診断され、「聴診器も持てなくなり、医師としての仕事を諦めなければいけない。『死にたい』と思った」という。だが、家族や仲間から励まされ、主治医からは「ALSに立ち向かう経験を語るべきだ」と勧められた。「医師として生きる意味を見いだせるようになった」と振り返る。事件について「医師は死を選択させるのではなく、生きる喜びを見いださせてあげてほしかった」と無念さをにじませ、「ALSであっても、自分らしく生きられることを、もっともっと啓蒙《けいもう》しなくては、と改めて胸に刻んだ」と決意を込めた。

一方、岡山県の女性会社員(50)はALSだった父（1996年に58歳で死去）を約10年間、介護した経験がある。「父は働き盛りで退職を余儀なくされ、筋力が衰えて最後はまばたきをすることしかできなかった。『周りに迷惑をかけたくない』と考える患者の気持ちは分からなくはない」と安楽死を望んだ女性に理解を示す。それでも、「父はもっと生きたかったと思う。家族も父にもっと長生きしてほしかった」と話した。【鶴見泰寿】

## 容疑者 ブログに持論

### 「楽になってもらったらいい」

「一服盛るなり（して）、楽になってもらったらいい」。筋萎縮性側索硬化症（ALS）の女性患者への嘱託殺人容疑で、京都府警が23日に逮捕した医師、　容疑者(42)は、自身のものとみられるブログに「高齢者を『枯らす』技術」とタイトルを付け、安楽死を積極的に肯定するかのような自らの死生観を繰り返しつづっていた。

捜査関係者によると、　容疑者と同容疑で逮捕された医師、　容疑者(43)は、共に弘前大卒。　容疑者は現在、宮城県名取市で呼吸器内科や心療内科、精神科のクリニックを運営。　容疑者はED（勃起不全）治療の専門病院で院長を務めていた。

ブログは匿名で開設され、「人生を『太く』『短く』生きたいというあなたにささげる」とし、自身を「田舎の内科医」と紹介していた。

昨年5月には、ALS患者の主治医を経験した結果として「彼らが『生き地獄』というのも少しはわかる」とし、「神経難病などで『日々生きていることすら苦痛だ』という方には、一服盛るなり、注射一発してあげて、楽になってもらったらいいと思っています」と投稿。　容疑者の口座には、被害者から現金が振り込まれていたとされるが「バレると医師免許がなくなる」「リスクを背負うのにボランティアではやってられない」などと記されていた。

「個別に回答すると、自殺ほう助罪に問われる恐れがある」と、捜査当局の動きを警戒しつつも「日本でもできる『安楽死』について、医者として質問に答えます」と、読者に呼び掛けていた。

インターネット上では、ブログのタイトルと一部が同じ電子書籍も確認できる。編集・著者として両容疑者とみられる名前やハンドルネームが並び、本の紹介欄にはこう記していた。「『今すぐ死んでほしい』といわれる老人を、大掛かりな設備もなしに消せる方法がある」「違和感のない病死を演出できれば警察の出る幕はない。荼毘《だび》に付されれば完全犯罪だ」

### 「バイトで出張」

宮城県名取市の　容疑者が開業する呼吸器内科と心療内科のクリニックで23日、　容疑者の妻で元衆院議員の　さん(43)が報道陣の取材に応じ、容疑者について「アルバイトで患者をみるため、遠方まで頻繁に出張していた」と話した。

　さんは、開業医は地元に根ざして地域医療を行うべきだと考え、　容疑者に休業日でも地元を離れるべきではないと訴えたが、アルバイトをやめないため度々口論になっていた。「どこで何をしているか、全く知らされていなかった」と話した。【面川美栄】

## 自己決定権 海外でも賛否

薬剤の投与などにより医師が積極的に患者の死に介入する安楽死については、オランダが2002年に初めて国レベルで合法化した。その後、ベルギー、ルクセンブルク、カナダでも合法化された。スイスのように明確な法律はなくても「利己的な動機」以外の自殺ほう助は処罰しないという刑法解釈から安楽死を容認する国もある。ただ、自殺を強く戒めるカトリックなどの影響力が強い国では、延命措置の停止は認めても、積極的な安楽死までは認めない傾向がある。

米国では1997年に合法化したオレゴン州など一部の州と首都ワシントンで安楽死が認められている。国民の賛否は拮抗《きっこう》している。14年には脳腫瘍で余命半年と宣告された女性がオレゴン州に転居し、安楽死するまでの様子をインターネット上で発信し、患者の自己決定権がどこまで認められるかについて大きな議論を呼んだ。

安楽死が合法化された国でも、どのようなケースで認められるのかが議論となっている。オランダでは、心身の耐えがたい苦痛があり、患者本人の明確な意思がある場合などで安楽死が認められているが、16年に認知症が進行した患者を安楽死させたケースでは、十分な意思確認をしていなかったとして医師が起訴された。最終的に無罪が言い渡されたが、意思表示の難しい患者の安楽死をどこまで認めるかについて一石を投じた格好になった。同国内には健康上の理由がなくても「生きるのに疲れた」などと訴える高齢者に安楽死を適用すべきだという意見もあり、議論が続いている。【前谷宏、岡村崇】

資料2 岩手日報 2020年7月24日付

# 「生きやすい社会に」

## 支援団体や患者ら訴え

筋萎縮性側索硬化症（ALS）の女性患者への嘱託殺人容疑で医師2人が逮捕された事件を受け、重度障害者を支援する団体や当事者からは驚きとともに、「難病患者や障害者が生きやすい社会にすべきだ」と訴える声が上がった。

ALS患者で「日本ALS協会」近畿ブロック会長の増田英明さんは「私たちは『あんな状態になってまで生きたいのか』と言われることがあり、そうした社会の状況が患者の意思にも影響する。『自己決定』として本人の意思だけの問題にしてほしくない」と話す。

NPO法人「ALS/MNDサポートセンターさくら会」（東京）の川口有美子副理事長は「『ALS患者は安楽死してもよい』という意見は間違っており、安易に安楽死を認めれば、対象が拡大されていく恐れがある。死にたいという気持ちを受け止める精神面のケアを伴う幅広い支援が必要だ」と訴えた。

女性は重度訪問介護など24時間の介護サービスを利用していたとされ、障害者団体「DPI日本会議」（東京）の佐藤聡事務局長(53)は「サービスを活用しながら、なぜ生きることに前向きになれなかったのか。女性が死を考えるに至ったプロセスが知りたい」とショックを隠せなかった。

重度障害者にヘルパーを派遣する「日本自立生活センター」（京都市）の事業所スタッフ小泉浩子さんは「難病患者や障害者は、生きることを否定されるような差別や、医療・介護の人材不足といった環境に囲まれている。今回の事件を契機に『苦しいときも一緒に生きていこう』というメッセージを社会が発信していかなければならない」と話した。

資料3 読売新聞
2020年9月23日付朝刊

# 難病 生きてほしい

中学生　小田　真綾　14　（北九州市）

私の祖母のお姉さん「ケイばあ」は、約10年前に難病の筋萎縮《いしゅく》性側索硬化症（ALS）を発病しました。幼い頃から私をかわいがってくれた大好きなケイばあは、今では会話ができません。それでも、会いに行くと、ベッドの上で笑顔で迎えてくれます。まぶたの開け閉めで、意思疎通もできます。

少し前、ALSの患者さんが薬物で亡くなり、頼まれて投与したという医師2人が逮捕、起訴されました。私はそのニュースを知って、もしケイばあから延命中止を頼まれたら、大好きだからこそ、迷ってしまうかもしれない……と思いました。

でも、やっぱり、私はケイばあに生きていてほしいです。会えるだけで、幸せなのです。病気の人は、苦しいと思います。でも、その人がいるだけで幸せと思うだれかのためにも、どうか、生きてほしいです。

# 成人への一歩は社会貢献から

## 1 小単元名

SDGs 学習から社会貢献活動へ（20 時間扱い）

## 2 本小単元の観点別目標

（①知識・技能、②思考・判断・表現、③主体的に学習に取り組む態度）

①国内外の社会情勢や課題について、SDGs の視点から興味・関心を高め、既習の知識や体験と関連づけるなどして、課題解決のために必要な技能を身につける。

②社会貢献活動についての情報を取捨・選択して再構成したり、その社会的な背景について考察したりすることで、適切に判断する能力を身につける。また、他者に自分の思いや考えを適切に伝える表現力を高める。

③校外の多様な人々と実際に協働して課題に取り組み、次なる課題設定や計画を立案する主体性を身につける。また、活動の振り返りを大切にし、事後に生かす学びの姿勢を身につける。

## 3 NIEとしての狙い

18 歳成人を意識し、身近な社会問題に対して興味・関心をもつために、日常的に新聞を活用する習慣を身につける。各分野の専門家や識者によって書かれた解説記事等を読むことで、広い視野で物事を捉え、判断する力を養う。

## 4 本小単元の展開（全20時間）

| 時 | 学習活動 | 留意点／○資料等 |
|---|---|---|
| 1〜4 | **SDGsの視点から学ぶ** | |
| | •SDGs に関する記事を各自で収集し、スクラップする<br>•テーマごとのグループで社会的課題等について意見交換し、各自ワークシートにまとめる | •SDGs の 17 の開発目標に関連する記事を収集し、内容ごとにスクラップし、ファイリングさせる<br>•グループ内で多様な意見に触れ、主体的な調べ学習につなげる<br>•動画サービス「夢ナビ講義動画サービス」を利用するとよい |
| 5・6 | **社会貢献活動を企画立案する** | |
| | •グループで自分たちにできる社会貢献活動を立案し、役割分担する<br>•活動計画の内容を発表する | •目標の「12 つくる責任　つかう責任」について、企業の具体的な取り組みを新聞で事前に調べるよう促す（資料 1 2）<br>•社会的な諸課題は複雑に関連しているため、個々の課題解決では目標に達しないことに気づかせる |
| 7〜10 | **動画視聴、ファーストリテイリング（ユニクロ）による出前授業から学ぶ** | |
| | •導入に動画を視聴<br>•ユニクロによる出前授業「届けよう、服のチカラ」プロジェクトを受講する<br>•感想や意見を交換し、地域での社会貢献活動を再立案する | •動画を視聴して世界の現実を知り、自分たちが支援しようとしている人々の現状について理解を深めさせる（動画「世界がもし 100 人の村だったら」）<br>•社会の一員として、自分たちにできる支援は何かを考えさせる |
| 11〜18 | **新聞社による出前授業を生かし「服のチカラプロジェクト」に参画する** | |
| | •地元住民や企業に協力を求め、不要となった古着を回収する<br>•地元の洗濯業者に協力を依頼し、夏休みに同社で古着を洗う<br>•地域イベントで古着を無償提供する<br>•新聞社による「新聞の作り方」講座を受講する | •地域の小中学校の保護者などへの古着提供依頼文には、活動の狙いや内容が分かりやすく伝わるよう工夫させる<br>•ビジネスマナーを学習し、協力してくれる業者や自治体、団体と十分な事前打ち合わせを行わせる<br>•新聞社の出前授業で取材・撮影・記事執筆の方法を実践的に学び、プロジェクトの取り組みに生かす |
| 19・20 | **プロジェクトの振り返り** | |
| | •学校新聞の体裁で活動報告を作成したり、新聞に投稿したりして、協力機関に報告する<br>•活動全体を振り返り、自己評価する | •報告では、読み手や聞き手を意識した文章や構成を工夫させる<br>•次回の企画につながる発展的な情報収集のため、日常的に新聞を読むよう呼び掛ける<br>•発展的学習として、古着利用に関する記事から、地域や企業の新たな連携の可能性などについて考えさせてもよい（資料 3）<br>•地域活動にとどまらず、海外の難民キャンプ等にも目を向けさせる |

## 5 資料等

資料 1
愛媛新聞 2020年12月7日付

読もう！

# 服を世界の難民に

## 今治・菊間中と衣料品店が協力

## 古着募集 地域から771着

世界《せかい》の難民《なんみん》の役《やく》に立《た》ちたい―。今治市菊間《いまばりしきくま》中学校《ちゅうがっこう》の生徒《せいと》が家庭《かてい》で着《き》なくなった服《ふく》の募《ぼ》集活動《しゅうかつどう》に取《と》り組《く》み、古着《ふるぎ》771着《ちゃく》を集《あつ》めた。回収《かいしゅう》した服《ふく》はユニクロ今治店《いまばりてん》（同市《どうし》旭町《あさひまち》3丁目《ちょうめ》）を通《つう》じて、世界《せかい》で服《ふく》を必要《ひつよう》としている人《ひと》たちに届《とど》ける。

カジュアル衣料品店《いりょうひんてん》「ユニクロ」では全国《ぜんこく》の小中学校《しょうちゅうがっこう》、高校《こうこう》と協力《きょうりょく》して難民《なんみん》に服《ふく》を送《おく》る「服《ふく》のチカラプロジェクト」を実施《じっし》している。国連《こくれん》の持続可能《じぞくかのう》な開発目標《かいはつもくひょう》（SDGs）を推進《すいしん》する地域貢献活動《ちいきこうけんかつどう》として、ユニクロ今治店《いまばりてん》と市営業戦略課《しえいぎょうせんりゃくか》が連携《れんけい》し、菊間中《きくまちゅう》がプロジェクトに参画《さんかく》した。

㊤菊間中生が回収した衣服（同校提供）
㊦生徒が自作した衣服の募集活動に関するポスター

古着《ふるぎ》の回収《かいしゅう》は生徒《せいと》会《かい》が中心《ちゅうしん》となり、ポスターやプリントを自作《じさく》して呼《よ》び掛《か》けた。生徒《せいと》が地域《ちいき》の小学校《しょうがっこう》に出向《でむ》いたほか、同校《どうこう》の文化祭《ぶんかさい》で保護者《ほごしゃ》や地域住民《ちいきじゅうみん》にもプロジェクトの趣旨《しゅし》を説明《せつめい》。10月中旬《ちゅうじゅん》から約《やく》1カ月《げつ》で集《あつ》めた。

11月下旬《げじゅん》、同店《どうてん》の村上美佐子《むらかみみさこ》さん(50)らが同校《どうこう》を訪《おとず》れ、生徒《せいと》から集《あつ》めた服《ふく》を受《う》け取《と》った。村上《むらかみ》さんは「プロジェクトのPR策《さく》を練《ね》り、熱心《ねっしん》に活動《かつどう》してくれた。次世代《じせだい》の子《こ》どもたちがSDGsについて考《かんが》える機会《きかい》になってうれしい」と話《はな》した。

生徒会長《せいとかいちょう》の3年《ねん》難波勇成《なんばゆうせい》さん(15)は「今後《こんご》も地域《ちいき》や世界《せかい》のために自分《じぶん》が役《やく》に立《た》てることを見《み》つけて、いろんなことに取《と》り組《く》んでいきたい」と意欲《いよく》を見《み》せた。（中野貴衣《なかのきえ》）

資料 2
愛媛新聞 2020年12月7日付

けいざいトレンド

# アパレル資源有効活用

## 回収・在庫品に付加価値

RE. UNIQLO
THE POWER OF CLOTHING

㊤記者会見で「リサイクル　ダウンジャケット」を公開するファーストリテイリングの担当者＝9月、東京都港区㊦新ブランド「フロムストック」の商品があるアダストリアの店舗＝福岡市

限りある資源の有効活用へ、アパレルメーカーが新たな取り組みを始めている。回収した自社商品の素材を活用したり、倉庫に残った服を染め直したりして環境保護の価値を加えた新製品が、注目を集めている。

カジュアル衣料品店「ユニクロ」には、環境を意識した商品が並ぶ。11月に発売した「リサイクル　ダウンジャケット」。軽くて暖かい冬の定番で見た目と着心地は従来のダウンそのもの。だが中身は、これまで着られていた自社製品を回収し、素材を再利用して生まれ変わったものだ。

昨年9月以降、消費者が着ていた同社のダウン62万着を無料で引き取り、東レが開発した機械を使って生地と羽毛を自動で分断。羽毛だけを取り出して使った。分別作業の効率化でコストを削減。従来品と同じ価格帯の8789円にして環境配慮と手頃な価格を両立させたという。

衣服は、大量生産による資源消費や廃棄処分が課題とされる。メーカーは生産コストを負担し、消費者がリサイクルに価値を感じて商品を手にすれば、ともに環境負荷を減らす役割ができる。「むだを減らし過剰生産をせず、最後の1枚まで売り切るビジネスにしたい」。ユニクロを展開するファーストリテイリングの担当者は9月の記者会見で狙いを語った。

売れずに残る在庫を処分せず、新たな魅力を加えて再び市場に送り出す取り組みも生まれている。商品の付加価値を引き上げて、消費者に「使いたい」と思わせる「アップサイクル」の動きだ。

これを打ち出したのが「ローリーズファーム」などを展開するアダストリア（水戸市）。着られないまま倉庫に眠る服を再利用する新たなブランド「フロムストック」を始めた。シャツやワンピースなどを黒染めし、新商品に仕上げる。

傷や汚れがあっても、素材や服の特徴に合わせて専門職人が染めの種類を使い分ける。同じ黒でも、強く個性をアピールする鮮やかな色があれば、落ち着いた印象を与える淡いものもある。一品ごとに仕上がりが異なり、楽しみながら選べる。半袖のTシャツが4千円ほどと、値段も手頃だ。

オンラインショップで販売し、福岡市の店舗では実物を展示する。広報IR室の佐田楠都子さんは「ファッションと資源の有効活用との両立に魅力を感じ、幅広い年代が購入している」と話す。

**衣服の有効活用**　洋服・着物を問わず、古着を再利用したおしゃれな着こなしも人気に。海外のファンも増えている。

資料 3
愛媛新聞 2021年1月28日付

# 「古着燃料」で日航初飛行へ

## 来月に羽田―福岡線 1回限り

日本航空が古着を原料とした国産バイオジェット燃料を使った航空機を来月上旬に羽田―福岡線で飛ばすことが27日、分かった。日航などが昨年開発した新燃料で、国内では非化石燃料の製造も初めて。ただ、商業利用にはコストなどの課題が山積しており、1回限りとなる。

昨年、東京五輪・パラリンピックの開催に合わせてチャーター機で遊覧飛行する予定だったが、五輪延期により初飛行の方法や時期をうかがっていた。

日航は2018年にプロジェクト「10万着で飛ばそう！JALバイオジェット燃料フライト」を企画。地球環境産業技術研究機構（京都府木津川市）などが技術提供し、全国から約25万着を集めて新燃料の製造に取り組んだ。製造した燃料は通常のジェット燃料に混ぜて使う。

新燃料は古着の原料である綿を糖化させたり、微生物と混ぜたりしてアルコールに変換。さらに化学反応を促して燃料を生成する仕組みだ。今回得られた知見は今後のバイオジェット燃料の製造に生かされるという。

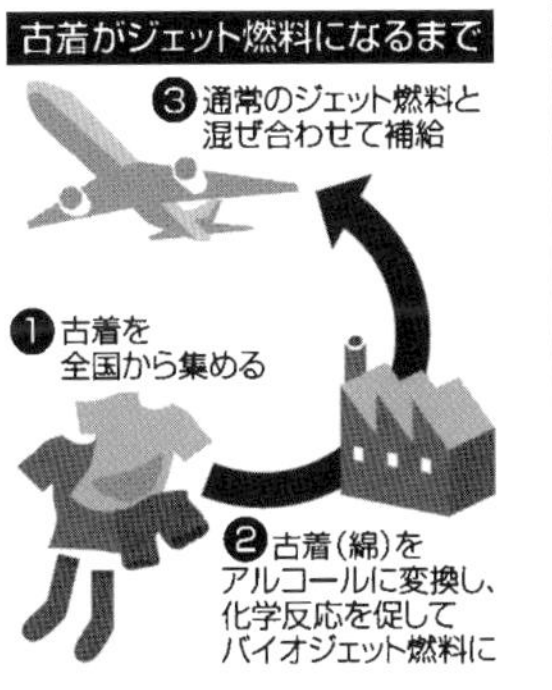
古着がジェット燃料になるまで
❸通常のジェット燃料と混ぜ合わせて補給
❶古着を全国から集める
❷古着（綿）をアルコールに変換し、化学反応を促してバイオジェット燃料に

日航は50年に二酸化炭素（$CO_2$）の排出を実質ゼロとする目標を表明している。丸紅などとプラスチックを活用した非化石燃料の製造や販売に向け準備中だ。20年代前半に実証設備の導入を進め、25年ごろの商用化を目指している。

# 進学志望先の学部学科系統に関する探究学習

**1 小単元名** **進学志望の実現に向けて**（年間を通じた課外活動）

**2 本小単元の観点別目標**（①知識・技能、②思考・判断・表現、③主体的に学習に取り組む態度）

①進学を志望する学部学科系統に関する情報を新聞記事から収集し、幅広い知識を得て、当該分野の課題に気づく。
②選んだ記事を要約し、意見を記述する。また、意見交換を通じて、「進学の動機」「なぜその学部学科系統を選ぶのか」など、自分の進路を見つめ直す。
③記事データベースなどを積極的に活用して、志望する学部学科系統に関する情報を探し出し、将来を見据えた進路選択に役立てる。

**3 NIEとしての狙い**

記事データベースを活用し、志望する学部学科系統に関する多くの情報に接することで、その分野の知識を深めることができる。また記事を要約、意見論述することで、志望する分野の社会的課題について思考したり、考えを表現したりする力を身につける。大学入試では新聞記事が小論文の課題として出題されるケースが多いので、その対策としても役立つほか、面接や口頭試問対策としても有効である。

**4 本小単元の展開**（日課として実施）

| 学習活動 | 留意点／○資料等 |
|---|---|
| 志望学部学科系統に関する記事を活用した探究学習 | |
| •記事データベースなどを利用して、志望分野の関連情報を収集する<br>•記事をノートに要約する<br>•自分の意見を記述する<br>•要約・意見論述の内容を発表し、意見交換する<br>•意見交換を受け、気づいたことや考えが変わった点などを追記する | •記事データベースの検索結果でヒットする多くの記事を一つ一つ精選するのではなく、多種多様な視点からストックするように指導する<br>•一度に多くの記事を扱うことはせず、1日に1記事を短時間でまとめさせる<br>•発表では、要点を押さえて適切に表現させる<br>•意見交換を通じて、多様な意見に触れさせる<br>○人文学部への進学希望者が選んだ記事と作品（**資料12**） |

## 5 資料等

資料1　朝日新聞　2021年11月4日付朝刊

# 「神の国」長い歴史の上に

## 出雲の神がみを訪ねて

ラフカディオ・ハーン（小泉八雲）が「神の国」と呼んだ出雲は、たしかに神がみの群れる世界だ。出雲国風土記によれば、国内には399の社があって、そのうちの184社が、中央の神祇《じんぎ》官に登録されているという。

同時代（8世紀）の他の諸国と比較する資料はないが、律令の細則をまとめた『延喜式』（10世紀成立）には全国の神社が網羅されていて、その実態を知ることができる（その巻を神名帳、登録された神社を式内社と呼ぶ）。それによると、出雲国の神社数は187座とあって奈良時代とほとんど変化がない。平城京のあった大和国に286座、天皇家の祖先神が祀《まつ》られる伊勢国に253座があり、圧倒的な数を誇るが、中央から隔てられた出雲がその二つの国に続く第3位なのだ。

角田遺跡出土の大つぼ＝鳥取県米子市の上淀白鳳の丘展示館

神名帳の山陰道諸国のうち、因幡国以西をみると、因幡国50座、伯耆国6座、石見国34座、隠岐国16座とあり、出雲国の神社数が桁外れであることはよくわかるだろう。畿内とその周辺の大国を除けば、山陰道に限らずどこの国も神社数は2桁である。

しかも数が多いというだけではなく、昔も今も出雲を代表する出雲大社は、出雲国風土記にも神名帳にも「杵築大社」とあって、「大社」の称号が与えられている。出雲国風土記にはもう一社「熊野大社」（神名帳は熊野坐神社）の名が見えるが、神名帳で大社と称するのは全国でも杵築大社しか存在しない（現在は大社を名乗る神社は多い）。おそらく、その背後に、古事記や日本書紀に語られる高天の原の神がみによる出雲の神の制圧という神話（いわゆる国譲り神話）が反映しているのは明らかであろう。

そして、実際の杵築大社は威容を誇る高層神殿として、古代以来、出雲の地にそびえていた。西暦2000年に発掘された三本柱が中世にさかのぼることは明らかになっているが、その起源は弥生時代にまでさかのぼるだろう。というのは、米子市淀江町の角田《すみた》遺跡で発掘された大きなつぼ（1980年出土、弥生時代中期）に描かれた高層建造物は、日本海沿岸のどこかに実際に立っていたと考えられるからである。それは日本海沿岸地域に特徴的な文化の一つであり、その長い歴史の上に今に続く出雲の神がみは存在するはずである。

今回で、わたしの連載を終える。長い期間にわたってお読みいただいた皆さんにお礼申し上げたい。

（古代文学研究者・三浦佑之）

みうら・すけゆき　1946年生まれ。千葉大学名誉教授（古代文学、伝承文学）。『出雲神話論』（講談社）、『読み解き古事記　神話篇』（朝日新書）、『改訂版　神話と歴史叙述』（講談社学術文庫）、『古事記の神々』（角川ソフィア文庫）、『風土記の世界』（岩波新書）、『口語訳　古事記（完全版）』（文芸春秋）など著書多数。

資料2　生徒作品

「神の国」長い歴史の中に／島根県

【記事の要約】

ラフカディオ・ハーンが「神の国」と呼んだ出雲は、神々が集まる世界である。出雲国風土記によると、国内には349の社があり、そのうちの184社が中央の神祇官に登録されている。神名帳の山陰道諸国のうち、因幡国以西をみると、出雲国の神社数は桁外れに多いのである。しかも数が多いだけではなく、出雲を代表する出雲大社は、出雲国風土記にも神名帳にも「杵築大社」とあって、「大社」という称号が与えられている。その背後には、古事記や日本書紀に語られる神話が反映している。杵築大社のような高層建築物は日本海沿岸地域に特徴的な文化の一つであり、その長い歴史の上に今に続く出雲の神々は存在する。

【私の意見】

課題文にもあるように、島根県には多くの神々が集まる。実際に私の知っている話では、一般的に旧暦の10月は神無月と呼ぶのに対し、島根県では神有月と呼ぶというものだ。これは出雲大社に全国から神々が集まり、神社から神々がいなくなるといわれていることからこう呼ばれている。逆に島根には神々が多く集まっているので神有月と呼んでいるのだ。これらは大変興味深い。日本国内には数多くの社が存在する。島根県のように多くの神々の歴史がある社がないか、それぞれ調べてみたい。

参考情報 1

## NIEウェブサイトをご存じですか？

NIEウェブサイトでは、「新聞を活用した教育実践データベース」や新聞各社による学習用ワークシート、これからNIEに取り組む先生方向けの動画解説「NIE　はじめの一歩」シリーズなど、多彩なコンテンツをそろえています。新聞協会主催「いっしょに読もう！新聞コンクール」のページもあります。ぜひご活用ください。

特長

〈新聞を活用した教育実践データベース〉

- 小・中・高・特別支援学校あわせて1400件以上の授業例を紹介
- 初めてNIEに取り組む先生たちへのサポートとして「初心者向け授業例」も掲載
- 「主権者教育」「スクラップ」などのキーワードからもラクラク検索

〈学習用ワークシート〉

- 全国の新聞社が提供する記事やコラム、社説などを素材にしたワークシートを紹介
- タイムリーな話題の詰まった学習材を手軽に入手可能
- 小学校低学年から高校生まで、国語や社会のほか、理科や算数・数学など各教科に対応

参考情報 2

## ニュースパークのご案内

横浜市にある「ニュースパーク（日本新聞博物館）」は、歴史と現代の両面から新聞、ジャーナリズムの役割を学べる体験型ミュージアムです。さまざまな情報と接する様子を、「情報の森」を冒険することに見立て、必要な心得をアイテムなどとして紹介しています。学校で利用いただける「新聞博物館学習キット（新博キット）」や「ニュースパーク学習動画」もご用意しています。

## 教科・領域での活用 執筆者一覧（50音順、敬称略、所属・肩書きは執筆時点）

| | | |
|---|---|---|
| 石毛　一郎 | （千葉県立成田国際高等学校教諭） | 地理歴史 18㌻ |
| 伊吹侑希子 | （京都先端科学大学附属中学校高等学校教諭） | 国語 8㌻・10㌻、情報 66㌻ |
| 内海那保子 | （愛知工業大学名電高等学校教諭） | 家庭 60㌻ |
| 小川　　康 | （秋田県立大曲高等学校臨時講師） | 国語 14㌻ |
| 加藤　健司 | （岐阜県立岐阜高等学校教諭） | 公民 26㌻ |
| 川下　優一 | （奈良県立香芝高等学校教諭） | 情報 62㌻・64㌻ |
| 菊永　真美 | （大阪府立登美丘高等学校教諭） | 芸術 54㌻ |
| 木南　景子 | （神奈川県立高浜高等学校定時制教諭） | 国語 6㌻・16㌻ |
| 國吉　美穂 | （興南中学校・高等学校教諭） | 国語 12㌻ |
| 小岩　孝一 | （明治大学付属明治高等学校情報科主任） | 情報 68㌻ |
| 坂庭　千絵 | （埼玉県立久喜工業高等学校教諭） | 数学 40㌻・42㌻ |
| 志田　淳哉 | （北海道札幌南高等学校教諭） | 地理歴史 20㌻、公民 34㌻、探究 70㌻ |
| 下谷　慎一 | （鳥取県立八頭高等学校教諭） | 公民 32㌻、進路指導 76㌻ |
| 代田　有紀 | （都立第一商業高等学校主任教諭） | 公民 36㌻ |
| 鈴木　紗季 | （岩手県立大槌高等学校教諭） | 外国語 56㌻、探究 72㌻ |
| 鈴木　理恵 | （仙台城南高等学校教諭） | 外国語 58㌻ |
| 瀬和真一郎 | （松戸市立松戸高等学校教諭） | 保健体育 52㌻ |
| 高橋　知行 | （星槎国際高等学校帯広学習センター教諭） | 理科 50㌻ |
| 鶴田　輝樹 | （広島大学附属中・高等学校教諭） | 地理歴史 24㌻ |
| 時杉　博人 | （岩瀬日本大学高等学校教諭） | 公民 28㌻・38㌻ |
| 松本　直美 | （愛媛県立伊予高等学校教諭） | 探究 74㌻ |
| 三嶋　廣人 | （宮城県宮城第一高等学校教諭） | 理科 48㌻ |
| 宮城　通就 | （沖縄県立辺土名高等学校教諭） | 公民 30㌻ |
| 本杉　宏志 | （都立青山高等学校主任教諭） | 地理歴史 22㌻ |
| 茂庭　隆彦 | （岩手県立一関第一高等学校教諭） | 理科 44㌻ |
| 吉田　亮太 | （山口県立宇部高等学校教諭） | 理科 46㌻ |

**◉監修**

関口　修司（日本新聞協会 NIE コーディネーター）

※授業以外の目的で、新聞社に無断で紙面を転載することを禁じる

**新聞で授業が変わる**
**学習指導要領に沿って**
**NIEガイドブック 高等学校編**　定価550円（本体500円＋税）

2022年7月初版

発行　一般社団法人 日本新聞協会
〒100-8543 千代田区内幸町2-2-1 日本プレスセンタービル7階
電話：03-3591-4410　ファクス：03-3592-6577
ウェブサイト：https://nie.jp/